Zu diesem Buch

Die Demokratie fußt auf zwei Säulen – dem Wahlrecht und dem Demonstrationsrecht –, auf den demokratischen Verfassungsorganen und den freien und spontanen Demonstrationen und Diskussionen der Bürger. Aus diesem in der Verfassung verankerten Demonstrations-Grundrecht droht immer mehr ein Demonstrations-Strafrecht zu werden. Nicht über das Demonstrationsrecht wird öffentlich diskutiert, sondern über seine strafrechtlichen Grenzen. Konservative Politiker bezwecken damit zweierlei: Bürger werden abgeschreckt, an Demonstrationen teilzunehmen; der freiheitliche Demonstrationsgedanke fällt zurück in die Furcht vor dem Landfriedensbruch.
Wirtschaftliche Probleme, Strukturkrisen ganzer Regionen und bewußt gelenkter Sozialabbau machen das Demonstrationsrecht neben dem Wahlrecht nicht nur für Studenten, sondern auch für Millionen von Arbeitnehmern zum zentralen politischen Ausdrucksmittel.
Dieses Buch gibt Auskunft über Demonstrationsrecht und Demonstrationspraxis. Es führt ein in die historische Entwicklung von Demonstrationen als Kampfmittel gegen Diktatur und Obrigkeitsstaat. Es enthält das Gutachten von Wolf-Dieter Narr im Prozeß gegen Josef Leinen und analysiert den Strafprozeß gegen Alexander Schubert.

Das Demonstrationsrecht

Herausgegeben von Sebastian Cobler,
Reiner Geulen und Wolf-Dieter Narr

Rowohlt

rororo aktuell – Herausgegeben von Freimut Duve

Originalausgabe

Redaktion Klaus Humann

Veröffentlicht im Rowohlt Taschenbuch Verlag GmbH,
Reinbek bei Hamburg, Oktober 1983

Umschlagentwurf: Werner Rebhuhn (Foto: Jürgen Bindrim / laif)
Satz Times (Linotron 404)
Gesamtherstellung Clausen & Bosse, Leck
Printed in Germany
780-ISBN 3 499 15346 7

Inhalt

Der demonstrative Kampf um die Versammlungsfreiheit

Zur Einführung

Eine Staats- und Gesellschaftsform bewährt sich bekanntlich in Zeiten politischer und sozialer Krisen. Der Prozeß öffentlicher Diskussionen darf gerade dann nicht einseitig geführt werden, wenn die Grund- und Menschenrechte unmittelbar berührt werden.

Die Grundrechte setzen Grenzen mehrheitlicher Bestimmbarkeit; nicht alle Grundrechte grenzen nur ab. Einige Grundrechte stellen vielmehr Teilnahmerechte am politischen Prozeß fest. Aber die ersteren markieren den Bereich, der auch Mehrheitsentscheidungen unzugänglich bleiben soll, in dem es einen unaufhebbaren Minderheitenschutz gibt. Konflikte sind hier also in sofern ausgeschlossen, als es keine mehrheitliche «Übermächtigungen» geben darf. Wenn das eigene Leben in seiner Existenz betroffen ist, lassen sich angesichts des Grundrechts auf Leben und körperliche Unversehrtheit kaum dagegen verstoßende Entscheidungen von Mehrheiten denken, die wider den Willen der davon Betroffenen verfahren dürften. In jedem Fall bedarf es, wie dies das Bundesverfassungsgericht etwa im Zusammenhang des Baus von Kernkraftwerken entschieden hat, besonders extensiver Verfahren der Willens- und Entscheidungsbildung, um das äußerste an Konsens zu erreichen.

Angesichts der nun schon fast vierjährigen Debatte um Notwendigkeit und Sinn der sog. Nachrüstung hätten die Bundesregierungen längst versuchen müssen, Formen der Willensbildung zu wählen, die – und seien sie auch noch so unkonventionell – Gewähr dafür hätten bieten können, daß der Grabenkrieg der Meinungen überbrückt werden kann. Und wenn dies nicht gelungen wäre, dann hätte die Entscheidung, wie sie für den Herbst bzw. Winter 1983/84 ansteht, um der Bürger und ihres Grundrechtsschutzes willen, verschoben werden müssen.

Im Hinblick auf die geplante «Nachrüstung» hat das Parlament, insbesondere in seiner die jeweilige Regierung stellenden Mehrheit, in einem doppelten Sinne versagt: Zum einen ist die Diskussion, die das Parlament stellvertretend für die Bevölkerung hätte führen sollen, außerordentlich kläglich verlaufen. Das Parlament rechtfertigte in seiner überwiegenden Mehrheit exekutivisch zuvor getroffene Beschlüsse. Ein ähnlicher Vorgang: Allein schon angesichts der großen Zahl von hessischen Bürgern, die bei dem geplanten Bau der Startbahn West des Frankfurter Flughafens ihre und ihrer Kinder Lebensumwelt erheblich gefährdet sahen, wäre es erforderlich gewesen, daß hessischer Landtag und hessische Landesregierung ein längerfristiges Moratorium im Hinblick auf den geplanten Bau anberaumt hätten. Indem die hessische Landesregierung die durch Wahlen und Parlamentszusammensetzung gegebene Mehrheit reklamierte und zur Tagesordnung eines polizeilich durchgesetzen Baus überging, fügte sie gerade der repräsentativen Demokratie Schaden zu. Auch Mehrheitsentscheidungen dürfen das Prinzip (grundrechtlich gegründeter) Verhältnismäßigkeit nicht verletzen. Wieviel mehr gilt diese Feststellung anläßlich der geplanten «Nachrüstung». Die seinerzeit vom Ministerpräsidenten Niedersachsens (1979) gebrauchte Formulierung, die geplante Errichtung eines Endlagers für atomaren Müll sei «politisch nicht durchsetzbar», kennzeichnet richtig zwei wesentliche Aspekte des politischen Prozesses: Wenn die außerparlamentarische Opposition der Bevölkerung bzw. erheblicher Gruppen derselben zu groß wird, dann bedarf es zusätzlicher Verfahren und vorab eines Moratoriums. Parlament und Regierung dürfen dann eine Entscheidung nicht einfach durchsetzen. Zudem muß eine Entscheidung *politisch* durchsetzbar sein, sie darf nicht polizeilich-militärisch durchgepaukt werden.

Das Grundgesetz enthält bekanntlich nur wenige plebiszitäre Elemente. Die Gründe hierfür und ihre Triftigkeit sind an dieser Stelle nicht zu erörtern. Das «Mißtrauen gegenüber dem Volk» und seiner unmittelbaren politischen Beteiligung kann auch, wie wir gerade gesehen haben, in die Abstraktheit eines parlamentarischen Absolutismus umschlagen.

Immerhin aber hat das Grundgesetz den Volkssouverän nicht nur anläßlich periodischer Wahlen zur politischen Willensbildung zugelassen. Insbesondere die Meinungsfreiheit und die Freiheit, sich zu versammeln, geben dem ansonsten im Hintergrund bleibenden und nur anläßlich von Wahlen umworbenen Volkssouverän das Recht und die Möglichkeit, sich, wenn auch ohne förmlichen Effekt auf die Willens- und ohne direkte Wirkung auf die Entscheidungsbildung, authentisch darzustellen. In dieser nicht schrankenlosen, aber in ihren gesetzlich möglichen Beschränkungen ihrerseits begrenzten Meinungs- und Versammlungsfreiheit ist vor dem Hintergrund der demokratisch unaufhebbaren Volkssouveränität (Art. 20 I GG) so etwas wie eine demokratische Dauerunruhe, ein Dauerkorrektiv der repräsentativen Demokratie gegeben.

Ohne Meinungs- und Versammlungsfreiheit läßt sich nicht gewährleisten, daß bürgerliche Interessen zureichend zum Ausdruck gebracht werden und daß gegensätzliche Interessen in aller Öffentlichkeit hart aber friedlich miteinander konkurrieren können. Deswegen ist es entscheidend, daß Meinungs- und Versammlungsfreiheit so «offen» wie irgend möglich bleiben.

In der deutschen Tradition des Versammlungsrechts mehr als in derjenigen der Meinungsfreiheit herrscht hingegen die staatliche «Sicherheitsperspektive» vor. Jede Versammlung sollte von vornherein durch und durch berechenbar sein. Jede Versammlung wurde deswegen auch von vornherein im Schatten von «Auflauf», «Aufruhr» und «Widerstand gegen die Staatsgewalt» gesehen und entsprechend unter strafrechtliche Vorbehalte gestellt.[1] Allenfalls in engen «gesetzlichen Schnürstiefeln», auf Schritt und Tritt argwöhnisch polizeilich verfolgt, waren Versammlungen zulässig. die «Angst vor dem Chaos», die Angst vor dem ungebärdigen Volk, regierte die strafrechtlich nur negativ apostrophierte Freiheit der Versammlung.

Trotz des mit dem Grundgesetz markierten Wechsels des politischen Systems 1949 blieben jene Bestimmungen des Strafgesetzbuches zunächst bestehen, die jede Beteiligung an einer Demonstration zu einem riskanten Akt für den Bürger machten. Durch das Versammlungsgesetz von 1953 wurden Versammlungen «unter freiem Himmel», also das, was heute üblicherweise als Demonstration bezeichnet wird, unter erhebliche «Sicherheitsvorbehalte» gestellt.[2] Gerade das spontane, ungeregelte, nicht von vornherein berechenbare Element sollte vermieden bzw. unterdrückt werden. Erst Ende der 60er/Anfang der 70er Jahre wurde, teilweise durch entsprechende gerichtliche Urteile unterstützt, eine etwas liberalere Handhabung üblich.[3] Das Phänomen eines neuen Demonstrationstyps tauchte auf. Massendemonstrationen ohne eindeutige Veranstalter und Leiter wurden üblich. Auch begegneten eine Fülle unterschiedlicher Demonstrationsformen, die sich der Vorstellung geordneter Umzüge entzogen. Diese neuen Demonstrationsformen bewiesen eine in der

Bundesrepublik zuvor nicht bekannte politische Interessiertheit und Lebendigkeit. Zusammen mit der Amnestie korrigierte der Bundestag auch einige Bestimmungen des Strafgesetzbuches von 1871. Die restriktiven Bestimmungen des Versammlungsgesetzes wurden allerdings nicht geändert. Das Verhalten der zuständigen politischen, der polizeilichen und der gerichtlichen Instanzen im Verlauf der 70er und 80er Jahre ist deshalb auch durch erhebliche Widersprüche und unterschiedliche Interpretations- und Handlungsweisen ausgezeichnet. Diese gilt insbesondere für die politisch-polizeilichen Aktivitäten vor und die politisch-polizeiliche Nachbereitung von Demonstrationen. Restriktive Verfahrensweisen überwogen scheinbar gedeckt durch das Versammlungsgesetz im Widerspruch zum Wortlaut und Sinn des Art. 8 I GG.

Die Reform der für Demonstrationen einschlägigen Bestimmungen des Strafrechts ließ insbesondere die CDU/CSU nicht zur Ruhe kommen. Sechs Mal versuchten sie eine Revision insbesondere des 1970 neugefaßten Paragraphen 125 StGB, der das Delikt des Landfriedensbruches regelt. Nun ist sie im Juli 1983 vom Bundeskabinett beschlossen worden. Mit Hilfe dieses neugefaßten § 125 StGB, der im Herbst vom Bundestag verabschiedet werden soll, wird es möglich, Demonstrationen oder Teile von Demonstrationen polizeilich als unfriedlich bzw. gewaltsam zu deklarieren und alle Demonstrationsteilnehmer, leisten sie einer polizeilichen Auflösungsforderung nicht sofort Folge, zu kriminalisieren. «Es kann nicht richtig sein», formuliert der gewiß nicht ‹liberale› Präsident des Bundesgerichtshofes, Pfeiffer, «daß der Staat, um gewalttätige Randalierer überführen zu können, alle friedlichen Demonstrationsteilnehmer kriminalisiert – sie strafbar macht, nur weil sie sich auf Aufforderung nicht entfernt haben».[4] «Die Güterabwägung», so fährt er fort, «zwischen dem Grundrecht des einzelnen um dem Strafverfolgungsanspruch des Staates trägt die jetzt vorgeschlagene Regelung nicht genügend Rechnung.»

Mit Hilfe des neugefaßten § 125 StGB wird ein doppelter Effekt angestrebt: Zum einen sollen mögliche Teilnehmer von Demonstrationen von vornherein abgeschreckt werden. Dieses Risiko wird dadurch verstärkt, daß die Beweislast bewußt umgekehrt wird: «Wer nach einer Aufforderung der Polizei eine gewalttätige Demonstration nicht verläßt, hat sich bereits strafbar gemacht», formuliert Innenminister Zimmermann. Zuvor ist das Bürgerbild, das ihm vorschwebt und das offenkundig hinter der geplanten Gesetzesänderung steht, deutlich geworden: «Zimmermann: Wenn der örtliche Polizeieinsatzleiter sagt: Bitte, entfernen Sie sich, und er entfernt sich nicht, dann ist er schon kein normaler Bürger.»[5] Zum anderen aber wird der kollektive Charakter von Demonstrationen gefährdet: Demonstrationen erhalten wie im autoritär-etatistischen Preußen von vornherein den Geschmack von Zusammenrottungen unbotmäßiger Untertanen. Oder wie es der Minister des Innern zu bezeichnen beliebte, der Minister der vor allem für die Verfassung zuständig ist, von «Berufsdemonstranten».

Schon gegenwärtig werden Demonstrationen in ein dreistufiges Bewertungssystem eingespannt und sortiert:

Erste Stufe: Es ist üblich geworden, daß sich die politisch zuständigen Instanzen zu einer Reihe von Demonstrationen vorab äußern und – zweifelhaft informiert – darüber spekulieren, ob es im Verlauf der Demonstration zu Gewalthandlungen kommen wird oder nicht. (Wenn von solchen Gewalthandlungen die Rede ist, werden sie selbstverständlich immer nur, und als ob es eine einseitige Ursache gäbe, einem Teil der Demonstrationsteilnehmer angelastet.) Aber nicht nur dies. Demonstrationen werden entweder verboten, weil angeblich die öffentliche Sicherheit gefährdet ist oder aber sie werden mit einer Reihe von Auflagen belastet. Die Stadt Frankfurt, vertreten durch ihr Ordnungsamt sprach von Januar 1979 bis Oktober 1981 30 solcher Verbotsverfügungen aus. 24 davon hob das zuständige Verwaltungsgericht wieder auf.[6] Immerhin aber hatte man erreicht, Teile der Demonstrationsteilnehmer zu verunsichern (oder umgekehrt die Agressionen zu steigern, so daß deren Artikulation bei der nächsten Verbotsverfügung legitimatorisch eingesetzt werden konnten).

Die Zahlen sind nicht durchgehend bekannt. Bayern und Rheinland-Pfalz erteilen etwa 100 Auflagen pro Jahr im Zeitraum zwischen 1979 und 1981, Nordrhein-Westfalen gar über 230.[7] Ermöglicht werden diese Auflagen durch § 1 VersG bzw. den § 19 VersG, der es auch erlaubt, gegenüber einzelnen Demonstrationsteilnehmern einschränkende Verfügungen zu erlassen. Allein der Umfang zeigt, wie die prinzipielle Anmeldungspflicht von Demonstrationen dazu benutzt wird, sie vorab zu kontrollieren. Solche Auflagen betreffen nicht selten ein Vermummungsverbot. Exzessive Auflagen, die nur pauschal begründet werden, sind nicht die Ausnahme. «Das Mitführen von

Waffen oder Gegenständen» lautet eine Auflage des Landratsamtes Landshut von 1977 «die als Schlag- oder Stoßwaffen verwendet werden können und das Mitführen irgendwelcher Behältnisse, einschließlich Rucksäcken und Werkzeugen aller Art ist nicht gestattet.» Daß auch Behältnisse und Rucksäcke nicht mitgeführt werden dürfen, wird damit begründet, daß sie als Tarnungsmittel verwandt werden könnten.

Die zweite Stufe: Wer nun immer noch daran festhält, demonstrieen zu wollen – und damit schon fast unvermeidlich in die Nähe des «a-normalen» Bürgers gerät –, muß gegebenfalls am Tag der Demonstration Kontrollstellen passieren und «übersteht» er diese oder kommt er dennoch noch rechtzeitig zum Ort der Demonstration, wird er dort neben der Demonstration auch noch der Zusatzdemonstration der Polizei begegnen. Der Charakter dieser Polizeidemonstration, die sich nicht nur zufällig oder nur parallel entwickelt, sondern die die Bürger-Demonstration umfaßt, kanalisiert, durchschneidet, umleitet und begrenzt, ist sehr verschieden. Je nach Einsatzstrategie und politisch-polizeilicher Voreinschätzung der Demonstration. Die polizeiliche Kontroll-Demonstration etatistischer Stärke wirkt aber in aller Regel nicht wie der grundrechtlich angezeigte Schutz einer Demonstration, sondern eher wie deren Bedrohung; ja, wie deren dauernde Herausforderung. Waffenstarrend und helmüberdacht stehen die Reihen der Polizisten; Kordons von Einsatzwagen; je nach Größe der Demonstration kreisen Hubschrauber und verbreiten provozierenden Lärm.

Diese Situation ist schon gegeben, wenn es sich um eine rundum friedliche Demonstration handelt, wenn es nicht zu Auseinandersetzungen mit der Polizei kommt. Was aber erst, wenn es dazu kommt. Die Gegenwart dieser Demonstrationen ist immer zugleich eine polizeilicher Gegenpräsenz. «Der Staat», in seinen Organen dazu gehalten, das Grundrecht auf Demonstration als ein wesentliches Element liberaler Demokratie bis zum Äußersten zu wahren, steht, repräsentiert durch die Polizei, fast durchgehend auf der anderen Seite, im «Sicherheitslager». Zuweilen erscheinen Demonstrationen eingelassen wie in einem beweglichen, polizeilich behüteten Zwinger. Man muß schon ein sehr guter Bürger sein, ein guter Demokrat, um mehrere Demonstrationen mit solchem polizeilichen Begleitschutz ‹heil› zu überstehen. Daß es auch anders geht, zeigte die Großdemonstration wider die «Nachrüstung» am 10. 10. 1981 zu Bonn. Aber wie selten wird die Polizei so eingesetzt, daß staatliche Gewalt um den Preis ihrer Demonstration vermieden wird. Meist werden Demonstrationen um den Preis der Gewalt behindert und aufgelöst.

Die dritte Stufe: Nun hebt die Nachbereitung an. Einzelne Demonstrationsteilnehmerinnen und Teilnehmer sind von der Polizei dingfest oder namhaft gemacht worden. Die Stunde des Staatsanwalts schlägt. Die strafrechtliche Individualisierung des kollektiven Demonstrationsgeschehens, die der Verschwörungs- und Rädelsführertheorie folgt, stellt nur die eine Seite der Abschreckung künftigen Demonstrierens dar. Die andere, neuerdings beträchtlich ausgeweitete und von Reiner Geulen beschriebene (S. 89ff) Seite wird durch einen breiten Kranz geldlicher Sanktionen bezeichnet. Teilnehmer von Demonstrationen sollen, soweit man ihrer namhaft werden kann, für die polizeilichen Einsatzkosten zur Kasse gebeten werden. Nur diejenigen, die es sich leisten können, sollten das Risiko bestimmter Demonstrationen eingehen.[8]

Diese dreistufige Abschreckung sortiert die Teilnehmer von Demonstrationen aus. Sie wirkt über die jeweilige Demonstration hinaus und hat auch hierin ihren vornehmsten Sinn. Nicht um die Gewährleistung der aktuellen «Sicherheit und Ordnung» ist es zu tun. Als könnte dieselbe durch einzelne Demonstrationen gefährdet werden. Die Auseinandersetzung hat ihren Angelpunkt vielmehr in der Frage, welches Ausmaß und welche demokratische Qualität man dem Grundrecht auf Demonstration insgesamt zubilligen will. Und die Art der dreifach gestuften Abschreckung, die in der Tat ein System bildet, soll garantieren, daß «normale» Bürger an solchen Demonstrationen nicht teilnehmen.

Der gegenwärtigen Regierung und ihrer parlamentarischen Mehrheit genügt dieses System nicht. Neben der bereits erwähnten Ausdehnung der Strafbarkeit bei sogenanntem einfachen Landfriedensbruch (§ 125 StGB) auf friedliche Demonstrationsteilnehmer, die sich nicht von der Demonstration entfernen, wollen CDU/CSU ein zusätzliches gesetzliches Verbot der «Vermummung» und der sog. passiven Bewaffnung einzuführen.[9] Daß Vermummung selbst ein demonstrativer Akt sein kann oder eine individuelle Schutzvorkehrung, kümmert die Verbotsenthusiasten wenig. Dem demonstrierenden Bürger wird also nicht nur abverlangt, daß er jeglichem polizeilichen Befehl umstandslos und geradezu panikartig folge, er soll auch seine Verletzlichlichkeit gegenüber polizeilichen Waffen und Instrumenten so erhalten, daß er keinerlei Sanktion zu ertragen vermag. Der absurde Begriff der «passiven Bewaffnung» zielt im Moment noch auf physisch sichtbare Vorgänge. Konsequenterweise müßte man ihn auch auf renitente Haltungen ausweiten. Bürger, die psychisch zu stabil sind, deren Angstschwelle höher liegt als die «normale», die staatlich erwartete, geraten in Terrain der Illegalität. Erneut ist es nicht die aktuelle «öffentliche Sicherheit und Ordnung», die angezielt wird. Die Prävention und die mit ihr verbundene Abschreckung bilden die Logik dieser geplanten Änderung. In dem schon zitierten Interview des *Spiegel* mit dem Bundesminister des Innern kommen diese Absichten deutlich zum Ausdruck. Zwei knappe Passagen seien deshalb zitiert:

«*Spiegel*: Für Bekleidungsfragen bedarf es keiner Rechtfertigungsgründe. Warum das Tragen von Schutzhelmen, Gesichtsmasken und Lederbekleidung bestraft werden soll, ist die Frage.

Zimmermann: Damit Sie mich besser verstehen, bilde ich ein anderes Beispiel. Wenn ein Bus zu einer Demonstration fährt, und in diesem Bus sitzen lauter Leute, die Helme und Gesichtsmasken dabei haben, dann muß ich diesen Bus, bevor er überhaupt den Ort seiner vorgesehenen Handlung erreicht, aufhalten und die Leute vorläufig festnehmen können.

Spiegel: Genauso können Sie auch jetzt schon verfahren.

Zimmermann: Nein. Wenn passive Bewaffnung und Vermummung unter Strafe gestellt sind, kann ich es machen, weil dann der Tatbestand bereits erfüllt ist. Sonst, wenn nur die Behörde ein Verbot erlassen kann, kann ich es nur machen, wenn ich nachweise, daß der Bus zu einer Demonstration fahren will . . .

Zimmermann: Die Polizei kann nur dann zugreifen, wenn die Gesetze entsprechend sind. Und wie wollen Sie überhaupt jemand vor den Richter bringen, wenn die Leute vermummt sind? Wer identifiziert sie dann?

Spiegel: Verzeihung, die werden doch, wenn sie gewalttätig werden oder bewaffnet sind, auf jeden Fall vorläufig festgenommen. Da wird die Maske eben entfernt. . . .

Zimmermann: Wir wissen doch aus einer Kartei, die wir haben . . . daß aus allen möglichen Städten der Bundesrepublik Leute zusammengezogen werden mit der Absicht, Gewalttaten zu begehen. Und diese Leute möchte ich, bevor sie überhaupt Gewalttaten begehen können, ohne daß es jetzt darauf anzukommen hat, ob ein öffentlicher Einsatzleiter die Vermummung verbietet oder nicht, aus strafrechtlichen Gründen festnehmen. Das ist alles.»[10]

Die Beiträge dieses Bandes beleuchten Demonstrationsrecht und -praxis von verschiedenen Perspektiven aus. Die Folge der Beiträge wird durch Oskar Negts Überlegungen eröffnet, die den Kampf um die Demonstrationsfreiheit in einen breiteren gesellschaftlichen Kontext stellen und deutlich machen, wie zentral es ist, die Freiheit der Demonstration offen zu halten, will man der Tendenz zu einer «gespaltenen Gesellschaft» widerstehen, wie sie gegenwärtig in den ökonomisch-sozialen Strukturen und ihrer weltmarkt- und weltmachtbestimmten Dynamik angelegt scheint.

Danach folgen die Artikel von Thomas Blanke und Dieter Sterzel und von Reiner Geulen, die den Horizont des Demonstrationsrechts und seiner Einschränkungsversuche abstecken. Im Aufsatz von Blanke/Sterzel wird der verfassungsrechtlich-verfassungspolitische Ort der Versammlungsfreiheit markiert und wird zugleich ein pointierter Abriß der Geschichte der Demonstrationsfreiheit in der Bundesrepublik gegeben.

Reiner Geulen geht zunächst einem Spezialproblem nach. Er untersucht die Zulässigkeit der Monetarisierung des Versammlungsrechts mit Hilfe landesherrlich bestimmter polizeilicher Kostenordnungen. So werden Grundrechte nicht nur zu Eingriffsrechten des Staates umgepolt, sie werden auch ökonomisiert und also nicht nur zu einer Frage des bürgerlichen, sondern des sozialen Standes.

Den «Rechtsblock» ergänzen die Artikel von Wolf-Dieter Narr und Sebastian Cobler, die jeweils auf einen besonderen Prozeß Bezug nehmen, in dessen Zusammenhang sie entstanden sind. Im ersten Fall handelt es sich um den Prozeß gegen Josef Leinen, der vor dem Landgericht zu Itzehoe als «Veranstalter und Leiter» der verbotenen Demonstration zu Brokdorf am 28.2.1981 angeklagt worden ist. Narrs von der Verteidigung bestelltes, vom Gericht akzeptiertes Gutachten geht vor allem der Frage nach, welchen Charakter Demonstrationen heute besitzen und wie derselbe demokratietheoretisch und rechtspolitisch einzuschätzen sei.

Coblers Aufsatz beschäftigt sich mit dem Urteil gegen Alexander Schubart, das der IV. Strafsenat des Oberlandesgerichts zu Frankfurt am Main am 19. Januar 1983 «für Recht erkannte». Alexander Schubart war vom Bundesanwalt als Rädelsführer der Flughafendemonstration am 15.11.1981 «erkannt» und u. a. der «Nötigung» der hessischen Landesregierung angeklagt worden. Cobler, in diesem Prozeß einer der Anwälte Alexander Schubarts, beschäftigt sich vor allem mit der weit über diesen Prozeß hinausreichenden Bedeutung eines pauschalen und verworrenen Gewaltbegriffs, der vom Gericht verwandt wird.

Der letzte Beitrag von Wolf-Dieter Narr beschäftigt sich mit einem Thema, das auch in dieser Einleitung erörtert worden ist: die Formen, der geplanten «Nachrüstung» zu widerstehen und die Art und die Kriterien der demokratischen Rechtfertigung solcher Aktionen.

Frankfurt, Berlin, Wien im Juli 1983
Cobler, Geulen, Narr

Anmerkungen

1 Vgl. Vom Landfriedensbruch zum Widerstand gegen den staatlichen Befriedungsanspruch in: Bürgerrechte und Polizei/cilip informationsdienst 1/1983 (Nr. 14 der laufenden Folge), S. 11–18.

2 S. Narr, Gutachten im Prozeß gegen Josef Leinen in diesem Band S. 103ff

3 Vgl. ausführlich insgesamt Blanke/Sterzel in diesem Band S. 153ff

4 S. «Soll die Polizei wahllos herausgreifen?» BGH-Präsident Pfeiffer über das Demonstrationsrecht, in: Der Spiegel Nr. 28 11.7.1983, S. 20

5 «Alles Zusammen ergibt einen Kurs» Bundesinnenminister Zimmermann über Demonstrationsgesetze, Ausländerrecht und Filmzensur. Spiegel-Gespräch, in: Spiegel ebda. S. 22ff.

6 S. Administrative Handhabung des Demonstrationsrechts, in: Bürgerrechte und Polizei/cilip informationsdienst ebda. S. 29–31; vgl. auch cilip nr. 9/10 und nr. 12. (Der Informationsdienst ist zu beziehen über Versand: «Kirschkern» Gneisenaustraße 2, 1 Berlin 61). Vgl. auch «Kritische Justiz» Nr. 2/83, S. 170

7 Ebda.

8 Vgl. auch Eckart Riehle, Gebührenrecht als polizeiliche Waffe gegen Demonstranten, in: Bürgerrechte und Polizei/Cilip a.a.O. S. 19–28.

9 S. Süddeutsche Zeitung vom 18.7.1983 «Unionspolitiker beharren auf Vermummungsverbot».

10 Spiegelgespräch mit Zimmermann a.a.O. S. 24f.

Oskar Negt

Gesellschaftliche Krise und Demonstrationsfreiheit

Alles Schreckliche muß am Anfang einer neuen Herrschaft geschehen. Dieser Grundsatz Machiavellis, der dem Fürsten die Möglichkeit geben soll, mit seinen innerstaatlichen Feinden bedenkenlos abzurechnen und sofort ein Regime zu errichten, in dem dann später auch der kleinste Schritt der Lockerung als Großzügigkeit des Herrschers begrüßt werden kann, könnte als Leitmotiv der Politik dienen, welche die gegenwärtige Regierungskoalition betreibt. Wer sich jedoch so konsequent, wie diese unheilige Allianz aus christlichen Reaktionären, Manchester-Liberalen und Alltagsspießern, an den Abbau sozialstaatlicher Errungenschaften macht und die Krisenlasten zugunsten der ohnehin Privilegierten umverteilt, der wird es nicht so einfach haben wie Machiavellis Fürst; er muß wachsende soziale Spannungen einkalkulieren, die langfristig unvermeidlich sind und mit Sicherheit nicht auf die sozialen Randgruppen beschränkt sein werden.

Rechtzeitig Vorkehrungen zu treffen für die Folgen der sich verschärfenden Krise, vor allem für die zu erwartenden Protestreaktionen auf enttäuschte Hoffnungen, daß die vielen Opfergeschenke der kleinen Leute auf den Hausaltären der Unternehmer die Wirtschaftskrise beenden werde, ist einer der entscheidenden Gründe für die rigorose Einschränkung der Freiheitsrechte auf allen gesellschaftlichen Ebenen. Gemessen an der Bedrohung des «Landfriedens» durch soziale Unruhen, sind die zur Zeit in der Öffentlichkeit geführten Diskussionen über Friedensbewegung und Raketenstationierung verharmlosende Ablenkungsmanöver, aber eine einmalig günstige Ausgangslage, mit Willen und Bewußtsein den praktischen Beweis für die Notwendigkeit der Verschärfungen des Demonstrationsstrafrechts herbeizuführen. Der «heiße Herbst» ist eine so intensive Wunschprojektion der Politiker der Wende, daß es größte Anstrengungen der Friedensinitiativen erforderlich machen wird, in diese vom Staat gut präparierte Legitimationsfalle *nicht* zu geraten.

Es wäre jedoch eine verkürzte Wahrnehmung der gegenwärtigen innenpolitischen Entwicklung, würde die Linke ihre ganze Aufmerksamkeit auf jene Vorgänge konzentrieren, die mit der Raketenstationierung und mit dem beabsichtigten großen Schlag gegen die Friedensbewegung verknüpft werden. Es ist zwar richtig, daß Ökologie und Frieden zu *den* gesellschaftlichen Grundthemen gehören, die bis tief ins bürgerliche Lager hinein diskutiert werden und Kampfbereitschaft hervorrufen; es sind also wunde Stellen einer bürgerlichen Koalition, die ein vitales Interesse daran haben muß, daß sich diese Widerstandsfronten nicht ausweiten. Aber das Hauptziel der mit größter Eile betriebenen, im eigenen Juristenlager auf vielfache Bedenken stoßenden Einschränkungen aller Formen einer unbotmäßigen Demonstrationsöffentlichkeit geht über den aktuellen Anlaß weit hinaus. Es richtet sich darauf, in einem Klima, in dem die Krisenursachen noch verschiebbar und soziale Vorurteile gegen Störungen des gesellschaftlichen Betriebes, hauptsächlich ausgehend von Ausländern, kritischen Intellektuellen und Demonstranten, leicht mobilisierbar sind, alle gesetzlichen und machtpolitischen Voraussetzungen dafür zu schaffen, daß die autonomen politischen Ausdrucksmöglichkeiten sozialer Kämpfe begrenzt werden und unter staatlicher Kontrolle bleiben.

Eile ist in diesem Zusammenhang in der Tat geboten; denn es ist unwahrscheinlich, daß die Kernbereiche der Arbeiterschaft bei wachsender Arbeitslosigkeit und Einschränkung der sozialen Rechte, die zwar nicht ganz abgeschafft, aber wieder der Maßnahmekompetenz des Staates zugeordnet werden, ein so friedfertiges Verhalten zeigen werden wie bisher, wenn durchschaubar wird, daß die gegenwärtige Regierung genausowenig wie ihre englischen und amerikanischen Partner im konservativen Lager imstande ist, Arbeitslosigkeit und soziale Misere zu beseitigen, ja daß sogar der Verdacht besteht, daß sie ihre Neuordnungsprogramme am besten mit Hilfe der Existenzängste der Menschen realisieren können. Es wäre gewiß viel schwieriger, die Demonstrations-Öffentlichkeit rigoros einzuschränken, wenn der traditionelle Streik bereits massenhaft *politische Demonstrationsform* angenommen hat.

Es ist nicht zufällig, daß die Art und Weise, wie das Demonstrationsrecht behandelt wird, zum entscheidenden Kristallisationspunkt für die kommende gesellschaftliche Entwicklung geworden ist. Was jetzt von der Regierung vorgeschlagen wird, ist nichts weniger als die geringfügig modifizierte Rückkehr zur Bismarck-Zeit. Ein liberales Blatt wie die *Süddeutsche Zeitung* bezeichnet präzise diese reaktionäre Wende. «Mehr als 20 Jahre hat der bundesdeutsche Gesetzgeber gebraucht, um das vordemokratische Demonstrationsstrafrecht von 1871 der Wertordnung des Grundgesetzes anzupassen. Nach Geist und Sprache obrigkeitsstaatliche Tatbestände wie ‹Aufruhr› und ‹Auflauf› wurden beseitigt, der Paragraph ‹Landfriedensbruch› sollte nur noch für Gewalttäter gelten. Nun schickt sich morgen das Bundeskabinett an, unter Mitwirkung einer sich liberal nennenden Partei ein dramatisches Stück an reaktionärer Gegenreform zu vollziehen» (*Süddeutsche Zeitung,* 12. Juli 83). Tatsächlich entspricht die Konstruktion eines Massendelikts «Landfriedensbruch», das auch friedfertige Demonstranten einem strafrechtlich unkalkulierbaren Risiko aussetzt, weitgehend den Bestimmungen von 1871, die keinen anderen Sinn haben konnten, als die Kriminalisierung einer politisch wachsenden sozialen Bewegung.

Die von der gegenwärtigen Koalition betriebene «Entstaatlichung» betrifft ausschließlich die Abwälzung der sozialen Kosten der Krise auf die breite Masse der Bevölkerung; sie geht Hand in Hand mit einer Wiederherstellung *obrigkeitsstaatlicher Autorität*. Und wenn von Mediatisierung der Politik durch Interessen gesprochen wird, dann sind primär gewerkschaftliche Interessen gemeint. Der alte Traum der Konservativen, denen die Grundgesetzkomponente der politischen Selbstverwirklichungsrechte immer als eine zu weit gehende Konzession an den Souverän, das Volk, erschienen war, scheint der Erfüllung nahe. Werner Weber hat bereits Anfang der fünfziger Jahre diesen Traum in unübertrefflicher Klarheit formuliert:

«Je mehr gute und selbstsichere Obrigkeit vorhanden ist, die in *öffentlicher* Verantwortung tätig wird, um so größer ist die Chance für das Volk, in Freiheit und unmittelbar demokratischer Teilhabe am Gemeinwesen zu leben; um so größer ist auch die Aussicht, ein Leben in Gleichheit und Sicherheit zu führen, ohne daß diese elementaren Lebensgüter durch Abhängigkeit und Unterwerfung erkauft werden. Es kommt deshalb gerade um der individuellen und politischen Freiheit und der Demokratie willen darauf an, die staatliche Substanz wieder zu verdichten. Das ist die Voraussetzung dafür, daß der Staat wieder die Stätte hoheitlichen Waltens wird und nicht Kampfplatz der Machtgruppen bleibt, daß er mehr ist als eine immer weiter auswuchernde Verteilungs- und Versorgungsapparatur und als das Kolonisationsgebiet partikulärer Interessen» (Werner Weber, Spannungen und Kräfte im westdeutschen Verfassungssystem, Stuttgart, 2. Aufl., 1958, S. 163).

Der Staat als Stätte hoheitlichen Waltens, die wieder verdichtete staatliche Substanz – das sind konstitutive Elemente einer Politik, die den Kräften der *politischen* Selbstorganisation der Gesellschaft den Kampf angesagt hat. Keineswegs ist es jedoch so, daß erst das Wahl-Votum des 6. März 1983 diese Entwicklung ermöglichte; starke Tendenzen in dieser Richtung zeichneten sich bereits ab, als ich im November 1981 auf einer Tagung der Evangelischen Akademie in Loccum über das Demonstrationsrecht sprach! Die folgenden Überlegungen stützten sich im wesentlichen auf dieses Referat; es bedurfte keiner großen Anstrengung, die darin erörterten Probleme zu aktualisieren.

Ich will damit einsetzen, das Symbolspektrum der Sprache zu erweitern, in dem Demonstrationsfreiheit, Demonstrationsprozesse, das Verhalten von Politikern und Behörden überhaupt, *neu*, d. h. in Rückbeziehung zu den ihnen zugrunde liegenden gesellschaftlichen Verhältnissen diskutiert werden können. Das ist ein sehr geringer Anspruch, aber ohne seine Einlösung ist alles Reden über Schutzinteressen der Demokratie sinnlos.

Das Symbolspektrum der *politischen* Sprache ist zurückzugewinnen, Tabuzonen und Kontaktsperren gegenüber prekären gesellschaftlichen Gegenständen zu überwinden; das scheint mir eine der vordringlichsten und wichtigsten Forderungen in diesem Zusammenhang zu sein. Die öffentliche Wiederaneignung der Sprache, der *politischen* Sprache, die von juristischen Leerformeln und der Sprache der Polizei völlig überfremdet ist. Jede gesellschaftliche Institution hat ihre eigenen Sprachsymbole, und die Rückgewinnung der politischen Sprache ist Voraussetzung dafür, aus dieser Sackgasse der Diskussion über das Demonstrationsrecht herauszukommen.

Daß Demonstrationen aller Art (nicht nur das *Recht* auf Demonstrationen, das ja jederzeit durch Gesetze bis hin zum Nullpunkt eingeschränkt werden kann) zur *politischen Kultur* eines Landes gehören, ist eine dem geschichtlichtlichen Konstitutionsprozeß der bürgerlichen Gesellschaft so selbstverständliche Tatsache, daß man darüber nicht diskutieren muß. Wen das nicht überzeugt, der kann sich Systeme ansehen, in denen es weder Demonstrations*recht* noch Demonstrationen gibt, wie die aussehen.

Diese Tatsache scheint mir unbestritten, aber ebenso unbestritten ist, daß die *Formen*, in denen Demonstrationsrechte in unserem

Lande ausgeübt werden, den Geruch des Pöbels, des Aufruhrs und des Umsturzes bis zum heutigen Tage behalten haben. Die parlamentarischen Umsturzvorlagen, deren Opfer die Sozialdemokratie zweimal gewesen war, verändern sich in ihrem Umfang und in ihrer Feinddefinition, aber sie haben alle die gleiche Tendenz; wo Massendemonstrationen auftreten, die Konflikte und Widersprüche einer Gesellschaft *öffentlich* machen, wo Bewegungen größeren Umfangs erkennbar werden, da werden die im Verfassungshimmel geheiligten Demonstrationsrechte auf ihr irdisches Minimum zurückgebracht. Gerade dann, wenn die politische Vernunft die Ausweitung der Demonstrationsrechte nahelegt, werden sie in der Regel eingeschränkt.

Ich möchte, bevor ich auf meine erste These zu sprechen komme, noch etwas bemerken, was meine Erregung bei Gegenständen wie dem Demonstrationsrecht und den Berufsverboten ausmacht. Jedem politisch denkenden Franzosen würde der blutige Nebensinn jener Formel, welche die radikalsten Vertreter der zur institutionellen Substanz angereicherten «freiheitlich-demokratischen Ordnung» immer wieder verwendet haben, nämlich die Formel «keine Freiheit für die Feinde der Freiheit», sofort aufgehen, denn er wüßte, daß diese Formel von St. Just stammt und daß sie auf dem Höhepunkt des jakobinischen Terrors angewandt wurde. Mir scheint es nicht gleichgültig zu sein, unter welchen Bedingungen solche politischen Formeln geprägt wurden und mit welcher Zielsetzung sie in die Gesellschaft umgesetzt sind. Das führt mich zu meiner ersten These.

1. Demonstrationsrechte unter Bedingungen einer Erosionskrise

Welche Rolle Demonstrationen in einer Gesellschaft spielen, welche Formen und Ausmaße sie annehmen, hängt vom Gesamtzustand der Gesellschaft ab, und nicht in erster Linie von der subjektiven Absicht der Beteiligten. Genauer gesagt: welche *Formen* der Demonstration sich in einer Gesellschaft ausbilden, das hängt im wesentlichen vom *Krisenzustand* dieser Gesellschaft ab, vom vorherrschenden Typus der Krise, mit der wir es zu tun haben. Vor allem hängt es vom Charakter der Krise ab, welche Formen der öffentlichen Demonstration die politisch wirksamsten sind. Erkämpft werden mußten sie alle. Für das Zeitalter der Kritik, in dem die demonstrative Spitze auf die Zerstörung durch Vernunft nicht legitimierter traditioneller Herrschaft gerichtet war, konnte Kant die «Freiheit der Feder» als das einzige Palladium der Volksrechte bezeichnen.

Versammlungsfreiheit war ein wesentliches Element der organisatorischen Konstitutionsgeschichte der Arbeiterbewegung in ihren Anfängen. So unabdingbar diese und andere Rechte für eine demokratische Gesellschaftsordnung bleiben, so unverkennbar ist doch deren gesellschaftlicher Funktionswandel, ob es sich nun um Lehr- und Wissenschaftsfreiheit, um Hungermärsche, Umzüge, Versammlungen auf großen Plätzen oder um das Streikrecht handelt. Wenn sich heute selbst Konservative, die sonst kein gutes Haar an den Gewerkschaften und der Arbeiterbewegung lassen, nur selten so weit hervorwagen, die Legitimität des Streikrechts in Zweifel zu ziehen, so muß darauf hingewiesen werden, daß auch dieses *Demonstrationsrecht* in blutigen Kämpfen errungen wurde und keineswegs von der bürgerlichen Klasse als Selbstverständlichkeit akzeptiert wurde.

Aber auch das Streikrecht unterliegt einem durch die gesellschaftliche Krise bedingten Funktionswandel. Auch der Streik stand (und steht für viele noch heute) im Geruch des Aufstands und mußte, bevor er legales Mittel der Gegengewalt wurde, *erkämpft* werden. Streiks bedeuten Verweigerung der Arbeitskraft, ganz zweifellos, sie sind ein Druckmittel auf die Unternehmer. Das Streikrecht wurde im Sinne der Herstellung von Gleichheitsbedingungen im Verteilungskampf zwischen Lohnarbeit und Kapital erst in der jüngsten Geschichte institutionalisiert. Aber das Streikrecht kann man nur in einer Gesellschaft sinnvoll und extensiv anwenden, in der Probleme der Arbeitslosigkeit nicht dieses Ausmaß angenommen haben wie heute. Arbeitsverweigerung hört auf, ein vorherrschendes Druckmittel zu sein, die Lebensbedingungen der Massen zu verbessern, wenn Arbeitskraft nicht temporär, zeitlich begrenzt, sondern auf Dauer freigesetzt wird.

Einige Elemente möchte ich bezeichnen, die für die gegenwärtige gesellschaftliche Krise charakteristisch sind. Ich glaube, es gibt heute kaum einen, der nicht wenigstens empfindet, daß wir uns in keinem Normalzustand der gesellschaftlichen Produktion und Reproduktion befinden. Die Zeit, in der man sich auf den kalkulierbaren Wechsel von Konjunktur und Rezession einstellen und die Rechnung aufmachen konnte, daß vorübergehend mageren wiederum fette Jahre des Wachstums, der Prosperität und der Vollbeschäftigung folgen, diese Zeit ist, wenn nicht alle Zeichen trügen, endgültig vorbei. Darauf zu warten, daß diese herkömmliche Gestalt periodischer Krisen, wie so häufig in der Geschichte, wiederkehren und den Pessimismus durch plötzlich auftretende Aufschwungphasen Lügen strafen werde, ist schlicht illusionär. Diese Krisenform gehört der Vergangenheit an. Der starre Blick auf den Arbeitsmarkt und das Zahlen-Menetekel der Arbeitslosen ist verengt und täuscht darüber hinweg, daß wachsende Arbeitslosigkeit nur die Spitze des Eisbergs ist, weil sie ein in der Öffentlichkeit emotional besonders besetztes Problem ist.

Den strukturell neuen Typus der Krise, mit dem wir es zu tun haben, möchte ich deutlicher als Erosionskrise bezeichnen, als eine die Gesamtgesellschaft erfassende Krise, die soziale Institutionen, Einstellungen, Wertsysteme usw. in Frage stellt oder zersetzt. Von den herkömmlichen Krisen unterscheiden sich Erosionskrisen dadurch, daß sie sich vor allem auch unterhalb des öffentlichen Institutionssystems wirksam zeigen, daß sie die Subjekte in ihrer psychischen und kognitiven Grundausstattung erfassen, in ihrem Arbeitsverhalten, in ihrem Selbstwertgefühl, in ihren Wertorientierungen. Eines der wichtigsten Merkmale dieses neuen Krisentyps besteht darin, daß der alte autoritäre oder autoritätsgebundene Charakter, mit dem man noch eine ganze Menge anstellen konnte, ohne daß man mit entschlossenem Widerstand rechen mußte, den man nach Stalingrad auf die Schlachtbank schieben konnte und der, sofern er überlebte, mit demselben emsigen Fleiß die Gesellschaft wieder aufbaute, als ob überhaupt nichts passiert wäre, nicht mehr wie früher funktioniert. Mit diesem Charakter konnten autoritäre Systeme vorzüglich arbeiten: Er war für beliebige Ziele einsetzbar. Das ist nicht mehr ohne weiteres möglich. Diese Charakterstruktur war am Arbeitsverhalten orientiert, an den Leistungsnormen, ganz unabhängig davon, ob die verausgabte Arbeitskraft vom Subjekt als Selbstverwirklichung empfunden wird oder als entfremdet, sinnlos, geisttötend. Das sind eben nicht mehr die Menschen, mit denen wir es zu tun haben und immer weniger zu tun haben – ein wichtiges und neuartiges Zusatzelement für die objektiven Tendenzen der Krise, wenn man den Blick auf Arbeitslosigkeit und Legitimationsverlust des politischen Herrschaftssystems lenkt. Wir haben es mit anderen Menschen zu tun, mit anderen Subjekten.

Was ich unter Erosionskrise verstehe und worin jener wachsende Bereich fällt, den man als *unterschlagene Wirklichkeit* bezeichnen könnte, will ich zunächst an offiziellem Zahlenmaterial erläutern. Es sind freilich nur Symptome, die sich darin ausdrücken. Nach einer 1979 von der Kommission der Europäischen Gemeinschaft in Auftrag gegebenen Studie gibt es in der Bundesrepublik rund 800000 Obdachlose, 800000 bis 1 Mio., zwischen 60000 und 80000 Nichtseßhafte, die gewöhnlich als Penner apostrophiert werden, 30000 Landfahrer. 20% der Erwerbslosen erhalten nur die Sätze der Sozialhilfe, allerdings nur jede zweite Person, die wegen des niedrigen Einkommens Anspruch auf Sozialhilfe hätte, erhält die ihr rechtmäßig zustehende staatliche Beihilfe. Das bezeichnet auch den auffallenden Widerspruch von Recht und Rechtsweggarantien, wie sie in der Verfassung und in den Gesetzen festgelegt sind, und der tatsächlichen Wahrnehmung, ja der *Wahrnehmungsfähigkeit* dieses Rechtsanspruchs, der tatsächlichen Beschreitung des Rechtsweges. Die Dunkelziffer relativer und verdeckter Armut wird in dieser Studie übrigens sehr hoch angesetzt. Oder nehmen wir ein anderes Beispiel, das anzeigt, wie sich die Schere zwischen den Wohlstandsinseln des ökonomischen und politischen Systems unter unseren Augen und der darunterliegenden gesellschaftlichen Wirklichkeit immer weiter öffnet. Die Zahl der Alkoholkranken liegt in der Bundesrepublik genauso hoch wie die der Zuckerkranken, nämlich bei 2–3% der Gesamtbevölkerung, bei 1,5–1,8 Mio. Eine mindestens ebenso große Zahl muß angesetzt werden für die Medikamentenabhängigen. Im Vergleich zu 1950 hat sich diese Zahl vervierfacht. Allein in Hannover sind 4000 Minderjährige alkoholabhängig oder alkoholgefährdet. In den letzten Jahren ist zudem ein rapides, auch quantifizierbares Anwachsen derjenigen Indikatoren zu verzeichnen, deren Auftreten gemeinhin den Randgruppenstatus für die Betroffenen konstituiert. So ist z. B. davon auszugehen, daß mindestens 30% aller Patienten, die den Arzt aufsuchen, an psychosomatischen Leiden erkrankt sind: psychosomatische Leiden sind *gesellschaftliche* Leiden, wenn sie in dieser Größenordnung auftreten, das sind keine bloß individuellen Leiden mehr. 8 Mio. Arztbesuche jährlich erfolgen wegen psychisch bedingter Erkrankungen. Rund 2% der Bevölkerung bedürfen einer psychiatrischen oder einer psychotherapeutischen Behandlung, das sind rund 1 Mio. Personen in der Bundesrepublik. Wegen psychischer Erkrankung oder persönlicher Schwierigkeiten nehmen im Jahr 1978 ca. 600000 Personen Kontakt mit Behandlungs- oder Beratungsstellen auf. Ich nenne diese Zahl beispielhaft, man kann sie erweitern; diese und die übrigen Zahlen sind zusammengestellt von der ehemaligen Leiterin des Arbeitslosenzentrums Hannover, Christine Morgenroth, die sie auch in einem soziologisch und sozialpsychologisch weiterführenden Zusammenhang interpretiert.

Selbstverständlich überschneiden sich diese einzelnen Zahlenangaben, andere, die angegebenen Tendenzen bekräftigende Materialien habe ich gar nicht angeführt, obwohl sie ebenso wichtig sind. Beispielsweise das Schicksal der Behinderten, die in besonderer Weise diesem Bereich der unterschlagenen Wirklichkeit angehören. Die sprunghafte Zunahme der Frühverrentung. Sicherlich, sie ist ein Problem der Arbeitsmarktlage, gleichzeitig aber auch des Verschleißes der Arbeitskraft. Die Verzehnfachung der Jugendselbstmorde in den letzten 10 Jahren usw. Ich führe diese Zahlen nicht an, um einen allgemeinen Begriff von der Gesellschaft zu vermitteln, nein, ich führe diese Zahlen an, um einen Begriff vom *gesellchaftlichen Zustand* zu vermitteln, auf dessen Boden Demonstrationen stattfinden, ganz abgesehen davon, wie die einzelnen Protestmotive aussehen mögen.

Nachdem Peter Glotz den faßlichen Begriff von den *zwei* Kulturen ins Spiel gebracht hat, hat sich der aufgeklärte Teil dieser Gesellschaft begierig auf diese Formel gestürzt. Sie schien den Schleier wegzureißen von allen illusionären Hoffnungen, die Ausgegliederten durch behutsame und nachsichtige Überzeugung für das System zurückzugewinnen. Sie bezeichnet jedoch allenfalls Symptome, nicht Ursachen. Ich möchte lieber von zwei Realitäten sprechen, statt von zwei Kulturen, denn Kultur hat in Deutschland immer den Beigeschmack von Veredelung und Innerlichkeit. Eine Kultur des Elends, der Verelendung und der Armut kann ich mir nicht vorstellen.

Was nun den Sinngehalt des Demonstrationsrechts anbetrifft, so ist er nur verständlich, wenn man die Gesellschaft tatsächlich in zwei große Lager aufgeteilt sieht: in die, die es nötig haben, für *ihre* Lebensinteressen demonstrativen Rückhalt in der Öffentlichkeit zu erreichen, und die, die für ihre Interessen auf diesen demonstrativen Rückhalt verzichten können, weil ihre Interessen ohnehin die herrschenden Interessen der Gesellschaft sind. Wer über Macht und Einfluß verfügt, warum sollte der den anrüchigen Weg der Straße gehen, und an wen sollte er da appellieren? Und was sich jetzt vollzieht in diesem Bereich unterschlagener Wirklichkeit, aus der nur an die Öffentlichkeit dringt, was durch kollektive Demonstrationen Aufmerksamkeit erregt, ist noch einmal eine Aufspaltung. Diejenigen nämlich, von denen ich gesprochen habe, also Sozialfürsorgeempfänger,

Leute, die in psychiatrischer Behandlung sind, Nichtseßhafte, Obdachlose, sie sind und bleiben Objekte, d. h., sie protestieren und demonstrieren in der Regel nicht; sie bleiben in diesem Objektzusammenhang und haben auch nicht mehr das Selbstvertrauen und ausreichende Selbstwertgefühle, etwas mit ihrem Protest erreichen zu können. Sie sind Objekte von Sozialfürsorge, von sozialpsychiatrischer Betreuung. Die zweite Schicht in diesen Bereichen unterschlagener Wirklichkeit besteht aus denjenigen, in denen sich überhaupt so etwas wie Protest auf Grund erfahrenen Unrechts, auf Grund erfahrener Bedürfnisse rührt. Sie tun sich kollektiv zusammen und demonstrieren. Macht hat, wer warten kann, hat Niklas Luhmann einmal gesagt. *Diese* gesellschaftlichen Gruppen können nicht warten. *Ihre* Zeitperspektive ist die der Ungeduld.

Es sind also nicht *zwei Kulturen*, sondern es sind *zwei Realitäten*, die in Konfrontation zueinander stehen, mit den ihnen entsprechenden Realitätswahrnehmungen. Es ist deshalb längst kein bloßes sprachliches Problem der Verständigung mehr, weil es ja nicht nur die Sprache ist, die hier auseinandergefallen ist, sondern es sind Denkformen; es ist das Bewußtsein von Interessen, es sind bestimmte Erfahrungen moralischer Korruption der Macht, welche die Betreffenden machen, es sind auch verschiedene Antworten auf Fragen des Sinns, warum sie arbeiten, warum sie etwas tun und lassen. Ein ganzer Umkreis von Fragen, der sich in eine *spezifische* Logik der Wahrnehmung, der Objektwelt wie der Selbstwahrnehmung, einfügt. In diesem Teil der unterschlagenen Wirklichkeit gibt es noch Bewegung, Unbotmäßigkeit, lebendigen Widerstand. Es werden Anstrengungen unternommen, die oft bitter erfahrene Ohnmacht, die Objekthaftigkeit zu durchbrechen. Und es ist in diesem Zusammenhang doch eine wesentliche Frage, wo es für diejenigen, die ihre unmittelbaren Interessen artikulieren wollen, in diesem Verfassungssystem eine andere Möglichkeit als eben die des demonstrativen Sichtbarmachens, der Herstellung demonstrativer Aufmerksamkeit gibt. Große Verbände haben z. B. vielfache Möglichkeiten, auf Politiker und Behörden Druck auszuüben.

Meine erste These lautet also: es ist eine *Spaltung der Realität*, die eine viel größere Reichweite hat als die Klassenspaltung, auf die sie sich allerdings in letzter Instanz gründet. Keine dieser Realitäten hat einen Wahrnehmungshorizont, der über sie hinausreicht – eine manichäische Zweiteilung der Welt gleichsam. Nun sind da Verhältnisse, die wir in allen kapitalistischen Ländern mit einer repräsentativen politischen Struktur vorfinden. Daraus müßte keine Katastrophe, daraus müßte keine gewalttätige *Konfrontationslogik* entstehen. Was die Aufspaltung der Realität zu einem beunruhigenden Symptom für die gesamtgesellschaftliche Organisation macht, eine Konfrontation, von der ausschließlich die anti-demokratischen Kräfte profitieren, entspringt einer *Sonderbedingung* der geschichtlichen Entwicklung in Deutschland. Das führt mich zu meiner zweiten These.

2. Die «Verstaatlichung» der deutschen Gesellschaft

Die deutsche Gesellschaft ist verstaatlicht, und sie wird zunehmend weiter verstaatlicht. Die Verstaatlichung der deutschen Gesellschaft, der Gesellschaft der Bundesrepublik ebenso wie die der DDR (die hier jedoch außer Betracht bleibt), ist ein verschärfender Punkt dafür, daß Formen der spontanen Selbstorganisation, der Basisinitiative, des zivilen Ungehorsams in diesem Lande immer mit dem Gefühl des Bedrohlichen und Umstürzlerischen verknüpft wird. An sich müßte ja eine Gesellschaft, die mit geradezu aufdringlicher Regelmäßigkeit ihre demokratischen Ideale vorführt, daran interessiert sein, daß die Menschen sich regen, daß sie sich beteiligen bei Angelegenheiten von allgemeinem Interesse, daß sie Aktivitäten in Eigeninitiative entwikkeln. So verstehen jedenfalls die Amerikaner, bei aller Neigung, niedrigste Instinkte und brutale Gewalt im Austragen der Konflikte, *ihre* Gesellschaft. Sie unterstützen Bürgerinitiativen jeglicher Art. Auf kommunaler Ebene auch durch Honorationen, unter denen sich sogar Unternehmer befinden; Demonstrationsrechte werden für eine demokratische Selbstverständlichkeit gehalten, und es kommt niemand auf den Gedanken, die Demonstrationsrechte gesetzlich zu beschneiden.

Warum kann man, über die allgemeinen Tendenzen sozialstaatlicher Transformationen spätkapitalistischer Gesellschaftsordnungen hinausgehend, von einer Verstaatlichung der deutschen Gesellschaft sprechen? Dazu bedarf es einiger geschichtlicher Erläuterungen. Durchgängig zeigt sich eine Antinomie, ein struktureller Widerspruch zwischen *Rechtsstaatsdenken* und *Demokratie* in Deutschland. Sie haben auch ganz verschiedene geschichtliche Wurzeln. Der *Rechtsstaat* geht auf den alten preußischen Obrigkeitsstaat zurück, in seiner rechtsstaatlichen Komponente eine große Tradition, die ich nicht abwerten möchte, obwohl sie nur eine Teilwirklichkeit der deutschen Geschichte repräsentiert. Das Preußen Friedrich II. war in gewisser Hinsicht das freieste Land damals in Europa, hat Emigranten aufgenommen, hat Voltaire nicht nur toleriert, sondern gefördert, die führenden Gelehrten der Berliner Akademie der Wissenschaften waren Franzosen. Der Satz Friedrich II.: «Niedriger hängen!» ist charakteristisch für diese Periode. Ein Protestplakat, das die Bürger nur schlecht lesen konnten, weil es zu hoch aufgehängt war, sollte dem räsonnierenden Publikum zugänglich gemacht werden. Es ist eine Aufforderung zum Räsonnement. Und deshalb schreibt Kant in seiner kleinen Schrift: «Was ist Aufklärung»? alle sagen: gehorcht, gehorcht, räsonniert nicht, nur einer sagt, räsonniert so viel ihr wollt, aber gehorcht. Friedrich der Große. Ja, das ist der preußische Obrigkeitsstaat. Es ist erlaubt, Meinungen zu bilden, sich zu verständigen, aber wenn daraus Handlungen folgen, dann erfährt das Recht der freien Meinungsäußerung sehr schnell harte Begrenzungen.

Da es von unmittelbarer Aktualität ist, möchte ich hier nur an die mündliche Urteilsbegründung im Brückner-Prozeß erinnern: Die Richter hielten es für logisch, die Meinungsäußerungen Brückners *zu Taten* zu deklarieren und diese in Handlungen zu verlängern – eine mir völlig unbegreifliche Sequenz juristischer Logik und wohl auch ohne Beispiel in der europäischen Rechtsprechung – sieht man von stalinistischen und faschistischen Praktiken der Transformation der Meinungen in Handlungen ab.

Die verstaatlichte Gesellschaft, der preußische Obrigkeitsstaat als «Modell Deutschland», meinetwegen noch mit dem Forsthoffschen Zusatz der staatlichen Daseinsvorsorge, steht historisch und soziologisch-systematisch im Widerspruch zur Demokratie, die ganz andere Wurzeln hat: In der Vergangenheit ist sie erkämpft worden von der Arbeiterbewegung, von jenen Leuten, die Objekt der *Umsturzvorlagen* waren. Im Nachkriegsdeutschland ist Demokratie ein Gegenprodukt gegen den Faschismus und dem preußischen Obrigkeitsstaat abgerungen, bestehend aus einer Kombination verschiedener Kräfte: in erster Linie den Gewerkschaften und der Arbeiterbewegung, dann den Alliierten, schließlich den schwächlichen Positionen des bürgerlichen Liberalismus. Und ich frage: Woher soll denn unter diesen Bedingungen ein autonomes Selbstbewußtsein für Demokratie in diesem Lande kommen? Wir sind *demokratisiert* worden, institutionell vor allem, und die Institutionen erscheinen ja auch als vorbildhaft, aber es deuten sich allmählich Aushöhlungen dieser Institutionsgerüste an, woran übrigens auch die Weimarer Republik kaputt gegangen ist, *eine Demokratie ohne Demokraten*.

Der selbstgerechte Repräsentant des bestehenden Systems steht gleichwohl nicht mit leeren Händen da: ein demokratisch vorzüglich ausgebildetes Institutionensystem mit im großen und ganzen nicht zu bestechenden Richtern, Ministerialbeamten, Polizeibeamten, ein äußerlich sehr gut funktionierendes System also, ja, auf dieser *einen* Ebene von Realität, auf diesem Realitätsausschnitt, auf dieser Realitätsinsel scheint alles ganz großartig zu funktionieren. Hermann Höcherl, einer der ehemaligen Bundesinnenminister, die in der Regel das schmückende Beiwort Verfassungsminister tragen, ist in die Geschichte der Bundesrepublik nicht nur mit dem die Drahtzieher der Spiegel-Affäre entlastenden Satz eingegangen, man könne schließlich nicht den ganzen Tag über mit dem Grundgesetz unter dem Arm herumlaufen; er hat auch die These vertreten, daß es keinen *Widerspruch* zwischen Verfassung und Verfassungswirklichkeit geben könne, weil eine Verfassung ausschließlich durch die *Realität* ihrer Institutionen definiert und interpretiert werde.

Nun möchte ich einen Augenblick an dieser Realität in ihrem Verhältnis zur Verfassung festhalten. Jürgen Seifert hat eine Untersuchung gemacht, die bereits 1969 erschienen ist und heute vielfach erweitert werden müßte, «20 Jahre Grundgesetz». Im Einleitungsaufsatz der 1974 erschienenen Auflage schreibt er, keine Verfassung der Welt wurde im Wortlaut, ohne gewaltsamen Umsturz, innerhalb von 25 Jahren in einem solchen Umfang verändert. Seit der Verkündung des Grundgesetzes sind 45 Artikel geändert bzw. mehrmals geändert worden, 35 Artikel neu eingefügt, neu verfaßt oder gestrichen. Aber es ist nicht allein die Zahl dieser Veränderungen, die beängstigend ist, sondern vor allem deren deutlich erkennbare Tendenz: bringt man die Einzelkorrekturen auf eine idealtypische Verlaufsform, so zeigt sich dieselbe Blickrichtung in allen diesen Veränderungen, nämlich weg von Artikel 1, der alle staatliche Gewalt zu Achtung, zum Schutz der menschlichen Würde verpflichtet, weg von den politischen Kommunikations- und Teilhaberrechten – hin zum Eigentumsschutz des Artikel 14 und zum Staatsaufbau. Es ist nicht so, als würde sich nur der Graben zwischen Grundgesetz und Verfassungswirklichkeit weiter öffnen, sondern es vollzieht sich, wenn man genauer liest, sogar eine *Strukturverschiebung innerhalb der Verfassung* selber, mit zunehmender Gewichtung des Staatsaufbaus. Dieser Sog, den die gesellschaftliche Wirklichkeit auf eine bestimmte Richtung der Verfassungsänderung ausübt, hat die Grundrechtseuphorie, von der zeitweilig die Rede war und die, wie die Konservativen mit Befriedigung feststellen, sehr schnell wieder eingedämmt wurde, überdauert.

Diese Strukturverschiebung der Verfassung, die Subsumtion von Freiheitsrechten unter ökonomische und verwaltungsrechtliche Maßstäbe, hat inzwischen auch das Demonstrationsrecht erfaßt, die *Fundamentalnorm jeder demokratischen Gesellschaft*. Ruinierung der Existenzgrundlage ist die «sozialadäquate» Strafform für die Wahrnehmung der Demonstrationsrechte, wenn Gerichte zunehmend dazu übergehen, durch Leistungs- und Verwaltungskostenbescheide den Demonstranten privatrechtliche Folgekosten aufzubürden, die sie in der Regel empfindlicher und langfristiger belasten als das alte System der Gefängnisstrafen, die (wenigstens in der Arbeiterbewegung und in den Antikriegskampagnen) immer noch das Ansehen einer Art Ehrenhaft an sich hatten. Die völlige Monetarisierung der Demonstrationsfreiheit zerstört den ursprünglichen Sinngehalt des Demonstrationsrechts, der ja gerade in der Legalisierung des «Drucks der Straße» bestand. Für etwas zu demonstrieren, was es schon gibt und was von der Polizei und den Gerichten geschützt wird, entbehrt aller politischen Vernunft und kommt in die Nähe der rituellen Staatsaufmärsche totalitärer Systeme. Wer aber für jede Beteiligung an einer kollektiven Aktion, um durch den Druck der Straße, durch Blockaden oder Besetzungen Einfluß auf Entscheidungen der Parlamente und der Regierungen zu erlangen, das Risiko eingeht, die Kosten für Verwaltung und Polizeieinsatz mittragen zu müssen, die ausschließlich durch den Versuch der Verhinderung dieser Aktion entstanden sind, der wird eine Güterabwägung vornehmen, die am Ende immer zugunsten des Obrigkeitsstaates ausfällt. Solche «kollektiven Gefährdungshaftungen» mit dem Schutz demokratischer Freiheiten gegen einzelne Gewalttäter zu verbinden, ist blanker Zynismus; es ist der reine, abstrakte Vollzug staatlicher Herrschaft, dessen Regeln in der möglichst effektiven Bewahrung der bestehenden Machtverhältnisse begründet sind. *Diese* Wirklichkeit definiert die Rechte oder genauer gesagt: die in Pflichten umgedeuteten Rechte und das ihnen entsprechende Verhalten jenes normalen Bürgers, von dem der Innenminister Zimmermann gesprochen hat.

Daß alle diese Veränderungen nach den Maximen von Gesetz und Recht erfolgt sind, versteht sich von selbst, und das mag die Missionare der «Freiheitlich-demokratischen Grundordnung», der FdGO, mit ihren Ausgrenzungspraktiken, mit Stolz erfüllen. Daß sie gleichzeitig an der Vergrößerung des moralischen Vakuums der Gesellschaft arbeiten, wird ihnen nicht in gleicher Weise deutlich sein. Sie fühlen sich im Recht und in der positiven Rechtsordnung heimisch.

Aber auch der Nationalsozialismus lebte vom positivistischen Mythos; er bezog die Gnadenlosigkeit seiner Menschenverachtung aus der Ausgrenzung von humanitär-kulturellen Geltungsgründen aus dem Recht und der Reduktion des Vorstellungshorizonts auf das tautologische Schema: «Befehl ist Befehl» und «Gesetz ist Gesetz». Demgegenüber hat Gustav Radbruch das Problem, an dem produktive Arbeitsprozesse der Rechtsbegründung ebenso wie der praktischen Rechtsfindung unter heutigen geschichtlichen Bedingungen anzusetzen wären, prägnant formuliert, indem er es zu einer *Antinomie* zuspitzt: *gesetzliches Unrecht und übergesetzliches Recht.* Radbruch spricht bewußt von der Realität und der Möglichkeit *gesetzlichen Unrechts.* Und ich möchte daran die Frage anknüpfen, ob die Juristen hierzulande diesen Gedanken von gesetzlichem Unrecht noch für relevant halten? Ein solcher Gedanke ist freilich aus dem Gesetzeszusammenhang selber nicht herauszubekommen, sondern setzt einen Begriff von der Gesellschaft voraus. Und den Nationalsozialismus erwähne ich hier nicht, um in irgendeiner Weise Analogien herzustellen zur Bundesrepublik, sondern aus einem systematisch-rechtspolitischen Interesse, um einen großen Rechtsphilosophen wie Gustav Radbruch in der gegenwärtig aufgebrochenen Diskussion der gesellschaftlichen Legitimationsgrundlagen von Recht als Zeugen anzurufen; denn immerhin scheint mir seine Feststellung Gewicht zu haben, daß der Faschismus kein *gesetzloser* Staat war. Im Gegenteil: daß er für die schändlichsten und kleinsten von ihm begangenen Verbrechen Gesetze produzierte. Die Verengung des positivistischen Rechtshorizontes, aus dem der Begriff der Gerechtigkeit vollständig verschwunden ist, die Austrocknung des juristischen Denkspektrums kann eben unter bestimmten gesellschaftlichen Bedingungen so weit gehen, daß einer großen Masse von Menschen Unrecht getan wird, *mit Hilfe von Gesetzen.* Übergesetzliches Recht ist keine Fiktion; nicht nur Vorstellungen von Gerechtigkeit beruhen darauf, sondern Freiheitsrechte insgesamt.

Das Fatale an diesem Verlust moralischer und rechtlicher Legitimationsgründe besteht eigentlich darin, daß Grundgesetz und Verfassungswirklichkeit immer stärker ineinandergeschoben werden, daß Realität zur Ideologie, zum objektiven Schein wird, häufig so weit, daß manche Leute behaupten, bereits der Hinweis auf Widersprüche zwischen Verfassung und Verfassungswirklichkeit erfülle den Verdacht, wenn nicht den Tatbestand feindlicher Gesinnung. Wo bleiben unter diesen Bedingungen für diejenigen, die Grund haben, sich in dieser Gesellschaft unzufrieden und ungerecht behandelt zu fühlen, die rechtlichen und moralischen Maßstäbe, von denen Kritik an der Wirklichkeit ausgehen kann? Die Verteidigung der bestehenden Realität wird als Verteidigung von Rechten verstanden; Realität ist unter der Hand selber zum Index der Wahrheit geworden – Index des Wahren und des Falschen, um eine Formel Spinozas hier zu verwenden. Und diese Realität zu verteidigen, dazu eignen sich am besten Polizei und Gerichte.

Mit Demokratie und politischer Kultur hat das zunächst sehr wenig zu tun. Franz Neumann hat Rechte, die den Substanzgehalt eines demokratischen Gemeinwesens ausmachen, wie Würde, Persönlichkeits- und Teilhaberechte, treffend *politische Kommunikationsrechte* genannt. Die Anerkennung und Wahrnehmung politischer Kommunikationsrechte, zu denen die Demonstrationsfreiheit in hervorragender Weise gehört, nicht die rituelle Bestätigung der Institutionen, die diese Rechte überwachen, sind Kriterien dafür, ob eine Gesellschaft demokratisch ist oder nicht. Im übrigen sind es auch diese Rechte gewesen: Würde, Persönlichkeitsrechte, politische Kommunikationsrechte, die man nach 1945 als den härtesten Block gegen jede mögliche Rückkehr gesetzlichen Unrechts aufzurichten beabsichtigte. Es war der Gesetzgebung, ausübende und rechtsprechende Gewalt gleichermaßen unmittelbar bindende Grundrechtskatalog (und darin am problematischsten die Eigentumsgarantie), der historisch die Position gegen den Faschismus befestigen sollte, nicht in erster Linie der Staatsaufbau. Die von mir beschriebene Gewichtsverschiebung innerhalb des Normenzusammenhangs der Verfassung ist deshalb überraschend und unterstreicht nachdrücklich den inzwischen erfolgten Geschichtsverlust, weil 1947 selbst konservativ-bürgerliche Kräfte noch der Überzeugung waren, daß das kapitalistische Eigentum wesentlich an der Entstehung des NS-Terrors beteiligt war. Und daß es in seine alten Rechte der Regulierung des gesellschaftlichen Ganzen nie wieder ungebrochen eingesetzt werden darf, wie es in einer damaligen CDU-Erklärung hieß.

3. Falsche Weimar-Analogien und die geschrumpften plebiszitären Rechte des Souveräns

Welche Wege bleiben für diejenigen offen, die keine Lobby in den Machtapparaten haben, deren Interessen nicht sowieso vertreten werden, wie z. B. die der Spekulanten, die sich ja nicht nur lebensnotwendige Güter für private Zwecke aneignen, sondern auch Polizisten und Gerichte, die ihnen ihre Spekulationsobjekte beschützen? Dabei unterstelle ich, daß kein Polizist, der sich im Gerangel mit Demonstranten den Kopf blutig schlagen läßt, subjektiv das Bewußtsein hat, für Boden-Spekulanten oder für die auf profitable Atomkraftanlagen spekulierenden Energie-Gesellschaften die Kastanien aus dem Feuer zu holen. Objektiv ist es aber so.

Die Tendenz zur Einschränkung der politischen Kommunikationsrechte hat, das ist meine dritte These, mit falschen Weimar-Analogien zu tun, wo diese Einschränkung überhaupt noch eine demokratische Legitimation sucht. Die plebiszitär-spontanen Elemente dieser Rechtsordnung sind praktisch zusammengeschrumpft auf Demonstrationsrechte; das Volk, der Souverän nach der Verfassung, ist in seinen unmittelbaren Ausdrucksmöglichkeiten im wesentlichen auf das Demonstrationsrecht verwiesen. Oder gibt es außer dem Demonstrationsrecht noch andere kollektive und politische Möglichkeiten, Konfliktpotentiale, lebenswichtige Probleme, Erfahrungen mit gesellschaftlicher Unterdrückung zu artikulieren? Und zwar direkt, nicht erst, wenn eine Neuwahl von Abgeordneten ansteht, die ohnehin nur ihrem «Gewissen» verpflichtet sind?

Ich will erklären, warum ich in diesem Zusammenhang von *falschen* Weimar-Analogien spreche. Es ist nicht so, daß die Weimarer Republik an den marodierenden Horden auf der Straße oder am Plebiszit zugrunde gegangen wäre. Die Weimarer Republik ist ganz anders ruiniert worden. Eine in der Substanz widerstandsfähige demokratische Gesellschaft, die vom Rande her aufgerollt wird, gibt es nicht – es sei denn durch militärische Gewalt. Aber der Faschismus, wie wir ihn kennen, ist im Zentrum gewachsen. Es sind eben dienstwillige und hilfsbereite Richter, Staatsanwälte, die gnadenlose Urteile fällten; Hochschullehrer, die Legitimationen für das Unrecht geliefert haben, Generäle, die aus obrigkeitsstaatlichem Denken kamen und dem «Führer» bis zum bitteren Ende die Treue hielten; zu «Wirtschaftsführern» aufgestiegene Unternehmer, welche die Rüstung am Laufen hielten – alle sie haben einen wirksameren Schutz dieses nationalsozialistischen Systems gebildet als die marodierenden Horden, die die Straße unsicher machten.

Daß Demonstrationen eine Demokratie zerstören könnten, die in ihrem institutionellen Machtzentrum nicht bereits ausgehöhlt wäre, ist höchst unwahrscheinlich. Der Faschismus und alle autoritären obrigkeitsstaatlichen Transformationen wachsen und gedeihen im gesellschaftlichen Machtzentrum, weil sie dort am geschütztesten sind. Man darf Konservatismus und Rechtsradikalismus nicht leichtfertig auf Randgruppen projizieren, jedenfalls gilt diese Vorsicht für Deutschland; hier ist es immer die staatskonservative Gesinnung gewesen, welche die Demokratie bedroht und zerstört hat oder gar nicht erst entstehen ließ, und nicht das Gegenteil.

Was ich damit meine, läßt sich an der spezifischen Form des deutschen Widerstandsrechts erläutern, die, soweit ich sehe, einmalig ist in der westlichen Kulturgeschichte. Bei der Verabschiedung der Notstandsgesetze am 24.6.1968 ist ein Absatz 4 dem Artikel 20 des Grundgesetzes eingefügt worden. Ich muß betonen, daß dieser Absatz ein Kompromiß gewesen ist, ausgehandelt zwischen den Parteien und diejenigen, die einen weiterführenden Widerstandsartikel haben wollten, waren am Ende stolz darauf, daß sie überhaupt den Artikel in dieser Fassung durchbekommen hatten. «Gegen jeden, der es unternimmt, diese Ordnung [sie kann heute wohl als freiheitlich-demokratische Grundordnung verstanden werden; O. N.] zu beseitigen, haben alle Deutschen das Recht zum Widerstand, wenn andere Abhilfe nicht möglich ist.» Das heißt mit anderen Worten: das Widerstandsrecht ist gegen *alle* Deutschen gerichtet, gegen alle Deutschen. Das ist, nach meiner rechtsgeschichtlichen Kenntnis, in keiner einzigen Verfassung eines zivilisierten Landes so unmißverständlich gegen das eigene Volk gerichtet.

Das Widerstandsrecht ist dagegen, seinem ganzen geschichtlichen Sinngehalt nach, stets als eine Art ultima ratio des Volkes ausschließlich gegen *staatliches* Unrecht, *gegen* verbrecherische Obrigkeiten gewendet gewesen. Diese Umdrehung des Sinngehalts muß in der Tat besonders in Deutschland merkwürdig erscheinen. Denn zur Abwehr von Gefährdungen des demokratischen Rechtsstaats stehen nach geltendem Recht der Bundesrepublik Polizei und Justiz, notfalls Bundesgrenzschutz und Militär zur Verfügung. Und Richard Schmid, einer der wenigen demokratischen Rechtskritiker der älteren Generation, sagt ganz zutreffend von diesem sogenannten Widerstands-Artikel: neben diesem maximalen Machtapparat noch allen Deutschen, also den privaten, unbewaffneten einzelnen, zusätzlich ein Widerstandsrecht gegen Verfassungsfeinde zu gewähren würde den Fall betreffen, daß jener umfassende Machtapparat versagt. Das Widerstandsrecht ist demnach für den unwahrscheinlichsten Fall konstruiert. *Denn wann ist der deutsche Staat je schwach gewesen*? Nicht der deutsche Staat mit seinem konservativen und rechtsextremen Beamtenheer, die Demokratie ist sehr schwach gewesen in Weimar. Sieht man vom *Grenzfall* des Kapp-Putsches ab, der ja auch nicht durch den «demokratischen» Staatsapparat und seine Organe, sondern wesentlich durch den Generalstreik verhindert wurde, so sind Bedrohung von Recht und Demokratie immer von den Inhabern der Macht selber ausgegangen. Artikel 20 Abs. 4 Grundgesetz stellt daher kein Widerstandsrecht dar, sondern dokumentiert die *Enteignung* des Widerstandsrechts.

Das, worauf ich hinauswill, ist die Feststellung, daß das Gefühl dafür fehlt, was demokratische Selbstverständlichkeiten sind, was den Sinngehalt von Widerstandsrecht ausmacht; vielmehr liegt hier der Versuch vor, die Staatsbürger selber noch als Funktionsträger des Staatsapparates zu verpflichten. In dieser Eigenschaft werden sie bei ihrer Staatsbürgerehre gefaßt und aufgefordert: beobachtet eure Nachbarn, ob sie nicht etwa Verfassungsfeinde sind, und sollte das zutreffen, so habt ihr ein Recht, mit ihnen entsprechend den vorhandenen Gesetzen umzugehen. Die Verstaatlichung der deutschen Gesellschaft ist eben, bis in die Poren des Alltagslebens hinein, ein zentrales Problem für Demokratie und Demokratisierung, und die übermächtige Gewichtung des Rechtsstaates oder, genauer gesagt, des *Rechtsprechungsstaates*, kann auf Dauer zu einer Erstickung aller lebendigen Regungen des demokratischen Bewußtseins und Verhaltens führen.

Warum treten diese Leute, die Grund zum Demonstrieren haben, nicht an die Öffentlichkeit und sagen, welche Probleme sie haben? Es gibt doch so etwas wie eine demokratische Öffentlichkeit, neben der Springerpresse, von der wohl keine Basis-Initiative etwas Gutes zu erwarten hat, gibt es doch viele andere Medien, die vielleicht auf diese Probleme eingehen würden. Das mag in manchen Fällen sogar zutreffen, berührt aber nicht das strukturelle Problem, um das es mir geht. Ich glaube, daß im Zusammenhang der bürgerlichen, auf Repräsentation beruhenden Öffentlichkeit dieselbe Form der Brechung unmittelbarer Interessen vorliegt wie in der Gestalt der Parteien-Mediatisierung. Die Parteien wirken nach dem Grundgesetz bei der demokratischen Willensbildung mit. Niemand hat im Grundgesetz gesagt, daß sie die einzig bestimmenden Kräfte sind, niemand. *Sie wirken mit*, heißt es. Das würde jedoch bedeuten, daß sie ihrem Verfassungsauftrag gemäß demokratische Initiativen außerhalb ihrer selbst eigentlich unterstützen müßten, um die demokratische Willensbildung zu vervielfältigen und zu vervollständigen; das würde jedoch ausschließen, die Interessen, die draußen entstehen, einfach zu mediatisieren. Die Gefahr, Interessen zu filtern, ist sehr groß, denn jeder Parteiapparat ist nur ein kleiner Ausschnitt aus der gesellschaftlichen Realität, so daß Parteien, wenn sie sich selber verstehen als Repräsentanten einer durch *Integration* und *Konsensus* definierten und beschränkten Realität, zwangsläufig, und das ist ein wichtiger Mechanismus, zur *Ausgrenzung* neigen.

Sie grenzen ganze gesellschaftliche Bereiche aus, vor allem jene, in denen Lebensinteressen, radikale, d. h. an die Wurzel der menschlichen Existenzbedingungen gehende Bedürfnisse, öffentlich Ausdruck verlangen. Denn das Einlassen auf solche radikalen Interessen, die zunächst die bewußter Minderheiten sind, bringt nicht den gleichen Legitimationsrückhalt für Wahlen wie Durchschnittsinteressen, auf die sich der Massenanhang der Parteien im wesentlichen stützt.

Nimmt man die Parteien von der Seite ihrer Ausdrucksmechanismen, so spielen sich in der sogenannten repräsentativen Öffentlichkeit von Medien ähnliche Prozesse ab, jedenfalls im Hinblick auf die fatalen politischen Folgen. Die Medien sind heute, und zwar das Fernsehen stärker als Presse und Rundfunk, nach dem Prinzip von *Zeitraffung* und *Ballung* organisiert. Zeitraffung bedeutet, daß nur *die Ereignisse* Warenwerte einer Meldung erhalten, von denen man sicher ist, daß sie den Neuwert aktueller Tatsachen haben oder spektakuläre Begebenheiten sind. Nur diese dringen in der Regel als Informationen in die Medien. Und Ballung heißt, daß Berichte über die Entstehungsbedingungen eines Ereignisses, ausholende Erzählungen, komplexe gesellschaftliche Analysen, Diskussionen aus Lebenszusammenhängen auf wenige Punkte zusammengezogen werden, die das Zugrundeliegende personalisiert oder symbolisch verdichtet repräsentieren; ein Beispiel für Ballung sind sozialkritische Fernsehgeschichten über Familien, die den Anspruch vermitteln, Charakteristisches über eine Gesellschaft auszusagen.

Die Folge der Wirkungsweise dieser und anderer Mechanismen der repräsentativen Öffentlichkeit ist nun, daß jene Interessen, deren Darstellung weder ins Schema der Zeitraffung noch in das der Ballung paßt, auch strukturell aus diesen Medien herausfallen. Auf der anderen Seite bedeutet das gleichzeitig die Erfahrung, daß eine Schlacht mit der Polizei, zerbrochene Fensterscheiben, Verkehrsblockaden in die Medien kommen, aber nicht die Inhalte und Motive, um die es bei solchen Aktionen geht. Jedes spektakuläre Ereignis, und sei es auch noch so dumm und nichtssagend, ist eine Nachricht, stellt einen Warenwert dar, aber für die ausführliche Erörterung dessen, worauf es ankommt, fehlen Sendezeit in Rundfunk und Fernsehen und Platz in den Zeitungen. Die Startbahnkonfrontationen sind nur auf der beschränkten Ebene von solchen Berichten in die Öffentlichkeit gekommen, wenn man von Lokalberichten und kleinen Artikeln der *Frankfurter Rundschau* absieht. Wo hat es in den letzten Jahren über diese Probleme noch Diskussionen gegeben, die denen vergleichbar wären, die für eine kurze Zeitspanne nach 1968 stattfanden, als selbst die bürgerliche Öffentlichkeit Erörterungen über mehrere Stunden hinweg aufgriff und damit das unerläßliche Material für eine kritische Urteilsbildung lieferte? Alles wird zusammengepreßt und der Inhalt dadurch verfälscht, verzerrt, verschoben, auf jenes Maß reduziert, das praktisch ausschließt, eine Vielzahl von demokratischen Interessen, die hier zusammenkommen, konkret benennbar zu machen. So ist man schnell bei der Hand, Drahtzieher zu suchen, die Vereinfachungen der komplizierten Verhältnisse ermöglichen und der Polizei die Fahndung erleichtern.

Was die Medien machen, möchte ich an Hand eines Gerichtsverfahrens erläutern. In einem Gerichtsprozeß stoßen wir nicht nur auf

Sprach- und Verständnisbarrieren, sondern auch die Zeitstruktur, in der etwas dargestellt wird, ist verschieden; kommt der Angeklagte, was wohl die Regel ist, aus der Schicht der Marginalisierten oder aus der Arbeiterklasse, so ist das, was er inhaltlich zur Verteidigung und Erklärung seines Falles vorzubringen hat, so stark eingebunden in seine Lebensgeschichte, daß ihm eine Ballung oder Zeitraffung der ihm wichtig erscheinenden Ereignisse wie eine Fälschung erscheinen muß. Vom Richter wird er aber gewöhnlich ersucht, nicht abzuschweifen, sondern sach- und antragsbezogen zu reden. Er aber erzählt von seiner Großmutter und seiner Kindheit vielleicht, Geschichten also, berichtet von Lebensvorgängen, und das ist für ihn *antragsbezogen*, das ist der Kern des Sachverhalts, warum er da vor dem Richter steht; er kann sein Leben unter keinen Umständen auf eine antragsbezogene Formel bringen. Was dem Gericht als Abschweifung erscheint, ist für ihn die einzig wirkliche Struktur, in der Wahrnehmung für ihn möglich ist und in der er die Verwicklungen seines Falles klarmachen kann.

Das gilt im übrigen für alle Prozesse, die nicht von vornherein nach autoritären Mustern strukturiert sind; Meinungsbildungs- und Entscheidungsprozesse in einer Demokratie brauchen eben viel mehr Zeit als die Übermittlung eines Verwaltungsaktes und die Exekution eines obrigkeitlichen Befehls. Überzeugung, Verständigungsarbeit und politisch fungierende Aufklärung erfordern breitere Raum- und Zeitverhältnisse als die Kommando-Sprache. Wer diese andere Logik der Darstellung der eigenen Probleme in Widerstandsaktionen nicht aufnimmt, der ist abhängig von Vorgängen, die sich hinter dem Rükken der Beteiligten abspielen, wobei die gute Absicht oder der böse Wille kaum noch ins Gewicht fallen.

Ich bin der Auffassung, daß Demonstrationen in unserer Gesellschaft, die dem spontanen Ausdruck *unmittelbarer* Interessen und Bedürfnisse dienen, für viele Menschen, die in Objektrollen dieser Gesellschaft gedrängt werden, nichts Geringeres als *Lebens-* und *Überlebenschancen* darstellen. Man weiß, daß erzwungene Passivität auf Dauer krank macht. Der aktive Umgang mit der Realität, der spontane Ausdruck von eigenen Bedürfnissen, das sind indentitätsbildende Elemente und kein Luxus, auf den man auch verzichten könnte. Umgekehrt sind Einschränkungen und Zerstörungen dieser wenigen Möglichkeiten, sich kollektiv und öffentlich auszudrücken, unweigerlich mit Persönlichkeitszerstörung verknüpft, ganz abgesehen von dem miserablen Zustand, in den ein demokratisches Gemeinwesen dadurch geraten muß. Demonstrationen bezeichnen nicht einfach das, was *willentlich* hergestellt wird von einigen, die man dann als Demonstrationsträger dingfest macht, sondern verweisen auf einen notwendigen Ausdruck von Lebensbedürfnissen in einer Gesellschaft, die total mediatisiert ist; die mediatisiert ist durch ein geschlossenes Geflecht von Institutionen, durch Parteien, durch den Staat, durch repräsentative Öffentlichkeit. Und man stelle sich einmal vor, daß jemand, der in dieser Gesellschaft eine schreiende Ungerechtigkeit erfährt und feststellt, daß viele andere ganz ähnlich empfinden, sich mit diesen zusammentun, um das Problem öffentlich zu machen und eventuell Veränderungen an den Verhältnissen zu bewirken, jetzt etwas ganz Unerwartetes zusätzlich erfahren muß. Das Unrecht verband er mit der gesellschaftlichen Realität. Und jetzt würde es naheliegen, die Realität zu verändern oder wenigstens aufmerksam nachzuforschen, was veränderungswürdig ist. Statt dessen kommt ein Großaufgebot von Polizei und besetzt diese Realität, die allein schon ausreichend ist, Angst zu verbreiten, mit hoheitlichen Symbolen, verleiht ihr gewissermaßen einen öffentlich-rechtlichen Status, der zusätzlich einschüchtert und zwangsläufig die Kriminalisierung des Protestverhaltens erweitert. Die bereits vorhandene Ohnmacht der Demonstranten wird dadurch verstärkt, und wir wissen, daß es häufig Ohnmachtsreaktionen sind, die sich in Gewalt Luft machen.

Diese Erweiterung der Kriminalisierungsmöglichkeiten des Protestverhaltens ist offensichtlich eine wesentliche Absicht des verschärften Demonstrationsstrafrechts. Im Schutz der Tatsache, daß erfahrungsgemäß fast jeder Großeinsatz von Polizei mit einem Mindestmaß von gewalttätigen Verwicklungen verknüpft ist, kann der neue Innenminister ohne Schwierigkeiten auch jede friedliche Demonstration in ein kriminelles Ereignis verwandeln. Dazu bedarf es lediglich der Sprachkompetenz der Polizei, die ohne weiteres einen Platz, ein Haus oder eine Straße zu einem staatlichen Hoheitsgebiet zu erheben imstande ist, das nach dreimaliger Aufforderung alle zu verlassen haben. Mit dem Gestus eines Biedermannes, dem nichts so sehr am Herzen liegt wie die Wiederherstellung der von der sozialliberalen Koalition außer Kraft gesetzten natürlichen Ordnung des gesellschaftlichen Zusammenlebens, revidiert Zimmermann Grundsätze zivilisierter Rechtssysteme. In einem *Spiegel*-Interview erklärt er: «Wenn der örtliche Polizeieinsatzleiter sagt: Bitte, entfernen Sie sich, und er entfernt sich nicht, dann ist er schon kein normaler Bürger ... Er ist jedenfalls kein friedlicher Bürger.

(*«Spiegel»*: Nach den Grundprinzipien des Strafverfahrens muß der Staat dem Täter nachweisen, daß er sich strafbar gemacht hat.)

Richtig. Die Beweislast soll aber hier umgekehrt werden, denn wer nach Aufforderung der Polizei eine gewalttätige Demonstration nicht verläßt, hat sich bereits strafbar gemacht.

(*«Spiegel»*: Das gibt es im ganzen Strafgesetzbuch nicht, außer im Fall der üblen Nachrede.)

«Man soll nie vor Neuerungen zurückschrecken, wenn sie notwendig sind.»

(*«Spiegel»*, 11. Juli 1983)

Demonstranten unterliegen dieser Auffassung zufolge dem *Universalverdacht*, keine normalen, d. h. friedfertigen, angepaßten, gehorsamen Bürger zu sein, und das einfache Wort eines Polizeieinsatzleiters reicht aus, die selbstverständliche Wahrnehmung eines Grundrechts in eine kriminelle Handlung zu verwandeln. Da dieser Universalverdacht besteht und die *Gesinnungen*, nicht die *Handlungen* Gegenstand der Anschuldigung sind, ist es nur konsequent, daß der an einer Demonstration Beteiligte oder in sie Verwickelte in jedem konkreten Einzelfall den *positiven* Nachweis führen muß, daß *er* normaler Bürger ist. Zweifel sprechen grundsätzlich gegen den Angeklagten; bereits die physische Anwesenheit bei einer Demonstration ist Hinweis auf seine gesetzwidrige Gesinnung.

Ist die obrigkeitsstaatliche Gehorsamstradition in ihre angestammten Rechte wieder eingesetzt und Einigkeit über das Prinzip erzielt, daß es keine Legitimität *außerhalb* der Legalität gibt, dann erfährt der Gewaltbegriff eine geradezu gigantische Ausweitung. Der Begriff der «passiven Bewaffnung» für Schutzhelme ist nur die absurde Spitze dieser korrumpierten politischen Sprache. Ein Ritter des Mittelalters, dem sich ein Scholastiker in der philosophischen Absicht genähert hätte, ihm die Allgemeinbegriffe von Lanze und Rüstung zu vermitteln, das eine unter dem Oberbegriff aktive, das andere unter dem Oberbegriff passive Bewaffnung – dieser Ritter wäre sicherlich in grölendes Gelächter ausgebrochen. Dieses Sprachgefühl für sachliche Proportionen ist von den gegenwärtig Herrschenden jedoch kaum zu erwarten; *ihre* Absicht scheint es vielmehr zu sein, das Symbolspektrum der Sprache so auf praktikable Polizeibegriffe zu reduzieren, daß in allem, was der Staat *nicht* besetzt hat, nur eine einzige Handlungsmöglichkeit herauskommen kann: *Gewalt*. Dabei ist es dann völlig gleichgültig, ob es sich um zivilen Ungehorsam, um Widerstand und gewaltfreie Aktionen oder um Blockaden, Großdemonstrationen oder Hausbesetzungen handelt.

Die *Allgegenwart* des Staates, wo es um Probleme von Lebenssinn, von menschenwürdigem Wohnen, also um elementare Dinge geht, wo insbesondere für jüngere Menschen das Bedürfnis besteht, einmal unkontrolliert zu sein, in Jugendzentren z. B., ohne daß der Stadtrat einen Sozialhelfer reinsetzt, der alles begutachtet und kontrolliert, hat die letzten Nischen und Poren der Gesellschaft verstopft, ohne die eine realitätsgerechte Sozialisation der neuen Generation eigentlich gar nicht möglich ist. Oder kann mir jemand hier sagen, wo es diese Nischen in der Gesellschaft noch gibt, die sich der sozialen Kontrolle entziehen? Solche Nischen sind aber ein grundlegendes Lebensbedürfnis der Menschen, und eine Gesellschaft, die sie zerstört oder deren Entwicklung behindert, mag noch so viel und selbstgerecht von Demokratie reden, sie hat einen Grundzug zum Totalitären.

5. Der Mythos von der Selbstbehauptung der Demokratie durch Konfrontation

Die auf dem Boden dieser Gesellschaft entstandenen Probleme gehen nicht zuletzt auf eine räuberische Handhabung des Privateigentums zurück, wie sie mit äußerster Gewalt von gewissenlosen Spekulanten auf Kosten der Mehrheit der Bevölkerung betrieben wird. Wer glaubt, daß die Startbahn West ökonomisch und geschichtlich absolut notwendig ist, um die Zukunft der westdeutschen Volkswirtschaft zu sichern, was immer die Kosten an Zerstörungen der Umwelt und an gesundheitsbedrohenden Belästigungen sein mögen; wer glaubt, ein geschichtliches Recht dafür zu haben, das Land in einen Belagerungszustand zu versetzen, um einmal getroffene politische Entscheidungen auch gegen den Widerstand der Betroffenen zu exekutieren; wer schließlich glaubt, alle diese Probleme mit Polizei und Gerichten lösen zu können, der trägt zur Aushöhlung der demokratischen Institutionen mehr bei als die gewalttätigsten Demonstrationen. Der moralische Verschleiß hat beängstigende Formen angenommen.

Wer glaubt, daß Tricks wie die, ahnungslose österreichische Holzfäller nachts einzufliegen, um die Wälder in der Nähe des Frankfurter Flughafens abzuholzen, und andere Manipulationstechniken der Regierung der Demokratie in diesem Lande einen Dienst erweisen, der ist Opfer einer gefährlichen Selbsttäuschung. Er verhält sich geschichtsblind, ja er begeht so etwas wie ein Geschichtsverbrechen. Ich nenne es Geschichtsverbrechen, weil bestimmte Lebensbedingungen zerstört werden.

Die praktische Unmöglichkeit, alle diese gesellschaftlichen Probleme durch Polizei und Gerichte lösen zu lassen, ruft jetzt eine Kurzschlußreaktion hervor. Die Zauberformel lautet: scharfe Begrenzung des Demonstrationsrechts, ergänzt durch besonders forsche Großeinsätze der Polizei; Ausbau des Überwachungs- und Sicherheitsstaates. Rettung der Demokratie durch Einschränkung ihrer Lebensmöglichkeiten. Nie sind jedoch entscheidende gesellschaftliche Probleme durch Polizei und Gerichte gelöst worden, nie in der Geschichte. Im Gegenteil, die Ohnmacht von Polizei und Gerichten ist immer ein Ausdruck dafür gewesen, daß Probleme gelöst werden sollen, die andere zu verantworten haben oder die so sehr zur Macht- und Herrschaftsstruktur einer Gesellschaft gehören, daß nur grundlegende Veränderungen Abhilfe schaffen können.

Die totale Überforderung von Gerichten und Polizei, angesichts dieser Probleme, ist der eine Punkt in diesem Zusammenhang. Der zweite ist, daß es bei dem überwältigendsten Teil dieser Demonstrationen immer um die *demonstrative Verteidigung* geht, primär und nie um Angriff, was durch ihren überwiegend friedlichen Ablauf dokumentiert ist. Im Durchschnitt der letzten zehn Jahre sind rund 94% aller Demonstrationen friedlich verlaufen, hat der Präsident des Bundesgerichtshofes festgestellt (*Der Spiegel*, 11.7.1983). Es gibt keine einzige Massendemonstration, der nicht primär ein Verteidigungsinteresse zugrunde liegt. Das vorherrschende Motiv ist Angstabwehr in doppelter Hinsicht: gegenüber dem Massivaufgebot der Polizei und jenen Gefahren, die von der Gesellschaft her drohen. Kernkraftwerke rufen Angst hervor, weil Lebensgrundlagen auf unabsehbare Zeit verseucht werden können. Gefahren der Kernkraftwerke sind ja wirklich andere als die der Lokomotive und des Bergbaus, womit man sie immer wieder verharmlosend vergleicht. Nein, Strahlen sind nicht sichtbar, sie durchdringen Mauern und Wände. Was bedeutet angesichts dieser Gefahren, die ja nicht erträumt und eingebildet, sondern greifbare Wirklichkeit sind, noch das Grundrecht auf Unverletzlichkeit der Wohnung? Als in der Habeas-Corpus-Akte in der zweiten Hälfte des 17. Jahrhunderts dieses Grundrecht festgelegt wurde, waren *Innen* und *Außen* noch eindeutig getrennt; wer unrechtmäßig in die Wohnung eindrang, mußte eine Tür aufbrechen, um reinzukommen. Strahlen und die Produkte der Umweltverschmutzung dringen durch die geschlossene Tür hindurch, und sie verletzen, um hier die Terminologie Kants zu benutzen, «auf dingliche Art persönliches Recht».

Ich möchte keinem der Herren, die Großeinsätze befehlen und das für des Rätsels Lösung halten, wünschen, unter der Einflugschneise eines Flughafens zu leben. Sie werden nicht darunter leiden, sie haben andere Möglichkeiten des Wohnens, aber es gibt doch genug Menschen, die keine andere Wahl haben.

Ich gehe also von dieser grundsätzlichen Verteidigungshaltung aus, auch die Hausbesetzer in Berlin *verteidigen* etwas. Sie verteidigen ihr Recht, von dem Kant gesagt hat, jeder Mensch hat ein Recht auf dieser Erdkugel (die nun einmal rund ist, so daß sich nicht ausschließen läßt, daß die Menschen aufeinandertreffen), einen festen Boden unter den Füßen zu haben, und keiner hat mehr Recht auf einen Platz (*locus standi*) auf dieser Erde als ein anderer. Es müssen Regelungen getroffen werden, damit mögliche Konflikte unter den menschenwürdigsten Bedingungen gelöst werden. Es sind ganz elementare *Naturrechte*, die hier zur Frage stehen. Das Recht auf eine menschenwürdige Lebensumwelt und Natur fällt zwar aus dem Gesetzesrahmen, ist aber gleichwohl elementar. Es gibt ja kein Recht auf unverstümmelte Natur in der Verfassung; trotzdem ist es heute jenseits aller Romantik zu einem Lebensrecht geworden, in seiner Kulturbedeutsamkeit wichtiger als das Recht auf Privateigentum, das zu Beginn der bürgerlichen Epoche zweifellos ein Element der Befreiung gewesen ist.

Warum ist das Recht auf Privateigentum in der Verfassung nicht als Recht auf Leben formuliert, als Recht auf Leben in seinen vielfältigen Formen, als Leben in Würde, die ja zu achten und zu schützen ausdrückliche Aufgabe aller staatlichen Gewalt ist? Man nehme einmal die Obdachlosen, leben sie in Würde? Oder die von der Sozialpsychiatrie Betreuten, läßt sich auf sie der Begriff der Würde anwenden?

Die Konfrontationslogik setzt zwangsläufig zusätzliche Gewalt in Gang, zwangsläufig. Jeder, der auch nur eine geringe Ahnung von Massenspsychologie hat, weiß, daß Ohnmachtsreaktionen, die durch demonstrative Macht hervorgerufen werden, überhaupt nicht mehr an einzelnen Tätergruppen festzumachen sind. Hinterher versucht man, eine solche Zurechenbarkeit zu konstruieren; man hat einzelne Täter, die man vor Gericht stellen kann. Dagegen scheint sicher zu sein, *wer* einen Stein schmeißt, ist in solchen sozialpsychologischen Drucksituationen völlig beliebig; wer, in die Enge getrieben, Angst hat, verprügelt zu werden, wehrt sich aus der Not von Lebenserhaltung und wird in der Wahl der Mittel um so gewaltsamer sein, je verengter die Situation ist. Und ich kann nur sagen, daß die Herstellung einer solchen von allen Seiten angstbesetzten Situationslogik, die Rückkehr der Großeinsätze, in Deutschland eine ganz fatale Tradition fortsetzt. Denn eine solche Situationslogik erzeugt aus sich heraus Verhaltensweisen, die dem Willen und dem planenden Bewußtsein entzogen sind. Es gibt keine Einzeltäter mehr. Inzwischen ist man bei den Nürnberger Massenverhaftungen, die das auf den Begriff gebracht haben, durch Übertreibung, dabei, im Grunde das auch als rechtsstaatlich zu betrachten. Man nimmt im Grunde nicht mehr den *Täter* fest, sondern den *potentiellen Täter*, also diejenigen, die Täter sein könnten – nach dem Motto des Polizeidirektors Knarrpanti aus E. T. A. Hoffmanns Erzählung ‹*Meister Floh*›: «Den Täter haben wir, die Tat werden wir auch noch finden.» E. T. A. Hoffmann wollte in dieser Erzählung die Gesinnungsjustiz der Karlsbader Beschlüsse anprangern. Mit Recht warnen angesehene Juristen vor der gespensterhaften, aber keineswegs irrealen Möglichkeit, ganze Fußballstadien mit potentiellen Tätern füllen zu müssen, um vielleicht den einen oder anderen herausfinden zu können, dem man Gewaltakte tatsächlich nachweisen kann.

Diese Praxis ist, wie ich bereits angedeutet habe, eine grundsätzliche Veränderung des europäischen Rechtsgedankens, weil im Zweifel alles *gegen* den Angeklagten ausgelegt wird. Da man sich auf Handlungen nicht mehr verlassen kann, greift man auf die Gesinnungen zurück, welche die ganze Person erfassen und damit auch die *möglichen* Handlungen.

Ich möchte ein Fazit aus meinen fünf Thesen ziehen und einige Forderungen daran anschließen. So viel Polizei und so viel Gerichte, um alle Probleme, die ich hier nur grob benannt habe, zu lösen, kann sich auch die reichste Gesellschaft nicht leisten. Sie wird damit auch nicht zu Rande kommen. Das Demonstrationsrecht auf der Polizei- und Gerichtsebene zu diskutieren, halte ich von vornherein für völlig verfehlt. Eine solche Beschränkung würde dahin führen, die ganze Energie gesellschaftlichen Denkens und gesellschaftlicher Phantasie auf gerichtliche und polizeiliche Maßnahmen zu konzentrieren, aber die Bedingungen außer acht zu lassen, die für Widersprüche und Konfrontationen in letzter Instanz verantwortlich sind. Eine Grundforderung für diese Gesellschaft wäre es, den *Polizeistandpunkt* des politischen Denkens zu verlassen, was weiß Gott schwer ist in einer Gesellschaft, in der es keine einzige gelungene Revolution gegeben hat wie in Frankreich und anderen Ländern, wo selbst der einfache Bürger weiß, was eine Revolution ist. Wenn hierzulande jemand von Revolution redet oder gar revolutionäre Forderungen stellt, setzt sofort ein kollektiver Verfolgungswahn ein, der (wie jede Form des Verfolgungswahns, auch im klinischen Sinne) keine Grenzen kennt; der Lokomotivführer, der in den Beamtenstatus aufrückt und der DKP nicht abschwört, die längst zu einer systemloyalen Ordnungspartei geworden ist, steht im Verdacht des revolutionären Umsturzes. Das ist eine völlige Verzerrung dessen, was eine Revolution ausmacht und wie die bestehenden Machtverhältnisse sind.

Ich halte Verschärfungen des Demonstrationsstrafrechts für geeignet, den Scheinfrieden und die Scheinrealität in dieser Gesellschaft zu vergrößern, gleichzeitig aber die Demokratie an ihren Wurzeln abzubauen. Wer glaubt, die Einschränkung des Demonstrationsrechts würde dazu beitragen, diese Probleme zu lösen, wird, mit dem staatlichen Gewaltmonopol im Rücken, zwar Konflikte und Widersprüche *unterdrücken*, aber nicht lösen können: im Gegenteil, es ist wahrscheinlich, daß die Einschränkung des Demonstrationsrechts ein weiterer Schritt ist, die Bewußtlosigkeit der Menschen von dieser Gesellschaft, was wirklich vorgeht, was die Wirklichkeit ist, zu vergrößern. Eine Gesellschaft aber, die kein Bewußtsein mehr von ihren eigenen Konflikten hat, die auf Verdrängung beruht, brütet im dunkeln gefährliche Aggressionspotentiale aus.

Ein sehr bedeutender Rechtshistoriker und Rechtsphilosoph des ausgehenden 19. Jahrhunderts, Franz v. Liszt, hat einmal gesagt: «Das Gesetz ist die Magna Charta des Verbrechers»; das Gesetz schützt nicht allein den Staat und die Gesellschaft vor dem Verbrecher, sondern vor allem auch den Verbrecher vor dem Staat. Diesen Gedanken aufgreifend, behaupte ich: das Demonstrationsrecht ist die Magna Charta derjenigen, welche über die staatlichen und gesellschaftlichen Machtapparate nicht verfügen und die doch nicht bereit sind, autoritäre Verfügungen, Ungerechtigkeiten dieser Gesellschaft, erfahrenes Leid, still hinzunehmen und sich in diesem Leid, bis hin zur Selbstzerstörung, einzurichten. Es ist jener Teil der Gesellschaft, der rebelliert gegen dieses Leid, der das Demonstrationsrecht als eine Art Überlebensrecht braucht. Was die Zahlen, die ich in meiner ersten These genannt habe, in Lebensgeschichten umgesetzt bedeuten, ist unschwer zu begreifen. Sie drücken Tatbestände *dieser* Gesellschaft aus, Stress und Entfremdung, die Unsinnigkeit eines ökonomischen Wachstums, das die Lebensgrundlagen bedroht, falsche Bedürfnisse, die zum Mythos geworden sind, usw. – es ist ein ganzer Kranz von Realitätsausschnitten, der auf den Menschen lastet und ihnen den Atem nimmt, sich darin zurechtzufinden. Demonstrationen sind wesentliche Medien, in denen Rechts- und Unrechtsbewußtsein öffentlich werden können. Die Enteignung von Rechtsbewußtsein ist nämlich eine der fatalen Tendenzen, die eine Demokratie langfristig aushöhlen. Die beste Rechtsordnung nützt nichts, wenn die Menschen verlernt haben, ihre Rechte wahrzunehmen, und damit auch die Rechtsverletzungen, die andere erfahren. Der Klageweg steht offen, gewiß; die Repräsentanten des Staates sind stolz darauf, daß wir in einem Staat der Rechtsweggarantien leben. Aber nehmen wir einen gar nicht untypischen Fall. Ein erheblicher Teil der Wiedereinstellungsklagen vor Arbeitsgerichten kommt durch, aber nur ein ganz geringer Prozentsatz, nämlich 1 oder 2% derjenigen, denen durch Urteil die Unrechtmäßigkeit ihrer Entlassung bestätigt wird, werden in ihr altes Arbeitsverhältnis wieder aufgenommen. Ist es unter solchen Bedingungen nicht verständlich, daß sich quasi ein Kohlhaassches Rechtsgefühl bildet, um Recht und Gerechtigkeit auf andere Weise wiederherzustellen?

Zu meinen Forderungen: Erstens: Völliger Rückzug der Polizei, denn alles, was ich beim Studium der Ausgangslage und der Verlaufsform von Demonstrationen feststellen konnte, weist darauf hin, daß selbst der materielle Schaden, der entstehen könnte durch einzelne, wahrscheinlich wesentlich niedriger ist als der Schaden, der infolge der Konfrontationslogik entsteht. Die Polizei soll sich auf wirklich schutzwürdige Interessen der Gemeinschaft konzentrieren und nicht versuchen, jene Interessen zu schützen, die in bestimmten Zusammenhängen nicht vereinbar sind mit den Lebensinteressen der Gesellschaft. Kant hat einmal gesagt, nur *die* Gesetze haben bindende Geltung für kommende Generationen, die ein Volk über sich selber beschließen könnte; kein Volk kann über sich selber beschließen, daß Spekulanten geschützt werden, das halte ich für ausgeschlossen. Kein Volk kann über sich selber beschließen, daß es sich bereitwillig Gefahren der Kernenergie aussetzt; kein Volk kann über sich selber beschließen, daß es bereit ist, wuchernde und umweltgefährdende Flughafenkomplexe als Fortschritt zu akzeptieren, wenn selbst kompetente Ökonomen nicht mit Sicherheit voraussagen können, ob diese auch in Zukunft genutzt werden. Man stelle sich vor: Eine Startbahn verursacht Milliardenkosten, sie wird unter Polizeischutz gebaut, und in zehn Jahren zeigt sich, was ja nach bisherigen Erfahrungen gar nicht so absurd wäre, daß Frankfurt vielleicht gar kein interessantes Zentrum des Welthandels ist. Diese Spekulationen sind nicht aus der Luft gegriffen. Wieviel Geld wird verschwendet für solche mit Gewalt durchgesetzten Projekte, die sich als Fehlplanungen erweisen?

Zweitens: Konsequenter Ausbau der sozialwissenschaftlichen Ausbildung der Juristen und Polizeibeamten. Ich halte es einfach für gemeingefährlich, daß die, die über das Recht und die Exekutivgewalt verfügen, in einem Maße von der gesellschaftlichen Wirklichkeit getrennt sind, daß sie alle, die diese Wirklichkeit verändern wollen und praktische Schritte dafür unternehmen, noch nicht einmal verstehen. Unter heutigen wissenschaftlichen Voraussetzungen ist eine solche Erweiterung des Verstehenshorizontes nur möglich, wenn nicht nur eine einphasige Juristenausbildung, wie z. B. in Hannover, statt beendet ausgebaut wird, sondern daß auch jeder Polizeibeamte auf irgendeiner Ausbildungsstufe einmal in intensivere Berührung mit soziologischen und psychologischen Begriffen und Erkenntnissen kommt. Ich meine damit nicht, daß er Soziologe wird, das ist gar nicht möglich, aber zu lernen, mit Begriffen umzugehen, die nicht die seinen sind, nicht Polizeibegriffe, das wäre m. E. schon ein Fortschritt. Wer sich in die Mentalität von anderen Menschen hineinversetzen kann, wer eine Ahnung davon hat, was Vorurteile sind und nicht einfach nach dem Prinzip verfährt «all my friends are wonderful people» (alle meine Freunde sind gut), der hat wenigstens das Verstandesmittel zur Verfügung, den unmittelbaren Gewaltzusammenhang einer Situation zu überschreiten. Ob er es praktisch dann tatsächlich tut, ist eine ganz andere Frage, aber dem größten Teil der Juristen und Polizeibeamten fehlen heute schlicht die Erkenntnismittel, mit politischen und sozialen Innovitäten anders als durch Vorurteilsbrechungen umzugehen.

Es zeichnen sich neue Formen von Klassenjustiz ab, eine Klassenjustiz, die unmittelbar übergeht in *politische* Justiz. Dokumentationen von Demonstrationsprozessen, die ich durchgesehen habe, bestärken mich in der Vermutung, daß es sich hierbei nicht um die herkömmliche Klassenjustiz handelt, sondern um eine Klassenjustiz, die der Zweiteilung der gesellschaftlichen Realität entspringt (was natürlich auch weitgehend für die traditionelle Klassenjustiz galt). Der Angeklagte kommt verurteilt in den Gerichtssaal. Wer das Pech hat, eines Demonstrationsdelikts oder anderer politischer Aktivitäten angeklagt zu werden, geht nicht ohne Schaden davon. Die Vorausverurteilung bestimmt, ohne daß es den Richtern und Staatsanwälten bewußt wäre, den gesamten Prozeßverlauf. Es ist eben nicht die Frage der schuldhaften und vorsätzlichen Zurechnung zum einzelnen, sondern was in dieser Klassenjustiz die Blockaden ausmacht, geht darüber hinaus; sind Formen der Aufmerksamkeit, das Interessenbewußtsein, also die Begriffsbildungen, Wahrnehmungs- und Denkweisen.

Wenn Leute sogar stolz darauf sind, daß sie den Sozialkundeunterricht aus den Schulen und die Soziologie aus den juristischen Fakultäten gedrängt haben, dann ist das ein Zeichen dafür, wie wenig der Neokonservatismus aller Schattierungen sich dessen bewußt ist, daß die bürgerkriegsähnlichen Zustände nicht zuletzt Resultat der Verdrängung genau jener Potentiale sind, die eben öffentlich werden müßten, um mit ihnen rational umgehen zu können und zu verstehen, was tatsächlich veränderungswürdig ist.

Drittens. Hier ergeben sich mißverständliche Parallelen zu Forderungen der CDU, das will ich gleich bekennen. Ich vertrete den Standpunkt einer weitgehenden «Entstaatlichung der Gesellschaft», aber nicht im Sinne eines Abbaus sozialstaatlicher Errungenschaften und der Wiederherstellung räuberischer Ausbeutungspraktiken privater Unternehmer; mit Entstaatlichung meine ich vielmehr die aktive und bewußte Unterstützung aller Formen der politischen und sozialen Selbstorganisation, was mit der CDU-Forderung kaum etwas zu tun hat. Politische Selbstorganisation, verstanden im Interesse der Stabilisierung und der Entwicklung von demokratischem Bewußtsein und Verhalten, also im Sinne der Erziehung von *Demokraten in einer Demokratie*. Dadurch lösen sich die Konflikte und Probleme dieser Gesellschaft nicht von alleine. Offen gestanden, eine wirkliche Lösung dieser Probleme auf dem fortexistierenden Boden einer privatkapitalistischen Gesellschaft kann ich mir ohnehin nur schwer vorstellen, aber es geht hier ja auch nicht um ein maximalistisches Programm, sondern lediglich um ein Minimum an zivilisiertem Umgang, um ein, historisch gesehen, *emanzipatives Minimum*, das den Anschluß an fortgeschrittenere Gesellschaftsordnungen herstellt.

Wenn Massenwünsche, die auf Selbstbefreiung gehen, unterdrückt, individualisiert, partikularisiert werden, stauen sie sich in einem gewaltigen diffusen Gewaltpotential, von dessen Explosionskraft man sich heute vielleicht noch gar keine Vorstellung machen kann. *Öffentlichkeitsentzug* und *Selbstorganisation* der Menschen sind völlig unvereinbar miteinander.

Viertens. Mir scheint, daß die politischen Repräsentanten verlernt haben, die Grundkonflikte dieser Gesellschaft und deren Lösungspraktiken auch als ein moralisches Problem zu betrachten. Die Frage der Gerechtigkeit, Menschenrechtsverletzungen, die sich unter unseren Augen vollziehen und nicht nur im Ostblock und in Ländern der Dritten Welt, der Überhang an Reichtum bei einer gleichzeitigen Millionen-Masse von Obdachlosen, wo tritt das eigentlich in der Öffentlichkeit noch als moralisches Skandalon auf? Welcher der selbstgerechten Vertreter unserer «freiheitlich-demokratischen Grundordnung» fühlt sich denn aufgefordert, die Probleme auch unter diesem Gesichtspunkt zu diskutieren? Der Mangel an *politisch-moralischer* Sensibilität ist eine objektive Anklage gegen die Struktur der Gesellschaft. Wer nimmt diese Gesichtspunkte, die für die jüngere Generation doch offenbar von ganz entscheidender Bedeutung sind, in den Medien, in den Parteien, Institutionen auf, um sie nicht bloß nach politisch-technischen, sondern nach Regeln z. B. der Gerechtigkeit und der Verantwortung zu behandeln? Der junge Lukács hat einmal gesagt: alle Opfer, die in Namen des Sozialismus passieren, müssen von jedem einzelnen, der sich für ihn entschieden hat, so angesehen werden, als wäre er der Täter, als wäre er derjenige, der die betreffenden Menschen eigenhändig umgebracht hätte. Eine sehr hochgespannte moralische Verantwortung, die deutlich auf Max Webers Unterscheidung von *Gesinnungsethik* und *Verantwortungsethik* zurückverweist. Lukács fügt jedoch hinzu, auch diejenigen, die glauben, durch Nichtstun, durch bloße Vertretung der Interessen der bestehenden Gesellschaft, die meinen, sich *moralisch neutral* verhalten zu können, tragen für alle Opfer *dieser* bestehenden Gesellschaft dieselbe unteilbare Verantwortung, als wären diese Opfer Resultat ihres individuellen Eingriffs. Und ich finde, daß eine solche moralische Dimension des politischen Handelns um so unabdingbarer ist, je deutlicher wird, daß heute ja vielfach gar nicht mehr im herkömmlichen Sinne Interessen bei Demonstrationen vertreten werden, sondern daß dieser radikale Protest moralisch begründet wird. Großzügig verfährt die Polizei, wenn z. B. Bauern demonstrieren; man versteht sie unmittelbar, sie vertreten Bauerninteressen und nicht politische Interessen der Demokratie oder der Gesellschaft.

Fünftens. Ich trete dafür ein, daß die Medien sich nicht nur darauf beschränken, spektakuläre Ereignisse zu berichten, sondern daß wenigstens in den öffentlich-rechtlichen Medien den für die Gesellschaft relevanten Problemzonen genügend Darstellungszeit zur Verfügung steht. Man kann vieles von dem Quatsch, den die Medien bringen, abschaffen, ohne daß es einem weh tut, aber eine Medienpolitik, die darauf abgerichtet ist, nur Klatsch über die Demonstrationen zu bringen oder ausführlich zu berichten, wenn es Schlägereien gibt, eine solche Politik halte ich langfristig für gemeingefährlich. Es ist eine berechtigte Forderung an die Medien, insbesondere die öffentlich-rechtlichen Medien, sich der gesellschaftlichen Probleme anzunehmen, die tatsächlich existieren.

Sechstens. Schließlich die Forderung einer *Ausweitung* des Demonstrationsrechts. Wie ist das zu verstehen? Ich meine damit nicht die Ausweitung des Demonstrationsrechts im allgemeinen, sondern den konsequenten Abbau der Behinderungen, der gesetzlichen und ungesetzlichen Behinderungen durch Ordnungsämter, durch forsche Richter und Verwaltungsbeamte, der Behinderungen dadurch etwa, daß man Demonstrationen durch leere Straßen führt, viele Einzeltricks benutzt, um Demonstrationen leerlaufen zu lassen. Denn ich glaube, daß sich im Verhältnis zwischen Demonstrationsrecht und Meinungsfreiheit wesentliche Veränderungen in unserer Gesellschaft vollzogen haben. Als Kant davon gesprochen hat, die Freiheit der Feder sei das einzige Palladium der Volksrechte, handelte es sich um eine Zeit des schreibenden und lesenden Publikums. Sicherlich, Meinungsfreiheit ist wichtig, aber die Mediatisierung der Meinung, die Selektion der Meinungen ist so, daß deren Äußerung in der Regel folgenlos bleibt. Das Demonstrationsrecht dagegen schafft die Sinnlichkeit der Gegenwart, die Massenpräsenz für Probleme, die in Bereichen der unterschlagenen Wirklichkeit liegen. Es wäre ein wichtiger Schritt im Abbau der Konfrontationslogik, wenn die Medien auf bloße Reaktionen gegenüber Demonstrationen durch Wiedergabe offizieller Kommuniqués verzichteten und daran gingen, Leute auszuschicken, die eine wirkliche Untersuchungsarbeit an Ort und Stelle leisten. Jede Großdemonstration scheint dagegen seit mehr als zehn Jahren eine Überraschung zu sein. So kommt, bei diesem öffentlichen Sprachverlust, auch noch nicht einmal das Selbstverständliche in den Blick – die legitimen, ja im Naturrecht auf menschenwürdige Lebensbedingungen begründeten Massenbedürfnisse nach Frieden.

Thomas Blanke/Dieter Sterzel

Die Entwicklung des Demonstrationsrechts von der Studentenbewegung bis heute

I. Die Versammlungsfreiheit des Art. 8 GG – ein Problemaufriß

Art. 8 GG lautet: «Alle Deutschen haben das Recht, sich ohne Anmeldung oder Erlaubnis friedlich und ohne Waffen zu versammeln» (Abs. 1). Gemäß Abs. 2 dieser Bestimmung «kann dieses Recht für Versammlungen unter freiem Himmel durch Gesetz oder auf Grund eines Gesetzes beschränkt werden».

Ihrem Wortlaut nach erscheint diese Verfassungsgarantie überaus klar und eindeutig – und dennoch ist in der rechtswissenschaftlichen Theorie und justiziellen Praxis so gut wie jedes Wort in seinem Bedeutungsgehalt umstritten. Die Bürgerinnen und Bürger, die von der Versammlungs- und Demonstrationsfreiheit Gebrauch machen, tragen ein erhebliches Risiko an Rechtsunsicherheit, kaum eine Verfassungsnorm ist im Meinungsstreit der politischen Kräfte so umkämpft. Was ist unter Versammlung i. S. dieser Bestimmung zu verstehen? Ausschließlich politische Veranstaltungen oder auch künstlerische, kulturelle, sportliche – die politische Demonstration ebenso wie das Straßentheater, der Faschingsumzug, die Fronleichnamsprozession, das Leichenbegräbnis und die Fußballveranstaltung? Was ist mit «friedlich» versammeln gemeint? Die Absicht der Veranstalter oder aller bzw. der Mehrzahl der Teilnehmer, sich künftig rechtstreu zu verhalten, d. h. nicht zu Revolution, Umsturz aber auch Verkehrsblockaden, Stromzahlungsboykott oder Verweigerung der Volkszählung aufzurufen? Oder ist das konkrete Verhalten während der Versammlung gemeint und wann ist dieses als unfriedlich anzusehen? Wenn die Versammlung den Verkehr behindert, die Teilnehmer (oder nur einige wenige) sich an gewalttätigen Auseinandersetzungen beteiligen, Rathäuser zu stürmen unternehmen oder einzelne mit Bierkrügen aufeinander losgehen? Was schließlich sind Waffen: Schwerter, Messer, Pistolen oder auch Farbbeutel, Transparentstangen, Wagenheber und Schutzhelme oder gar Getränkeflaschen und Butterbrote?

Erst recht ungeklärt ist die Bedeutung des Abs. 2 des Art. 8 GG: Wieweit darf die Garantie des Abs. 1 für Versammlungen unter freiem Himmel durch Gesetz bzw. auf Grund eines Gesetzes eingeschränkt werden? Können Versammlungen generell anmeldepflichtig oder gar genehmigungspflichtig gemacht werden? Können die vermutlichen Teilnehmer bereits im Vorfeld – bei der Anreise zu einer Demonstration – daraufhin von der Polizei untersucht werden, ob sie Gegenstände mit sich führen, die als Waffen eingesetzt werden könnten? Ist es zulässig, die Personendaten der Versammlungsteilnehmer polizeilich zu registrieren, anreisende Versammlungsteilnehmer zu sistieren, die Veranstaltung selbst mittels Tonband und Filmaufnahmen festzuhalten oder durch Videokameras zu überwachen? In welchem Ausmaß und Umfang können Auflagen hinsichtlich Route und Kundgebungsplatz, Bekleidung und Verstärkeranlagen, Ordnern und Formation etc. gemacht werden? Wann darf eine Versammlung verboten oder aufgelöst werden? Ab wann ist die Teilnahme an einer Versammlung rechtswidrig, und welche Folgen in strafrechtlicher Hinsicht kann das für den einzelnen nach sich ziehen? Kann die Polizei – und von wem in welcher Höhe – die Kosten ihres Einsatzes liquidieren?

All diese Fragen, deren Katalog sich (fast) beliebig fortsetzen ließe, sind streitig und beschäftigen derzeit in der Nachfolge der Demonstrationswelle in den vergangenen Jahren Tausende von Gerichten, Rechtsanwälten und nicht zuletzt Bürgern.

Wir werden ihnen empirisch-historisch nachgehen und darlegen, wie sich das Versammlungsrecht in Deutschland entwickelt und verändert hat. Dabei legen wir den Schwerpunkt unserer Untersuchung auf die Entwicklung der Rechtsprechung und Gesetzgebung seit der Studentenbewegung, speziell der 70er Jahre. Auf die meisten der aufgeworfenen Fragen wird der Leser eine Antwort finden – jedenfalls insoweit, als er dann weiß, inwieweit die beobachtbare Demonstrationspraxis (inklusive der polizeilichen und administrativen Reaktionen auf sie) von der die Rechtsordnung auslegenden «herrschenden Meinung» insbesondere in der Gerichtsbarkeit gebilligt wird oder nicht, mit welchen Argumenten dies geschieht und wohin die voraussichtliche Entwicklungsperspektive verläuft. Aus dieser von uns kritisch kommentierten Darstellung wird zugleich implizit deutlich, welchen Stellenwert wir der Versammlungsfreiheit im Verfassungssystem des Grundgesetzes beimessen und welche Grenzen für die Einschränkbarkeit dieses politischen Freiheitsrechts sich daraus ergeben. für eine tiefergehende verfassungsdogmatische Analyse und demokratietheoretische Funktionsbestimmung dieser Verfassungsgarantie fehlt hier der Raum. Wir verweisen insoweit auf die Studien von Günter Frankenberg, «Demonstrationsfreiheit – eine verfassungsrechtliche Skizze» in der Zeitschrift *Kritische Justiz* Heft 4/1981, S. 370ff, sowie von uns «Demonstrationsrecht und Demonstrationsfreiheit in der Bundesrepublik Deutschland» in der vom Komitee für Grundrechte und Demokratie herausgegebenen Broschüre «Demonstrationsfreiheit und gewaltfreier Widerstand», Sensbachtal 1983.

II. Zur Geschichte der Demonstrationsfreiheit in Deutschland

1. Versammlungsfreiheit unter Staatsaufsicht – Die Entwicklung bis zur Studentenbewegung

Die Demonstrationsfreiheit – ein Begriff, der sich bezeichnenderweise erst seit Mitte der 60er Jahre auch als juristischer Terminus durchgesetzt hat – ist rechtlich ein spezieller Fall der Versammlungsfreiheit. Nach Artikel 8 Abs. 1 des GG haben «alle Deutschen das Recht, sich ohne Anmeldung oder Erlaubnis friedlich und ohne Waffen zu versammeln»[1]. Allerdings kann nach Abs. 2 dieses Recht «für Versammlungen unter freiem Himmel ... durch Gesetz oder aufgrund eines Gesetzes beschränkt werden». Diese Formulierung stellt ein typisches Kompromißprodukt der deutschen Verfassungsgeschichte dar, welche in ihren idealeren Entwürfen die Versammlungsfreiheit explizit von jedem Gesetzesvorbehalt ausgenommen hatte (so der «Aufruf des Rates der Volksbeauftragten» vom 12.11.1918 und noch Art. 8 des Verfassungsentwurfs von Herrenchiemsee[2]). In der Praxis von Polizei und Justiz war jedoch – abgesehen von der kurzen Periode der Weimarer Republik – die Gestaltung dieser Grundrechtsverbürgung, wenn nicht wie im Nationalsozialismus ganz aufgehoben, so doch stets drastisch eingeschränkt.

Der Gesetzesvorbehalt in Art. 8 Abs. 2 GG, der seine Schranke erst in der Wesensgehaltsgarantie des Art. 19 Abs. 2 GG findet, war das gesetzestechnische Einfallstor, mit dem an diese staatsautoritären

Traditionsbestände reibungslos angeknüpft werden konnte. So entzieht das Versammlungsgesetz vom 24.7.1953[3] die Versammlungsfreiheit über die Verwirkungsvorschrift des Art. 18 GG und die partei- und vereinsrechtlichen Verbotsvorschriften des Art. 21 Abs. 2 und Art. 9 Abs. 2 GG hinaus auch demjenigen, der «mit der Durchführung oder Teilnahme an einer solchen Veranstaltung die Ziele einer für verfassungswidrig erklärten Partei oder Teil- oder Ersatzorganisation einer Partei fördern will» (§ 1 Abs. 2 Ziff. 2), sieht ein generelles Zutrittsrecht für Polizeibeamte auch für Versammlungen in geschlossenen Räumen vor (§ 12), begründet die Anmeldepflicht für öffentliche Versammlungen unter freiem Himmel und für «Aufzüge» spätestens 48 Stunden vor der Bekanntgabe (§ 14 Abs. 1) und gestattet das Verbot der Versammlung, «wenn nach den Umständen die öffentliche Ordnung oder Sicherheit unmittelbar gefährdet ist» (§ 15 Abs. 1). Nach § 15 Abs. 2 kann die Auflösung ausgesprochen werden bei fehlender und ungenauer Anmeldung, Zuwiderhandlung gegen Auflagen bzw. bei Vorliegen der obigen Verbotsvoraussetzungen.[4] Veranstalter oder Leiter von Versammlungen, die sich derartigen Verbots- oder Auflösungsanordnungen nicht fügten oder eine unangemeldete Versammlung bzw. Demonstration durchführten, wurden gem. § 26 Abs. 1 a. F. mit Gefängnis bis zu 6 Monaten bedroht, einfache Teilnehmer gem. § 29 mit Haft oder Geldstrafe bis zu 500 DM. Neben diesen speziellen versammlungsrechtlichen Strafvorschriften und Eingriffsbefugnissen dienten vor allem die Demonstrations-Tatbestände des Strafgesetzbuches als Instrumente zur Beschneidung der Versammlungsfreiheit. Diese versammlungsrechtlichen Delikttatbestände waren unter der Geltung der mit dem ersten Strafrechtsänderungsgesetz vom 30.8.1951[5] alsbald nach dem Ende der Naziherrschaft (wieder) eingeführten Bestimmungen des politischen Strafrechts mit ihren ebenso weit gefaßten wie von der Rechtsprechung extensiv ausgelegten Tatbeständen und scharfen Sanktionsandrohungen zunächst von nachrangiger Bedeutung für die gerichtliche Auseinandersetzung mit dem innenpolitischen Gegner gewesen. Die Politische Justiz hatte in der Ära der Kommunistenverfolgungen der 50er und 60er Jahre ihre schärfsten Waffen in den Bestimmungen über den Landesverrat (§§ 100, 100a und e StGB), den politischen Organisationsdelikten (§§ 90a, 128, 129, 129a StGB), den Meinungsäußerungs- und Kontaktdelikten (§§ 95, 185ff, 91, 92, 93, 100d Abs. 2 StGB) gefunden. Die Versammlungsfreiheit der Kommunisten war durch den direkten Zugriff auf ihre Unter- und Bündnisorganisationen erst mit dem Mittel des Vereinigungsverbots nach Art. 9 Abs. 2 GG, dann durch das verfassungsgerichtliche Parteiverbot und die Sanktionen gegen etwaige Ersatz- und Tarnorganisationen aufgehoben.[6] Mit dem 8. Strafrechtsänderungsgesetz von 1968 und der am 28. 6. 1969 beschlossenen Amnestie[7] wurde zwar das politische Strafrecht «liberalisiert» und damit den Kommunistenverfolgungen ein Ende gesetzt, die Fassung der Demonstrationsdelikte jedoch unberührt gelassen: Seither markieren diese das hauptsächliche Kampffeld der justiziellen Auseinandersetzung mit dem neuen innenpolitischen Gegner, den Protestbewegungen.

Die Fortgeltung der Strafvorschriften des 6. (Widerstand gegen die Staatsgewalt, §§ 110ff StGB) und 7. Abschnitts (Verbrechen und Vergehen wider die öffentliche Ordnung, §§ 123 ff StGB) des Strafgesetzbuches von 1871 bis zum 3. Strafrechtsreformgesetz vom 20. 5. 1970 machte jegliche Demonstrationsteilnahme zu einem in den strafrechtlichen Konsequenzen praktisch nicht überschaubaren Risiko. Nach § 116 StGB genügte eine dreimalige (vergebliche) Aufforderung durch einen (zuständigen) Polizeibeamten an die versammelte Menschenmenge, sich zu entfernen, um eine Strafbarkeit mit Gefängnis bis zu drei Monaten wegen «Auflaufs» zu begründen. Ob der einzelne Beteiligte die Aufforderung selbst gehört hatte, war für die Strafbarkeit ebensowenig beachtlich wie die Frage, ob der Befehl zur Auflösung der Versammlung in zutreffender Ausübung polizeilichen Ermessens (Ausnahme: Willkür) ergangen war. Nach ständiger Rechtsprechung war «die Auflösung solcher Menschenansammlungen ... ein Zweck, der gegenüber den Grundrechten der freien Entfaltung der Persönlichkeit und der persönlichen Freiheit (Art. 2 GG) bestehen kann, weil die Ansammlungen zu einer Gefahr für den öffentlichen Frieden werden, zumindest aber die geordnete Abwicklung des Straßenverkehrs nachhaltig stören können»[8]. Lapidar brachte diesen Grundatz des generellen Vorrangs der polizeilichen Generalklausel vor den Grundrechten der führende Strafrechtskommentar auf die Formel: «Der Tatbestand des Auflaufs schützt die öffentliche Sicherheit und Ordnung; gegen ihn bestehen daher keine verfassungsrechtlichen Bedenken.»[9] Schon die «entfernte Gefahr einer ernstlichen Störung»[10] der öffentlichen Ordnung, wozu «auch die Sorge für die glatte Abwicklung des Straßenverkehrs»[11] rechnete, ließ die polizeiliche Auflösungsaufforderung selbst gegenüber einer ordnungsgemäß angemeldeten Demonstration als rechtmäßige Ermessensausübung erscheinen. Ebenso wie beim Widerstand gegen Vollstreckungsbeamte nach § 113 StGB ging der Irrtum über die Rechtmäßigkeit einer solchen Auflösungsaufforderung stets zu Lasten der Demonstranten und schloß die vorsätzliche Tatbestandsverwirklichung nicht aus.[12]

Entfernten sich die Demonstranten nach dreimaliger Aufforderung nicht unverzüglich und kam es infolgedessen zu Auseinandersetzungen mit der Polizei, mit Passanten oder Gegendemonstranten, so waren regelmäßig auch die mit erheblich schärferen Strafen bedrohten Delikte des Aufruhrs (§ 115 StGB, Gefängnis nicht unter 6 Monaten), des Widerstandes gegen Vollstreckungsbeamte (§ 113 StGB), der Beamtennötigung (§ 114 StGB) und des Landfriedensbruchs (§ 125 StGB) verwirklicht, wobei für eine Bestrafung aus §§ 115 und 125 StGB nicht erforderlich war, daß der einzelne Demonstrant sich selbst aktiv an den Widerstandshandlungen oder der Gewaltanwendung beteiligte oder diese auch nur billigte: Teilnehmer nach diesen Bestimmungen konnte auch sein, «wer nur aus Neugier mitläuft, aber u. U. auch Pressevertreter»[13].

2. Der Kampf um die Demonstrationsfreiheit in der Studentenbewegung

Im Verlauf der auf die studentische Protestwelle folgenden Prozeßwelle traf der neu entfachte Streit um den Schutzbereich der grundrechtlich nach Art. 5 Abs. 1, 8 GG geschützten Demonstrationsfreiheit sowohl in der Literatur wie auch in einer kontrovers werdenden Rechtsprechung offen zutage. Allerdings setzte sich die Einsicht, daß die aus der antidemokratischen Zeit des Kaiserreichs stammenden strafrechtlichen Bestimmungen einer Korrektur durch verfassungskonforme Auslegung bedürften, nur in Ausnahmefällen – und überwiegend beschränkt auf untergerichtliche Instanzen – durch. Erwähnenswert sind insbesondere die Entscheidungen des AG Bremen vom 22. 4. 1968[14] und des LG Köln[15], in denen der Protest gegen Fahrpreiserhöhungen durch vorübergehendes Besetzen von Straßenbahngleisen mangels aggressiver und roher Beeinträchtigung oder Gefährdung von Leib und Leben anderer nicht als Gewalttätigkeit im Sinne des § 125 StGB und auch nicht als verwerflich i. S. einer strafbaren

Nötigung nach § 240 StGB angesehen wurde; des LG Frankfurt v. 27.3.1969[16], mit dem die Eröffnung des Hauptverfahrens wegen einer Vorlesungsstörung bei Carlo Schmid anläßlich der Verabschiedung der Notstandsgesetze abgelehnt wurde, weil in dieser objektiv gegebenen Nötigungshandlung keine Verwerflichkeit liege: «Das Thema der begehrten Diskussion rührte ... an die Wurzeln der gesamten staatlichen Ordnung. Die Öffentlichkeit darauf hinzweisen und gegebenenfalls die öffentliche Meinung aufzurütteln, war bei einer Frage von derart eminenter Wichtigkeit ein legitimes Anliegen der Angeschuldigten»[17]; ferner des AG Eßlingen vom 22.10.1968[18], des AG Hannover vom 28.11.1968[19] und des AG Frankfurt a. M. v. 30.10.1968[20], in denen die Aktionen nach dem Attentat auf Rudi Dutschke, die zur vorübergehenden Verhinderung der Auslieferung der Bild-Zeitung durch das Versperren der An- und Zufahrten zu Druckerei- und Pressebetrieben führten, nicht als Überschreiten der Grenze der Demonstrationsfreiheit im Sinne des § 240 StGB angesehen wurde, jedenfalls sofern diese Aktionen zeitlich begrenzt blieben; und schließlich ist hinzuweisen auf die bemerkenswerte Entscheidung des OLG Frankfurt vom 22.10.1969[21], die die Verurteilung von Daniel Cohn-Bendit wegen Aufruhrs und Landfriedensbruch auf Grund seiner Teilnahme an der Paulskirchendemonstration anläßlich der Verleihung des Friedenspreises des Deutschen Buchhandels an den Staatspräsidenten des Senegal, Senghor, aufhob.

Gemeinsam ist diesen Entscheidungen in ihren rechtlichen Erwägungen, daß sie in teilweise sehr gründlichen Ausführungen den Wandel der sozialen Ordnungsvorstellungen vom preußischen Obrigkeitsstaat des 19. Jahrhunderts zur Konzeption des Grundgesetzes herausarbeiten, die Demonstrationsfreiheit als demokratisches Basisgrundrecht von vergleichbarem Rang wie die Meinungsfreiheit des Art. 5 GG betrachten und deshalb zur Bestimmung ihrer Schranken die vom Bundesverfassungsgericht zu diesem Grundrecht entwickelte «Schaukeltheorie» heranziehen, derzufolge die Gesetze, die die Demonstrationsfreiheit beschränken, ihrerseits im Lichte der besonderen verfassungsrechtlichen Rangstellung dieser Grundrechtsverbürgerung einschränkend ausgelegt werden müssen. «Bei dem mithin grundgesetzlich garantierten Demonstrationsrecht handelt es sich um das urdemokratische Recht auf Mitwirkung bei der politischen Willensbildung, die sich in einer funktionierenden Demokratie vom Volke aus hin zur Staatsführung, nicht umgekehrt zu vollziehen hat. Dabei entspricht der heutigen Verfassungswirklichkeit, daß im Rahmen des Demonstrationsrechts ein gewisser Zwang auf Dritte ausgeübt werden darf, eine bestimmte Meinung zur Kenntnis zu nehmen, weil sonst das Demonstrationsrecht zur Bedeutungslosigkeit herabgewürdigt würde.»[22] Welche Beeinträchtigungen die Allgemeinheit oder Dritte hinnehmen müßten, könnte mangels gesicherter Maßstäbe in Rechtsprechung und Schrifttum nicht allgemein fixiert werden, vielmehr müßten zu dieser Beurteilung die Umstände des Einzelfalls herangezogen werden. Sicher sei jedoch soviel, daß die Grenze zur Strafbarkeit überschritten sei, wenn eine Gewaltanwendung i. S. der §§ 115, 125 StGB vorliege und derzufolge dann auch die nach § 240 Abs. 2 StGB abzuwägende Zweck-Mittel-Relation als «verwerflich» anzusehen sei.

Hierbei sei jedoch zweierlei zu beachten: Zum einen könnte entgegen der vorherrschenden Tendenz in der Rechtsprechung nicht allein aus später vorgefallenen Gewalthandlungen von seiten der (bzw. einzelner) Demonstrationsteilnehmer auf eine von Anfang an geplante rechtsfeindliche Absicht der «öffentlichen Zusammenrottung», wie solche Versammlungen in § 115 StGB verächtlich etikettiert wurden, geschlossen werden: «Das wäre mit dem Grundgesetz nicht vereinbar. Dieses garantiert, wie jede freiheitliche demokratische Verfassung der Neuzeit, das Recht zur Demonstration.» Durch eine andere Auslegung würde nämlich «dieses Recht mittelbar beschränkt, weil angesichts des naturgemäß ungewissen Verlaufs einer Demonstration jeder Teilnehmer sich von vornherein der Gefahr schwerer strafrechtlicher Verfolgung ausgesetzt sähe und möglicherweise deshalb von der Ausübung seiner verfassungsmäßigen Rechte absehen würde»[23].

Zum anderen bemühen sich die hier referierten Entscheidungen um eine dem Rang der Demonstrationsfreiheit als Grundrecht Rechnung tragende Einschränkung und Präzisierung des Gewaltbegriffs. So urteilt etwa das AG Hannover[24] über die «Springer-Blockade», «daß diese Kundgebung, deren geistige Väter Mahatma Gandhi, Martin Luther King und alle anderen Männer des gewaltlosen Widerstandes waren, im Lichte der heutigen Verfassungswirklichkeit keine Gewalttätigkeit im Sinne des § 125 StGB war. Der damalige Gesetzgeber hatte einen ganz anderen Tätertyp im Auge als solche Personen, die, zur Gewaltlosigkeit entschlossen, ihre von sehr vielen geteilte Meinung durch eine Verzögerung einer einzigen Zeitungsauflage demonstrativ unterstreichen wollten». Ähnlich das OLG Frankfurt a. M.[25]: «Aus dem Zusammenwirken der Art. 5 und 8 GG folgt, daß das Demonstrationsrecht auch die Unterstützung des Wortes durch Handlungen, jedenfalls solche friedlicher Art, schützt. Dazu gehören schon wegen der hohen Strafandrohung der §§ 115 und 125 StGB, noch gewisse, ihrer äußeren Erscheinung nach nötigende Handlungen, ähnlich beispielsweise dem Bedrängen der Polizeikette beim Besuch eines befreundeten ausländischen Staatsoberhauptes. Sie bleiben im Schutzbereich des Art. 8 GG.» Weitergehend formuliert das LG Köln[26]: «Gewalttätigkeiten gegen Personen im Sinne des § 125 StGB erfordern ein aggressives, rohes Verhalten, durch welches Leib oder Leben der angegriffenen Person beeinträchtigt oder unmittelbar gefährdet wird. Die Herbeiführung einer bloßen Zwangswirkung genügt nicht.» Eine interessante Variante zu diesen Bemühungen um eine restriktive Auslegung des Gewaltbegriffs findet sich im Urteil des AG Bremen[27], in dem für die Beurteilung der «Verwerflichkeit» der Nötigungshandlung i. S. des § 240 Abs. 2 StGB primär auf die Effektivität der Durchsetzung der Demonstrationsziele abgestellt und hierbei auf Grundsätze der Rechtsprechung zum Streikrecht nach Art. 9 Abs. 3 GG Bezug genommen wird.

Freilich bleiben diese Entscheidungen, denen eine durchaus Beachtung findende Minderheit der rechtswissenschaftlichen Literatur beipflichtete[28], im ganzen gesehen atypische Erkenntnisse einer mehrheitlichen konservativen Justiz, die unberührt vom Geltungsanspruch des GG an der traditionellen Interpretation der Demonstrationstatbestände festhielt. Kennzeichnend für die vorherrschende Tendenz war die Entscheidung des BGH vom 8. 8. 1969 im «Läpple-Prozeß»[29], mit der das zitierte Urteil des LG Köln[30] aufgehoben wurde: «Der Demonstrant besitzt im Vergleich zum einzelnen, der für seine Meinung eintritt oder protestiert, keine Vorrechte, sondern hat wie jeder andere dabei die allgemeinen Gesetze zu achten. Auch der Hinweis darauf, daß das vom GG in Art. 8 allen Leuten gewährleistete Grundrecht, sich friedlich und ohne Waffen auch unter freiem Himmel zu versammeln, notwendigerweise das Eintreten von Verkehrsbehinderungen einschließe, eröffnet keine andere Betrachtungsweise. Aus dem Recht zu friedlicher Versammlung kann kein Recht zu unfriedlicher Demonstration hergeleitet werden ... hier ist die Verkehrsbehinderung gerade zum Ziel und Zweck einer öffentlichen Aktion gemacht worden, die damit einen unfriedlichen Charakter gewonnen hat und nicht mehr der Garantie des Art. 8 Abs. 1 teilhaftig sein kann ... Die Anerkennung eines Demonstrationsrechts in dem von der StrK angenommenen Ausmaß liefe auf die Legalisierung eines von militanten Minderheiten geübten Terrors hinaus, welcher mit der auf dem Mehrheitsprinzip fußenden demokratischen Verfassung, letztlich aber auch als Verstoß gegen das Prinzip der Gleichheit aller vor dem Gesetz mit den Grundsätzen der freiheitlichen demokratischen Grundordnung schlechthin unverträglich ist.»[31] Mit derartigen obergerichtlichen Entscheidungen[32] wurde nicht nur der prinzipielle Vorrang der (unpolitischen) privaten Interessen und Rechtsgüter Dritter sowie das öffentliche Interesse an Ruhe und Ordnung vor der Inanspruchnahme politischer Kommunikationsfreiheiten verteidigt und auch bloß passives Verhalten wie der Sitzstreik als Gewalt i. S. der einschlägigen Straftatbestände gewertet, sondern auch das Spannungsverhältnis zwischen parlamentarischem Repräsentationsprinzip und demokratiekonstitutiver politischer Öffentlichkeit derart einseitig zu Lasten letzterer aufgelöst, daß selbst erklärtermaßen friedliche Demonstrationen als offener Verfassungsbruch durch eine terroristische Minderheit qualifiziert werden konnten. Dieses aus den obersten Verfassungsprinzipien der freiheitlichen demokratischen Grundordnung gewirkte justizielle Feindbild entsprach getreu dem publizistischen Konterfei, welches ein Großteil der bundesdeutschen Presse unter semantischer Wortführung des Springer-Konzerns und der verantwortlichen Politiker von der Studentenbewegung vorgezeichnet hatte und den militanten Charakter der massiven Polizeieinsätze zu legitimieren half.[33] Sogar die Einführung von Vorbeuge- oder Schutzhaft für Demonstranten durch (Wieder-)Einführung des Haftgrundes der Wiederholungsgefahr für Demonstrationstäter wurde aus den Reihen der CDU und CSU-Politiker gefordert und in einigen Fällen sogar – etra legem – praktiziert.[34]

3. Die Reform der Demonstrationsstraftatbestände vom 20. 5. 1970

Daß es trotz der im Gefolge der Studentenbewegung zugespitzten innenpolitischen Auseinandersetzungen nicht zu den geforderten Ausweitungen des staatlichen Sanktionspotentials gegenüber den Trägern öffentlicher Protestaktionen kam, lag entscheidend am Wechsel der Regierung nach den Bundestagswahlen vom Herbst 1969.

Die von der sozialliberalen Koalition im Jahre 1970 gleichsam als Erfüllung eines Wahlversprechens an die Wählerklientel gegen die Stimmen der CDU/CSU-Opposition durchgesetzte Reform des Demonstrationsstrafrechts verfolgte erklärtermaßen das Ziel, den dem «Schutz des Gemeinschaftsfriedens» dienenden Strafvorschriften des 6. Abschnitts («Widerstand gegen die Staatsgewalt») und des 7. Abschnitts («Verbrechen und Vergehen wider die öffentliche Ordnung») im besonderen Teil des Strafgesetzbuchs, «eine besser an der Verfassung ausgerichtete neue Fassung zu geben»[35]. Gleichzeitig diente die Streichung bzw. Neuformulierung der einschlägigen Strafvorschriften nicht zuletzt dem Zweck, die durch die unterschiedliche Spruchpraxis der Strafgerichte entstandene Rechtsunsicherheit über den Geltungsumfang des grundrechtlich geschützten Demonstrationsrechts zu beseitigen.[36] Die mit dem 3. Gesetz zur Reform des Strafrechts vollzogene Liberalisierung des Demonstrationsrechts wurde ergänzt durch das Gesetz über Straffreiheit vom 20. 5. 1970, das zum einen Straffreiheit für Straftaten vorsah, deren Straftatbestände im Zuge der Reform aufgehoben oder ersetzt worden waren, und das zum anderen nach Maßgabe gesetzlich näher festgelegter Ausschlußtatbestände auch für Freiheitsstrafen und Geldstrafen Straffreiheit wegen Straftaten gewährte, die durch «eine zur Meinungsäußerung oder Meinungsbildung in öffentlichen Angelegenheiten bestimmte Demonstration oder im Zusammenhang hiermit begangen worden sind» (§ 2 Abs. 2 Straffreiheitsgesetz).[37] Das 3. Strafrechtsreformgesetz führte im wesentlichen folgende Veränderungen des Demonstrationsstrafrechts herbei: Der Straftatbestand der Aufforderung zum Ungehorsam gegen die Gesetze (§ 110 StGB) wurde aufgehoben, wohingegen die Strafnorm der Aufforderung zu strafbaren Handlungen (§ 111 StGB) lediglich eine redaktionelle Änderung erfuhr. § 113 StGB (Widerstand gegen Vollstreckungsbeamte) wurde tatbestandlich eingegrenzt und zudem um eine Irrtumsregelung ergänzt.[38] Der frühere Straftatbestand der Beamtennötigung wurde ersatzlos gestrichen, weil ein zu einer Amtshandlung genötigter Beamter über den allgemeinen Nötigungstatbestand des § 240 StGB hinaus keines besonderen strafrechtlichen Schutzes bedürfe[39]; ein neu eingefügter § 114 schützt in Ergänzung zu § 113 StGB Hilfspersonen, die von Beamten oder Soldaten zur Unterstützung herangezogen werden. Der bisherige Tatbestand des Aufruhrs (§ 115 StGB) ist ersatzlos entfallen; der frühere Tatbestand des Auflaufs (§ 116 StGB) wurde zu einer Ordnungswidrigkeit der «Teilnahme an einer unerlaubten Versammlung» herabgestuft. Die Neufassung des § 125 (Landfriedensbuch) hob die strafrechtliche Verantwortung für diejenigen Teilnehmer einer Demonstration auf, die sich neutral in einer Menschenmenge aufhielten, in der oder aus der Gewalttätigkeiten begangen wurden; strafbar sind nur noch diejenigen, die sich aktiv an Gewalttätigkeiten beteiligen. Der neu aufgenommene § 125a StGB (besonders schwerer Fall des Landfriedensbruchs) enthält Regelbeispiele von besonders schweren Fällen. Die Streichung des § 23 Versammlungsgesetz, der die Aufforderung zur Teilnahme an verbotenen Versammlungen und Aufzügen unter Strafe stellte, entsprach der Aufhebung des § 110 StGB (Aufforderung zum Ungehorsam), die Streichung des § 29 Nr. 4 Versammlungsgesetz war hingegen in Konsequenz der neu geschaffenen Ordnungswidrigkeit «Teilnahme an einer unerlaubten Versammlung» erfolgt. Fallengelassen wurden dagegen Überlegungen, einen besonderen Tatbestand der Richternötigung (als neuer § 106a StGB) mit einem gegenüber der allgemeinen Strafdrohung (Freiheitsstrafe von drei Monaten bis zu fünf Jahren bzw. bei besonders schweren Fällen von einem bis zu zehn Jahren) erhöhten Strafrahmen vorzusehen, weil § 240 StGB einen ausreichenden Schutz gewähre und es deshalb keiner erhöhten Strafdrohung bedürfe. Ebenso wurde verworfen, durch Änderung des § 16 VersG und § 106a StGB den Schutz der befriedeten Bannkreise nicht nur auf das Bundesverfassungsgericht, sondern auch für die Gerichte der Länder auszudehnen.[40] Umgekehrt konnte sich der Bundestag seinerzeit auch nicht dazu entschließen, die in Teilen der Presse und juristischen Literatur geforderte Reform der allgemeinen Nötigungsvorschrift des § 240 StGB vorzunehmen. Die SPD-Fraktion kündigte statt dessen seinerzeit an, daß im Rahmen einer geplanten Reform des Versammlungsgesetzes eine Vorschrift in dieses Gesetz aufgenommen werden sollte, durch die klargestellt wird, inwieweit Sit-ins und ähnliche Demonstrationsformen durch das Versammlungsgesetz gedeckt sind und deshalb nicht unter die allgemeine Nötigungsbestimmung (§ 240 StGB) fallen.[41]

4. Die Entwicklung des Demonstrationsrechts in der 70er Jahren: Differenzierung des staatlichen Sanktionspotentials

Die Erwartung, daß mit dieser Liberalisierung des Demonstrationsstrafrechts und der damit verknüpften Amnestie über eine spürbare und massenhafte Entkriminalisierung hinaus auf Dauer sichergestellt würde, daß von dem Grundrecht der Demonstrationsfreiheit künftig unverkürzt und angstfrei Gebrauch gemacht werden könnte, erwies sich indes als trügerisch: Das staatliche Sanktionspotential dehnte sich vielmehr im Gegenteil aus, differenzierte sich in eine Fülle neuer administrativer, zivil- und verwaltungsrechtlicher, aber auch strafrechtlicher Repressionsmechanismen, unter derem fangnetzartigen Zugriff das *Recht* zur kollektiven Artikulation von politischem Protest erneut zu ersticken drohte.

a) Die Judikatur zum Demonstrationsstrafrecht

Die Rechtsprechung zum Demonstrationsstrafrecht in der Zeit nach 1970 ist durch scheinbar entgegengesetzte Tendenzen gekennzeichnet. Soweit es sich um Demonstrationen im traditionellen Sinn (Aufzüge) handelt, liegen veröffentlichte Entscheidungen von Strafgerichten zu den klassischen Demonstrationsdelikten wie Nötigung (§ 240 StGB), Widerstand gegen die Staatsgewalt (§ 113 StGB), Landfriedensbruch (§ 125 StGB) in den 70er Jahren kaum vor. Möglicherweise hatte die Strafrechtsreform von 1970 vorübergehend bei der Strafjustiz ein gewisses Maß an Zurückhaltung bewirkt.

Die Absicht des Justizapparates, radikale, auf gesellschaftliche Veränderungen zielende politische Protestformen junger Leute mit Hilfe massiver Strafdrohungen zu kriminalisieren, tritt freilich alsbald in der justiziellen Bearbeitung der neuen Demonstrationsformen der Hausbesetzerszene wieder zutage.

Die Entscheidung des Bundesgerichtshofes in Strafsachen vom 12. 2. 1975[42] drückt Hausbesetzern strafrechtlich den Stempel einer kriminellen Vereinigung i. S. des § 129 StGB auf. Diese Grundsatzentscheidung, in ihrer Bedeutung für die Illegalisierung von neuen Formen politischer Gegengewalt mit dem Läpple-Urteil des BGH vom 8. 8. 1969[43] vergleichbar, ist exemplarisch für die Tendenz, mit Hilfe einer extensiven Norminterpretation und Tatbestandssubsumtion auch bloß psychische Unterstützung deliktsfähig zu machen. Ohne jeglichen Rückbezug auf die grundrechtlich geschützten Freiheitsrechte aus Art. 5 Abs. 1 GG und Art. 8 Abs. 1 GG wird das Verhalten von Hausbesetzern als gemeinschaftlicher Hausfriedensbruch (§ 123 StGB), Landfriedensbruch (§ 125 StGB) und Bildung einer kriminellen Vereinigung) (§ 129 Abs. 1 StGB) gewertet, obwohl der BGH selbst davon ausgeht, daß «alle Teilnehmer an der Aktion mindestens den gemeinsamen Zweck (verfolgten), das Haus in ihre Gewalt zu bringen und auf diese Weise gegen Fehlentwicklungen im Wohnungsbau, gegen die Höhe der Mieten und die Wohnungsknappheit sowie gegen das weitgehende Fehlen von Kontaktmöglichkeiten in Neubauvierteln und die darauf beruhende Vereinsamung des einzelnen zu demonstrieren»[44]. Für den erkennenden Senat wird im Gegenteil gerade durch den – wenn auch lockeren – Zusammenschluß der Hausbesitzer mit der genannten Zielsetzung und der Absicht, die Inbesitznahme des Hauses gewaltsam zu verteidigen, der Tatbestand der kriminellen Vereinigung i. S. des § 129 Abs. 1 StGB erfüllt.

Zumindest was die Kerngruppe anbelangt, die durch Bildung eines Häuserrates oder Komitées E-Str. 39, der Abfassung von Flugblättern, der Einrichtung einer Informationszentrale und in den zur Verteidigung des Hauses getroffenen Maßnahmen hervorgetreten sei, sei «eine organisatorisch verselbständigte Einheit vorhanden (gewesen), die zur Erreichung des beabsichtigten Zweckes erforderlich und ausreichend war». Daß ungeachtet der umfangreichen Vorbereitungen der Hausbesetzer zur Verteidigung des Hauses die Begehung von Straftaten nur ein Zweck oder eine Tätigkeit von untergeordneter Bedeutung gewesen sein könnte, was nach § 129 Abs. 2 Nr. 2 StGB strafausschließend hätte wirken müssen, will der BGH nicht gelten lassen, weil dies der «massiven Beeinträchtigung der inneren Sicherheit» durch die von den Häuserbesetzern getroffenen Vorbereitungshandlungen nicht gerecht werde. In der Konsequenz dieser strengen Auslegung durchaus folgerichtig hält der BGH schließlich den Tatbestand der Unterstützung einer kriminellen Vereinigung bereits dann für erfüllt, wenn sich die Betroffenen «mehrfach im Haus aufgehalten und durch ihre Anwesenheit die zur Verteidigung der Hausbesetzung Entschlossenen in ihrem, den Angeklagten bekannten Verteidigungswillen mindestens bestärkt» hätten.[45]

In einer neueren Entscheidung[46] hat der BGH freilich sein Verständnis von Hausbesetzern als kriminelle Vereinigung partiell relativiert. In dem Urteil vom 21. 3. 1983 gegen Nürnberger Hausbesetzer hob er die Verurteilung des Landgerichts Nürnberg-Fürth aus dem Jahre 1981 wegen Unterstützung einer kriminellen Vereinigung auf, weil nicht jedes gemeinsame Handeln mehrerer Personen schon Ausdruck eines verbandsmäßig organisierten Gemeinschaftswillens sei. Unter Vereinigung sei «der auf eine gewisse Dauer berechnete organisatorische Zusammenschluß einer Mehrzahl von Personen zu verstehen, die bei Unterordnung des Willens des einzelnen unter den Willen der Gesamtheit gemeinsame Zwecke verfolgen und unter sich derart in Beziehung stehen, daß sie sich untereinander als einheitlicher Verband fühlen». Dies treffe dann nicht zu, wenn sich eine Mehrzahl von Hausbesetzern von einigen Aktivisten mitreißen lasse und die Hausbesetzung sich nur über ein Wochenende erstrecke, so daß es unwahrscheinlich sei, daß sich die Struktur einer übergeordneten Willensbildung habe entwickeln können. Insofern sei die Situation mit dem in der vorangegangenen BGH-Entscheidung vom 12. 2. 1975 zugrundegelegten Sachverhalt der mehrwöchigen Hausbesetzung nicht vergleichbar.

Doch nicht nur der Straftatbestand der kriminellen Vereinigung und ihrer Unterstützung hat in der obergerichtlichen Rechtsprechung eine erhebliche Ausdehnung erfahren. Gleiches gilt seit dem Urteil des Oberlandesgerichts Karlsruhe vom 26. 4. 1979[47] auch für den Tatbestand des Landfriedensbruches (§ 125 StGB), dessen Merkmale der *«Gewalttätigkeit»* und *«öffentlichen Sicherheit»*) zunehmend extensiv interpretiert werden, so daß von einer Eskalation des strafrechtlichen Gewaltbegriffs gesprochen werden kann.[48]

Die aus Anlaß eines geplanten Abrisses mehrerer Häuser sich entwickelnden Widerstandsaktionen von Bewohnern, Sympathisanten und Passanten werden als den öffentlichen Frieden gefährdende Gewalttätigkeiten gewertet, weil sie ... «nicht gegen den Rechtsfrieden des einzelnen, sondern den der Gemeinschaft»[49] gerichtet sind. Gewalttätigkeit liege in einem aktiven, aggressiven Vorgehen; gleichgültig, ob gegen Personen oder Sachen gerichtet, komme es auf den Erfolg der Gewalttätigkeit nicht an. Sofern (wenn auch nur mittelbar) gegen Personen gerichtet, müsse sie zumindest geeignet sein, einen Zwang auf diese auszuüben; sofern sie sich gegen Sachen richtet, müsse sie zumindest geeignet sein, zu einer Sachbeschädigung – sei es auch nur in der Form der Einwirkung auf die Funktionsfähigkeit der Sache – führen zu können. In diesem Sinn sei das Besprühen einer Windschutzscheibe eines Lkw mit einer alsbald abtropfenden farbigen Flüssigkeit für sich genommen zwar nicht gewalttätig, könne andererseits aber im Gesamtzusammenhang gewalttätiger Demonstration doch als relevanter Tatbeitrag für einen Landfriedensbruch ausreichen, sofern die Demonstranten «sich auch nur eine der Ausschreitungen der unbekannt gebliebenen Täter ... als Mittäter zurechnen lassen müßten oder ihr Tatbeitrag als Beihilfe zu auch nur einer der Gewalttätigkeiten eines anderen anzusehen wäre, da Täter des Landfriedensbruchs auch der Teilnehmer an den Gewalttätigkeiten sein» könne.

Die Reaktivierung des Landfriedensbruchstatbestandes als Mittel der Strafverfolgung politischer Oppositionsdelikte bildete für die bayrische Justiz die juristische Basis bei den *Nürnberger Massenverhaftungen* am 5. März 1981. Der Eklat von Nürnberg ist gekennzeichnet durch das Bemühen, eine strafrechtliche Legitimation für die Konstruktion einer Kollektiv-Kontaktschuld zu schaffen, die es rechtfertigen sollte, unter Mißachtung der Verfassung elementare rechtsstaatlich-strafprozessuale Prinzipien zum Schutz des einzelnen im Interesse des «Landfriedens» außer Kraft zu setzen. Im Anschluß an eine Diskussion in dem Nürnberger Jugendzentrum KOMM aus Anlaß eines Films über die Amsterdamer Kraker, in der die Frage gewaltsamer politischer Aktionen sehr umstritten war, zogen etwa 150–200 Teilnehmer nachts durch die Nürnberger Innenstadt und protestierten für die Freilassung inhaftierter Hausbesetzer, wobei einige Demonstranten Schaufensterscheiben einwarfen, Autoantennen umknickten und den nachfolgenden Polizeifahrzeugen Mülltonnen in den Weg warfen. Der geschätzte Sachschaden belief sich auf ca. 20000–30000 DM. Die Polizei griff nicht ein, ließ die Demonstranten zum KOMM zurückkehren und umzingelte dann das Jugendzentrum. Auf die Zusicherung der Polizei, lediglich die Personalien festzustellen, begaben sich die im KOMM Anwesenden, auch Nichtteilnehmer der Demonstration, freiwillig in Polizeigewahrsam. Die Polizei verhaftete noch in der gleichen Nacht 141 der 142 Festgenommenen, wobei 5 Ermittlungsrichter, deren ordnungsgemäße Bestellung äußerst umstritten ist, auf vorgefertigten hektographierten Haftbefehlen die Inhaftierung anordneten, ohne daß Anwälte, Eltern oder anwesende Entlastungszeugen gehört wurden.[50] Als Haftgründe werden sowohl Fluchtgefahr im Hinblick auf die zu erwartende Strafe, angesichts derer die vorhandenen Bindungen (von Jugendlichen an ihre Eltern!) nicht ausreichen sollen, die Zurechnung zur Hausbesetzerszene mindestens als Sympathisant sowie Verdunkelungsgefahr, da die Mittäter sich in Freiheit untereinander absprechen könnten, angegeben.[51] Die strafprozessual in § 112 StPO an den Erlaß eines Haftbefehls formulierten Voraussetzungen: dringender Tatverdacht, Verhältnismäßigkeit der Untersuchungshaft im Hinblick auf die Bedeutung der Sache und die zu erwartende Strafe und das Vorliegen eines Haftgrundes, wobei Tatverdacht und Haftgrund den Nachweis «bestimmter Tatsachen», mithin eine strikte Einzelfallprüfung erfordern, wurden schlicht negiert. Allein in bezug auf den Inhalt des Haftbefehls ist zu Recht von einer vielfachen Verletzung des aus Art. 104 Abs. 1 GG in Verbindung mit § 112 StPO sich ergebenden Bestimmtheitsgrundsatzes gesprochen worden, und zwar hinsichtlich

«1. der pauschalen Behauptung von Tatverdacht, Flucht- und Verdunkelungsgefahr als solchen
2. des allgemeinen Bestimmtheitsgrundsatzes für die Haftgründe «aufgrund bestimmter Tatsachen» gem. § 112 II vor 1 StPO
3. des speziellen Bestimmtheitsgrundsatzes für Fluchtgefahr («bei Würdigung der Umstände des Einzelfalles») gem. § 112 II 2 StPO,
4. des speziellen Bestimmtheitsgrundsatzes für Verdunkelungsgefahr (dringender Verdacht aus dem Verhalten des Beschuldigten, also nicht aus seiner Eigenschaft als gemeinsam mit anderen Beschuldigten) gem. § 112 II 3 StPO
5. der falschen Zuordnungen der Eigenschaft als Hausbesetzer oder Hausbesetzer-Sympathisanten zur Fluchtgefahr und
6. der falschen Begründung der Haft mit einem bei keinem der Verhafteten vorhandenen unmittelbaren (zeitlichen oder räumlichen) Zusammenhang zwischen Festnahme und Tat».[52]

Die Dimension dieses Justiz- und Verfassungsskandals erhellt weiter der Umstand, daß das Grundrecht auf den gesetzlichen Richter durch Beteiligung eines nach dem Geschäftsverteilungsplan des Amtsgerichts Nürnberg nicht zuständigen Richters, das Grundrecht auf ordnungsgemäße Vernehmung durch den Haftrichter gem. Art. 104 Abs. 3 GG und auf richterliches Gehör gem. Art. 103 Abs. 1 GG, das Grundrecht auf Benachrichtigung eines Angehörigen oder einer Vertrauensperson nach Art. 104 Abs. 4 GG verletzt worden ist.[53] Nach zum Teil bis zu dreiwöchiger Untersuchungshaft erhebt die Staatsanwaltschaft gegen 34 Erwachsene und 32 Heranwachsende im Alter von 18–21 Jahren Anklage wegen gemeinschaftlichen Landfriedensbruchs in einem besonders schweren Fall (§§ 125, 125 a, Nr. 4 StGB), gegen 14 Jugendliche werden Sanktionsanträge gemäß den

Bestimmungen des JGG gestellt, gegen zwei Heranwachsende und einen Jugendlichen richtet sich die Anklage wegen anderer schwerwiegender Straftaten. Gegen 59 Beschuldigte wird das Verfahren eingestellt.[54]

Die Anklage stützte sich, wie der Gang und das Ergebnis des Verfahrens öffentlich dokumentierten, auf außerordentlich fragwürdige Ermittlungsmethoden. Die Anklageschrift nimmt ungeachtet des nach wie vor geltenden Prinzips, daß die Staatsanwaltschaft der Objektivität verpflichtet ist, keinerlei entlastende Momente in das wesentliche Ergebnis der Ermittlungen auf, obwohl diese durch Zeugenaussagen belegt waren, und beschränkt sich auf pauschalen, nicht auf den einzelnen Täter und seinen konkreten Tatbetrag ausgewiesenen Vorwurf des Landfriedensbruchs.[55] Die Mittäterschaft der Demonstranten an den von wenigen einzelnen vorgenommenen Übergriffen wird durch einen extensiven Täterbegriff und eine Interpretation des § 125 StGB, die an die Fassung dieser Strafnorm vor ihrer Liberalisierung im Jahre 1970 mit dem verfassungsrechtlich fragwürdigen Tatbestand der «öffentlichen Zusammenrottung» anknüpft, behauptet. Entgegen der in Rechtsprechung und Literatur vorherrschenden Auffassung, daß § 125 StGB n. F. «eine von einem feindseligen Willen beherrschte Menge» voraussetzt, als dessen Auswirkung sich die Gewalttätigkeit darstellt und der ihre Gefährlichkeit begründet[56], was zumindest ein Handeln «mit vereinten Kräften» erfordert[57] und damit auf einen konkreten Tatbeitrag und Täterwillen in dieser Hinsicht abstellt[58], wird von der Staatsanwaltschaft beim Landgericht Nürnberg auf eine einheitliche, auf Gewaltanwendung zielende Gesinnung abgehoben, so daß ohne konkreten Tatbeitrag die bloße Präsenz bei Ausschreitungen als *psychische Mittäterschaft* interpretiert werden kann.[59]

Augenscheinlich war die – vom Justizminister weisungsabhängige – Staatsanwaltschaft darum bemüht, der Bewertung der bayrischen Regierungspartei zu den Nürnberger Vorkommnissen zu entsprechen. In einer Erklärung vom 13. 3. 1981 hatte die CSU-Landtagsfraktion folgendes Statement abgegeben: «Recht und Moral sind auch nach Nürnberg auf seiten des Staates und nicht auf jener von Systemveränderern.»[60] Der Gang des Strafprozesses vor der 13. Strafkammer des Landgerichts Nürnberg brachte eindeutig ein anderes Ergebnis.[61] Am 8ten Verhandlungstag sah sich das Gericht auf vielfaches Drängen der Verteidigung gezwungen, das Verfahren zu unterbrechen, weil die Anklagebehörde offenkundig und nicht mehr vertuschbar Entlastungsaussagen den Akten vorenthalten hatte. Die darauf notwendigen Nachermittlungen, die der Staatsanwaltschaft Regensburg übertragen werden mußten, weil die Objektivität der Nürnberger Staatsanwaltschaft nicht mehr gewährleistet schien, führten zu einer Ergänzung der Ermittlungsakten um erstaunliche 600 Blatt. Die Fortsetzung der Verhandlung führte schließlich zu einer sensationellen Einstellung des Verfahrens am 22. 12. 1982 durch Beschluß der verhandelnden Strafkammer, und zwar durch Aufhebung der Eröffnungsbeschlüsse, durch die die Anklagen zugelassen worden waren.

In der Konfrontation politischen Protests mit massiven Strafen schlägt das *OLG Frankfurt* in seinem Urteil vom 19. 1. 1983[62] gegen den Sprecher der «Arbeitsgemeinschaft Volksbegehren – keine Startbahn West» gänzlich neuartige Wege juristischer Phantasie ein. Darin bringt es das Gericht fertig, gleich zwei strafrechtliche Novitäten zu küren: Soweit ersichtlich, wird hier zum erstenmal seit der Reform des Demonstrationsstrafrechts von 1970 eine Person des Landfriedensbruchs (dazu in einem besonders schweren Fall gem. § 125 a StGB) für schuldig befunden, obwohl sie bei der Demonstration, in deren Verlauf es zu gewalttätigen Auseinandersetzungen kam, nicht einmal zugegen war. Ebenfalls erstmals wird die Vorbereitung und Durchführung einer Demonstration als strafbarer Versuch der Nötigung eines Verfassungsorgans nach § 105 StGB gewertet.

Auf eine nähere Darstellung und Kritik dieses Urteils verzichten wir hier mit Rücksicht auf den Beitrag von S. Cobler, in diesem Band.

b) Polizeiliches Observieren von Demonstrationen

Die aus Anlaß gezielter Aktionen gegen Wohnraumvernichtung bzw. gegen die Zerstörung ökologisch wichtiger Erholungsgebiete durch Großprojekte ergangenen Entscheidungen, in denen das Interesse der Strafjustiz deutlich wird, mit Hilfe weit interpretierter Strafbestimmungen die vielfältigen neuen demonstrativen Aktionsformen politischen Protestes zu illegalisieren und damit potentielle Sympathisanten einzuschüchtern, finden in gewisser Weise eine Parallele in der von den Obergerichten entwickelten Spruchpraxis zur Zulässigkeit der *polizeilichen Observierung* von Demonstrationen (Aufzügen). Nach der vom Bundesgerichtshof in Strafsachen in zwei Entscheidungen vertretenen Auffassung soll die Polizei berechtigt sein, einen Demonstrationszug zu fotografieren, wenn mit Hilfe der Lichtbilder die unbekannten Täter früherer Straftaten ermittelt werden sollen.[63] Dies liege im Interesse der Rechtspflege und der öffentlichen Sicherheit. Das Recht der Demonstranten am eigenen Bild müsse gegenüber der der Polizei obliegenden Aufgabe, strafbare Handlungen zu erforschen (§ 163 StPO)[64], zurückstehen. Ebenso hält es der Vorprüfungsausschuß des Bundesverfassungsgerichts in seiner Entscheidung vom 4. 3. 1981[65] für statthaft, das von Mitarbeitern eines Presseorgans angefertigte Bildmaterial über eine Demonstration zu beschlagnahmen, um es in die Strafverfolgung gegen gewalttätige Demonstranten einbeziehen zu können. Das Bundesverfassungsgericht sieht darin weder eine Verletzung der Pressefreiheit noch des Verhältnismäßigkeitsgrundsatzes, weil es sich nicht um die Aufklärung von bloßen Bagatelldelikten handle, sondern um teilweise besonders schwere Fälle von Landfriedensbruch, und andererseits die Presse durch die Durchsuchung und Beschlagnahme in ihrer Berichterstattung nicht gehindert werde. Da mit Hilfe der Fotografien nicht neue, bisher unbekannte Straftaten ermittelt werden sollten, sondern lediglich die Identität der Täter einer unter den Augen der Öffentlichkeit begangenen, nach Ort, Zeit und Begehungsweise genau feststehenden Straftat, könne auch nicht von der unzulässigen Verschaffung von «Ausforschungsbeweisen» die Rede sein.

Mit dieser Rechtsprechung wird letztlich der mit der Strafrechtsreform von 1970 beabsichtigte Liberalisierungseffekt im staatlichen Umgang mit Demonstrationen wieder kompensiert. Denn der mit Art. 5 Abs. 1 GG und Art. 8 Abs. 1 GG intendierte grundrechtliche Schutz, frei von Angst vor staatlicher Überwachung kollektiv an der Neustrukturierung einer verfestigten öffentlichen Meinung durch Mobilisierung einer Gegenöffentlichkeit mitwirken zu können, verliert seinen elementaren Sinn, wenn der einzelne Demonstrant befürchten muß, in den Dateien der Verfassungsschutzorgane oder der Kriminalpolizei als potentieller anarchistischer Gewalttäter oder Staatsfeind erfaßt zu werden. Das Zukunftstrauma der Orwell'schen Utopie – «Big brother is watching you» – wird bittere Realität, wenn die Polizei mit Hilfe ihrer Doppelrolle als Instanz der Gefahrenabwehr und als Hilfsorgan der Staatsanwaltschaft die Kompetenz erhält, die Wahrnehmung von Aktivbürgerrechten als virtuelle kriminelle Handlung zu registrieren und einzuspeichern. Eine neue Dimension der Supervision wurde inzwischen durch die Aufzeichnung von Demonstrationen mit Videogeräten, die normalerweise der Verkehrskontrolle dienen, erreicht. So haben die Wiesbadener Stadtwerke im November 1981 ihre beiden festinstallierten, der Verkehrsüberwachung dienenden Fernsehkameras zur Polizei durchgeschaltet, damit diese eine Demonstration von 120000 Menschen beobachten konnte; insgesamt trugen sechs Behörden (Schutzpolizei, Kriminalpolizei, Landeskriminalamt, Bundeskriminalamt, Stadtwerke und Arbeitsamt, von hier aus wurde die Abschlußkundgegung gefilmt) dazu bei, einen Überblick über die Demonstration zu gewinnen. Von der Demonstration aufgezeichnete Videobänder wurden später, wie es hieß, «ausschließlich zu Lehrzwecken» in der Polizeischule in Hiltrup verwendet.[66] Die Möglichkeit mit Hilfe von Zoomaufnahmen und Personenprofilen einzelne Demonstranten vermittels Video zu erfassen, ist technisch nicht mehr ausgeschlossen.

Der hier sichtbar werdende Mangel an Respekt des Staatsapparates gegenüber der ungestörten, d. h. von staatlichen Eingriffen unbehelligt bleibenden Artikulation eines gesellschaftlichen Interesses tritt verschärft in der Entscheidung des Bundesverfassungsgerichts zur Zulässigkeit der Beschlagnahme von Pressefotos zutage, wenn die Presse neben ihrer eigentlichen gesellschaftlichen Aufgabe, die Bildung einer unabhängigen öffentlichen Meinung zu gewährleisten, die dann nicht mehr abtrennbare Funktion eines Hilfsorgans der Staatsanwaltschaft zugewiesen bekommt.

Das OLG Celle[67] hat im umgekehrten Fall des einen Polizeieinsatz fotografierenden Demonstranten die Polizei für befugt gehalten, die Kamera sicherzustellen oder notfalls den betreffenden Demonstranten zu sistieren, weil die an den Auseinandersetzungen beteiligten Polizeibeamten ohne ihre Einwilligung fotografiert worden seien. Das Recht der Polizisten am eigenen Bild werde im konkreten Fall nicht von der Regelung des § 23 Abs. 1 Nr. 1 KunsturheberG suspendiert, wonach Bilder aus dem Bereich der Zeitgeschichte ohne die erforderliche Einwilligung verbreitet und zur Schau gestellt werden dürfen. Denn im konkreten Fall sei bedeutsam, daß die Fotografin das Ziel verfolgt habe, die Beamten durch den unberechtigten Vorwurf rechtswidrigen Handelns bloßzustellen. Diffamierungen, Bloßstellungen und außerhalb der zeitgeschichtlichen Dokumentation liegende Angriffe gegen den Betroffenen seien aber durch § 23 Abs. 1 Nr. 1 KunsturheberG niemals gedeckt. Ihnen fehle regelmäßig der Dokumentationszweck, außerdem verletzten sie die persölichen Belange des

Betroffenen in über das legitime Informationsinteresse der Allgemeinheit hinausgehender Weise. Das Gericht verneint zugleich einen rechtswidrigen Eingriff in das Grundrecht der Pressefreiheit, weil das «Verbot der Zurschaustellung von Bildern ... nicht das Recht berührt, die Meinung in Wort und Schrift zu äußern (Art. 5 GG)».[68] Bei einer Güterabwägung zwischen dem Recht am eigenen Bild, das verfassungsrechtlich in Art. 2 Abs. 1 GG verankert sei, und dem Recht auf Meinungs- und Informationsfreiheit müsse im konkreten Fall im Hinblick auf den mit den Bildern verfolgten Veröffentlichungszweck dem Persönlichkeitsrecht der Polizeibeamten der Vorzug gegeben werden.

Die Sicherstellung fotografischen Materials über einen Vorgang der Zeitgeschichte ist ein unmittelbarer Eingriff in die Pressefreiheit und damit eine in Art. 5 Abs. 1 Satz 3 GG schlechthin verbotene Zensur der Berichterstattung über das betreffende zeitgeschichtliche Ereignis. Darüber hinaus sind keinesfalls die am Polizeieinsatz beteiligten Polizeibeamten zu einer derartigen Sicherstellung befugt, weil sich aus dem verfassungsrechtlichen Kontrollauftrag der Presse «denkgesetzlich für den Teilnehmer eines polizeilichen Einsatzes das Verbot» ergibt, «eine Berichterstattung über *diesen* Einsatz zu verhindern oder auch nur zu *behindern*, sei es durch die Beschlagnahme fotografischen Aufnahmematerials oder gar der Geräte zur Verhinderung einer weiteren Berichterstattung»[69].

c) Demonstrationsschadens- und -kostenrecht

Die Versuche einer präventiven Eingrenzung der aktiven Wahrnehmung des Grundrechts auf Versammlungsfreiheit haben sich in der Zeit nach 1970 in zunehmendem Maß auch auf die *Zivil- und Verwaltungsjustiz* erstreckt. Hinsichtlich der Inanspruchnahme von Demonstranten für die bei einem Polizeieinsatz entstandenen Kosten auf dem Verwaltungsrechtsweg haben mehrere Bundesländer entsprechende Rechtsgrundlagen geschaffen, deren verfassungsrechtliche Zulässigkeit umstritten ist. Zur näheren Auseinandersetzung mit dieser Problematik vgl. den Beitrag von Reiner Geulen in diesem Band. Wir setzen uns daher im folgenden allein mit der Rechtsprechung zur zivilrechtlichen Schadensersatzpflicht von Demonstrationsteilnehmern auseinander.

Der Bundesgerichtshof in Zivilsachen hat in drei Entscheidungen[70] Maßstäbe für die *zivilrechtliche Haftung* von Demonstrationsteilnehmern für entstandene Demonstrationsschäden entwickelt, die in ihrer Bedeutung für die Wahrnehmung der Demonstrationsfreiheit mindestens ebenso bedeutsam sind wie die einschlägige Rechtsprechung der Strafgerichte.

In den Fällen Mahler und Amendt stellt nach Auffassung des BGH[71] die Blockade zur Verhinderung der Auslieferung von Springer-Zeitungen bei den Demonstrationen anläßlich des Mordanschlags auf Rudi Dutschke am 11.4.1968 einen rechtswidrigen, schuldhaften Eingriff in das nach § 823 Abs. 1 BGB geschützte Recht am eingerichteten und ausgeübten Gewerbebetrieb dar und begründet damit Schadensersatzansprüche gegen den Beklagten als Mittäter für den gesamten durch die Demonstration entstandenen Schaden.[72] Die juristische Verabsolutierung des unternehmerischen Interesses durch die Aufwertung des Rechts am eingerichteten und ausgeübten Gewerbebetrieb als «sonstiges», den absolut geschützten Rechtsgütern «Leben, Körper, Gesundheit, Freiheit, Eigentum» vergleichbares Recht hielt der BGH für geboten, «um eine sonst bleibende Lücke im Rechtsschutz zu schließen».[73] In Korrelation zu dieser juristischen Aufrüstung des Gewerbebetriebes wird das Grundrecht auf Versammlungsfreiheit diminuiert.

In Anlehnung an die vom Bundesverfassungsgericht im Schmid-Spiegel-Beschluß[74] entwickelte Schaukeltheorie sieht der BGH auf der Grundlage einer Interessen- und Güterabwägung zwischen der durch Art. 2 Abs. 1, 14 GG geschützten unternehmerischen Freiheit und der Demonstrationsfreiheit aus Art. 5 Abs. 1, 8 Abs. 1 GG[75] die in der Auslieferungssperre liegende Anwendung unmittelbaren Zwanges als rechtswidrig an, für die die Rechtsordnung keinen Rechtsgrund bereithalte.[76] Die Demonstrationsfreiheit gestatte lediglich auf die sich aus der tendenziösen Berichterstattung der Springer-Presse ergebenden Gefahren aufmerksam zu machen, nicht jedoch Zwang anzuwenden.[77] Die Anwendung von Zwang könne nicht toleriert werden, denn Art. 8 Abs. 1 GG gewährleiste nur das Recht zur friedlichen Versammlung und damit vor allem auf die gemeinsame Kundgabe einer übereinstimmenden Meinung durch einen öffentlichen Aufzug (Demonstration).[78] Eine Funktionsbestimmung des Grundrechts der Versammlungsfreiheit im Rahmen der freiheitlichen demokratischen Grundordnung des Grundgesetzes mache deutlich, daß die Versammlungsfreiheit die Meinungsfreiheit «nach der kollektiven Seite hin» ergänzt, so daß diese wie jene lediglich den «geistigen

Kampf der Meinungen» durch die «für das Funktionieren der freiheitlichen Demokratie unabdingbare öffentliche Diskussion über Gegenstände von allgemeinem Interesse und staatspolitischer Bedeutung» schütze.[79] Wenn sich auch aus der Wirkungsweise einer Kollektivaussage, die vom gemeinschaftlichen Kundgebungswillen der Demonstranten getragen wird, im Vergleich mit einer bloß individuellen Meinungsäußerung Besonderheiten ergeben, so sei gleichwohl «Sinn und Zweck der Demonstrationsfreiheit ... jedenfalls dann verfehlt, wenn die kollektive Meinungs- oder Willensäußerung ihr Ziel mit Hilfe eines auf Unterlassung fremder Meinungsäußerung gerichteten unmittelbaren Zwanges zu erreichen sucht».[80] Eine Demonstration dieser Art sei nicht friedlich im Sinne des Art. 8 Abs. 1 GG.[81] In der Hausbesetzer-Entscheidung des BGHZ vom 29. 10. 1974[82] beruft sich derselbe Senat sogar auf einen «elementaren Verfassungsgrundsatz», der den «strikte(n) Ausschluß jeder Form von Gewalt im Raume des öffentlichen Lebens bei der Austragung von Meinungsverschiedenheiten» gebietet.[83]

Die Frage nach dem *Umfang des Haftungsrisikos* für den einzelnen Demonstranten hat der BGH in dem Sinne geklärt, daß jedem Demonstratnten, der als Mittäter anzusehen sei, die volle Haftung für den durch die Demonstration verursachten Schaden trifft.[84] Das den Demonstranten auferlegte Risiko der Haftungsverteilung, wonach es diesen überlassen bleibt, sich untereinander und nach Maßgabe ihres Schadensbeitrages auseinanderzusetzen (§§ 840, 426 BGB), hält der BGH gerade bei Demonstrationsschäden für gerecht, weil der Geschädigte in aller Regel nur einige der Teilnehmer identifizieren könne. Der Senat hält diese aus dem Wortlaut des § 830 Abs. 1 BGB sich ergebende Haftungsregelung für verfassungskonform, insbesondere werde dem einzelnen Demonstrationsteilnehmer kein unzumutbares Risiko haftungsrechtlich aufgebürdet, weil die Haftung nach § 830 BGB nicht diejenigen Demonstranten treffe, «ohne deren Willen andere Teilnehmer die Grenzen des Demonstrationsrechts überschreiten und in Rechte anderer eingreifen»[85].

In der Hausbesetzer-Entscheidung hat der BGH die Mithaftung von Demonstranten als Mittäter auch auf den Fall einer *bloß psychischen Unterstützung* bei einer Hausbesetzung erstreckt. Für die haftungsbegründende Mittäterschaft (§ 830 Abs. 1 BGB) reiche es, daß der Demonstrant «sich an der schadenstiftenden Handlung mit dem Willen beteiligt hat, sie als eigene Tat gemeinschaftlich mit anderen zu verwirklichen (Mittäter) oder sie als die Tat anderer durch seine Anstiftung oder Beihilfe zu fördern oder zu unterstützen. Ein Weniger an eigenhändiger Verwirklichung der unmittelbaren Verletzungshandlung wird insoweit durch den in die Tat umgesetzten Willen zur Teilnahme an ihr kompensiert.»[86]

Der Gefahr, daß in Konsequenz der von ihm entwickelten Rechtsauffassung zum Haftungsumfang bei Demonstrationen das Grundrecht auf Teilnahme an einer friedlichen Demonstration in Frage gestellt werden könnte, wird nach Auffassung des Gerichts «von vornherein dadurch begegnet, daß die Haftungsregeln in solchen Fällen nicht schon an die bloße *Teilnahme* an der Demonstration anknüpfen, sondern nur eingreifen, wenn festgestellt werden kann, daß der *Wille zur Teilnahme* auch die aus ihr hervorgegangenen *Tätlichkeiten* umfaßt».[87] Die Grenzziehung der haftungsrechtlichen Verantwortung will der BGH insbesondere bei der Prüfung der inneren Tatseite vornehmen, und zwar in Kenntnis der «Eigengesetzlichkeiten und Zwänge von Massenveranstaltungen, die durch die Solidarisierung der Teilnehmer gegebenen Impulse, aber auch physischen und psychischen Schwierigkeiten für den einzelnen, sich aus einer einmal in Gang gesetzten Demonstration zurückzuziehen»[88]. Dementsprechend soll die Haftung nach § 830 Abs. 1 BGB dann nicht greifen, wenn sie auf «ein Einstehen für den Exzeß einzelner Demonstranten, die ohne die Billigung des Betroffenen die Grenzen des Demonstrationsrechts überschreiten», hinausliefe, weil sonst das Demonstrationsrecht in seinem Kern angetastet würde, «zumal die Gefahr der Auslösung solcher Exzesse auch mit einer durch Art. 5 und Art. 8 GG erlaubten friedlichen Demonstration meist verbunden» sei.[89] In Konsequenz der vom GBHZ entwickelten Rechtsprechung zur Schadensersatzpflicht bei Demonstrationsschäden gemäß § 830 Abs. 1 BGB sind bei der praktischen Umsetzung und juristischen Konkretisierung der hier entwickelten Grundsätze von verschiedenen Unter- bzw. Obergerichten die haftungsbegründenden Tatbeiträge von Demonstranten auf immer schwächere Formen der Beteiligung erstreckt worden. Beispielhaft sind hier die in der «Dokumentation zum Demonstrationskostenrecht»[90] ausführlich wiedergegebenen Entscheidungen des Landgerichts Hannover zur Grohnde-Demonstration (Urteil vom 10. 7. 1980)[91], des Oberlandesgerichts Karlsruhe zu den Heidelberger Straßenbahndemonstrationen (Urteil vom 23. 6. 1978 – Begonienfall[92], Urteil vom 28. 11. 1979 – Oberverwaltungsratsbeinbruch[93]; Urteil vom 2.7.1980 – Hurrleverfahren[94] und des Oberlandesgerichts Hamm (Urteil vom 2.10.1978 – Polizistensturz[95]) zu nennen, in denen in Verkehrung der den Grundrechten eigenen ratio, daß die Vermutung für eine legitime Inanspruchnahme von politischen Freiheitsrechten gemäß dem Grundsatz in dubio pro libertate spricht, nunmehr die Begründungspflicht für die Berechtigung zur Ausübung des Grundrechts der Versammlungsfreiheit den Demonstranten auferlegt wird. Der Staat erteilt die Lizenz für die ihm genehmen Aktionsformen politischen Protestes, wenn die Toleranzgrenzen zulässiger Demonstrationen vom Oberlandesgericht Karlsruhe wie folgt definiert werden: «Wäre mit der Aufforderung zum Demonstrieren nur ein öffentlicher Protest bezweckt gewesen, dann hätte eine ein- bis zweistündige Kundgebung und die vorherigen Informationen der Nachrichtenmedien genügt. Die Tatsache, daß die Demonstrationen sich jedoch über eine Woche hinweg erstreckten und der Einsatz der Polizei die Demonstranten nicht davon abhielt, wieder auf die Straße zu gehen, beweist, daß man auf einen friedlichen Verlauf keinen Wert legte und die Konfrontation suchte.»[96]

d) Versammlungsrecht

Soweit die Rechtsprechung sich mit der *versammlungs- und polizeirechtlichen Dimension* der Demonstrationsfreiheit auseinanderzusetzen hatte, ist die Tendenz unverkennbar, den Kompetenzspielraum der Polizei zu stärken. Die Palette reicht hier von dem der Polizei eingeräumten Ermessen, ob sie gegen eine Demonstration vorgehen will, bis hin zum Totalverbot einer Großdemonstration gegen Kernkraftwerke u. a. wegen nicht zumutbarer «Belästigungen» der Anwohner des Demonstrationsgebietes.

aa) Die Frage, ob die Polizei eine *gewaltförmig verlaufende Demonstration auflösen* muß, hatte das Oberlandesgericht Celle aus Anlaß einer Staatshaftungsklage des hannoverschen Straßenbahnunternehmens (UESTRA) gegen das Land Niedersachsen zu entscheiden.[97] Anknüpfend an die Läpple-Entscheidung des BGH[98] geht das OLG Celle von der Rechtswidrigkeit der aus Anlaß von Protestaktionen gegen Fahrpreiserhöhungen durchgeführten Straßenbahnblockaden aus, sieht aber gleichwohl in dem Verhalten der Polizei, insbesondere darin, daß sie untätig geblieben ist, keine Amtspflichtverletzung, weil es grundsätzlich im Rahmen des polizeilichen Ermessens liege, ob und mit welchen Mitteln sie bei Vorliegen eines polizeiwidrigen und gefahrdrohenden Zustandes eingreife.[99] In Auseinandersetzung mit der höchstrichterlichen Rechtsprechung des Reichsgerichts[100] und des Bundesgerichtshofes[101], die eine Verpflichtung der Polizei zum Einschreiten annehmen, «wenn es sich um die Abwendung einer unmittelbaren Gefahr für wesentliche Rechtsgüter» handelt, entwikkelt der Senat eine vermittelnde Position, um der Polizei entsprechend dem Sinn der polizeilichen Generalklausel des § 1 Nds. SOG ein «elastisches und geschmeidiges Reagieren nicht unmöglich» zu machen.[102] Im Hinblick auf «die neuen Methoden der Repression mit politischem Einschlag» – beispielsweise die «Bildung von Untergrundgruppen, die Entführung von Diplomaten, die Luftpiraterie» erscheine es unmöglich, der Polizei für das Einschreiten zwingende starre Grenzen unter Ausschluß jeglichen Ermessens zu ziehen. Sofern in Ausnahmesituationen ein polizeiliches Handeln unerläßlich erscheine, sei in concreto zu prüfen, ob ein «Einschreiten mit vertretbaren Mitteln möglich und erfolgversprechend» sei. Dagegen knüpft das Verwaltungsgericht Berlin[103] die Verpflichtung der Polizei zum Einsatz an wesentlich engere Voraussetzungen an. In einer Entscheidung vom 6. 4. 1981 führt es aus, daß zum Schutz «höchster Rechtsgüter» bei einer drohenden schwerwiegenden Gefahr für die Allgemeinheit bzw. einen einzelnen Bürger oder wenn der Eintritt eines erheblichen Schadens mit großer Wahrscheinlichkeit zu erwarten sei, das Entschließungsermessen eingeschränkt werden könne.[104] Zu den «höchsten Rechtsgütern», die einen unbedingten Schutz durch die Polizei verlangten, zählt es «grundsätzlich nur das Recht auf Leben und körperliche Unversehrtheit des einzelnen, nicht dagegen bloßes Sacheigentum», weshalb die Entscheidung über die Räumung eines besetzten Hauses im Rahmen der angestrebten politischen Lösung von der Exekutive nach deren Billigkeits- und Zweckmäßigkeitserwägungen zutreffend gewesen sei.[105]

bb) Unter dem Gesichtspunkt der Abwendung einer «unmittelbaren Gefährdung der öffentlichen Sicherheit und Ordnung» hat die Rechtsprechung das *Verbot von Gegendemonstrationen* für Rechtens erklärt, die von der politischen Linken gegen Wahlveranstaltungen der extremen Rechten organisiert worden sind. Das Oberverwaltungsgericht Bremen hat z. B. in seinem Urteil vom 3. 9. 1971[106] eine Verbotsverfügung, die sich gegen eine von den Jungsozialisten gegen eine NPD-Wahlveranstaltung beabsichtigte Protestkundgebung richtete, gemäß § 15 Abs. 1 VerG für rechtmäßig gehalten, weil die Gefahr gewaltsamer Auseinandersetzungen zwischen den Teilnehmern beider Veranstaltungen drohte und damit mit dem Eintritt einer «Störung mit an Sicherheit grenzender Wahrscheinlichkeit in allernächster Zeit» zu rechnen gewesen sei. Da andererseits die NPD bei der Wahrnehmung ihres verfassungsmäßigen Versammlungsrechts nicht als sogenannter Zweckveranlasser anzusehen sei, sei Störer der Veranstaltung die Gegendemonstration. Schließlich könne derjenige sich nicht auf das Grundrecht der Versammlungsfreiheit berufen, der eine «Demonstration» veranstaltet, um durch die bewußte Einkalkulation von Gewalt gegen Menschen und Sachen Versammlungen des politischen Gegners zu unterbinden, die verfassungs- und gesetzmäßig sind.[107]

cc) Auch ohne eine bisher vorliegende gesetzliche Grundlage für eine *Vorbeugehaft von Demonstranten* hat das Verwaltungsgericht Würzburg eine im Ergebnis vergleichbare Praxis der bayrischen Polizei unter dem polizeirechtlichen Etikett notwendiger präventiv-polizeilicher Maßnahmen in einem Urteil vom 2. 4. 1980[108] gutgeheißen. Hiernach soll die Polizei rechtmäßig gehandelt haben, als sie mit dem Bus anfahrende Demonstranten nach Erlaß eines Demonstrationsverbots in Brokdorf am 19. 2. 1977 an einer Kontrollstelle an der Bundesautobahn Würzburg–Fulda eine ganze Nacht festhielt und damit die Beteiligung an der vorgesehenen Demonstration am 19. 2. 1977 gegen den Bau des Kernkraftwerkes Brokdorf unmöglich machte, obwohl die Gruppe erklärtermaßen im Fall der Aufrechterhaltung des Verbots an einer alternativ angekündigten und genehmigten Demonstration in Itzehoe am gleichen Tag mit der gleichen politischen Zielsetzung teilnehmen wollte. Der offensichtliche Eingriff in die Ausübung des Grundrechts der Versammlungsfreiheit hindert das Verwaltungsgericht Würzburg nicht, die nächtliche Polizeiverfügung allein unter polizeirechtlichen und nicht unter versammlungsrechtlichen Gesichtspunkten zu beurteilen, weil es sich ungeachtet des Zusammenhangs mit dem Versammlungsziel nicht um Maßnahmen zur Erfüllung von Aufgaben im Bereich des Versammlungswesens, sondern um eine «atypische» polizeiliche Maßnahme gehandelt habe, die im Rahmen der allgemeinen polizeilichen Aufgabenerfüllung liege.[109] Die der Polizei nach dem bayrischen Polizeiaufgabengesetz[110] übertragene Aufgabe, Gefahren abzuwehren, die der öffentlichen Sicherheit und Ordnung drohen, rechtfertige im Einzelfall auch die «atypische Maßnahme»[111] des präventivpolizeilichen Eingriffs in die Rechte von Personen. Präventivpolizeiliches Handeln müsse sich aber hinsichtlich der «Auswahl der für die Abwehr der Gefahr zur Verfügung stehenden Mittel an dem potentiellen Geschehensablauf orientieren, der die größte Störung der öffentlichen Sicherheit und Ordnung darstellen könnte»[112].

Dies läuft im Ergebnis auf eine Blankovollmacht für die Polizei hinaus, die Wahrnehmung des Grundrechts der Versammlungsfreiheit auch für friedliche Demonstrationen zu unterbinden. Denn für das Verwaltungsgericht Würzburg ist es unerheblich, daß zur fraglichen Zeit eine unter Auflagen genehmigte Demonstration als ‹Ausweichveranstaltung› in Itzehoe vorgesehen war, weil die Polizei nach den ihr vorliegenden Erkenntnissen von einer ganz erheblichen ‹Anscheinsgefahr› ausgehen konnte, daß trotz Verbots der Demonstration in in Brokdorf mit gewalttätigen Demonstrationen gerechnet werden müsse.[113] Außerdem habe entgegen der erklärten Absicht der Businsassen, nur an genehmigten und friedlichen Demonstrationen – sei es Brokdorf, sei es in Itzehoe – teilzunehmen, unter dem Gesichtspunkt der Vorausschau nicht ausgeschlossen werden können, daß «es sich möglicherweise doch um potentielle gewalttätige Demonstranten handeln könnte»[114]. Daß das nach der herrschenden Meinung polizeifeste Grundrecht der Versammlungsfreiheit auf diese Weise trotz der Verbotsschranken des Art. 19 Abs. 2 GG in seinem Wesensgehalt angetastet wird, nimmt das Verwaltungsgericht nicht zur Kenntnis: Es hält vielmehr die praktizierte vorbeugende Sistierung nicht nur für erforderlich, zumal sie für die Businsassen nicht übermäßig belastend oder unzumutbar gewesen sei, sondern sieht in dem ‹verteilten› Einsatz gegen die in Einzelgruppen anreisenden Demonstranten unter den gegebenen Umständen sogar in besonderem Maß den Grundsatz der Verhältnismäßigkeit gewahrt, «weil er jeweils nur wenige einzelne betraf und ... aus der maßgebenden damaligen Sicht der Polizei ein Einschreiten und die Anwendung unmittelbaren Zwangs gegen die Masse an einem Ort versammelter Personen vermieden werden konnte»[115].

dd) Das Bemühen, Großdemonstrationen durch ein *Totalverbot* außerhalb der Legalität zu stellen, haben staatliche Instanzen aus Anlaß der am 28.2.1981 durchgeführten Protestaktionen gegen das Kernkraftwerk in Brokdorf in besonders drastischer Weise erkennen lassen. Die massenhafte Wahrnehmung der Aktivbürgerrechte der Versammlungs- und Meinungsfreiheit wird vom Staat bei Demonstrationen dieses Umfangs radikal in Frage gestellt, wenn die politische Zielsetzung mit den von den etablierten staatstragenden Parteien vertretenen Auffassungen nicht mehr in Einklang zu bringen sind und die Parteien deshalb ihren eigenen Monopolanspruch als Adressat und Vermittlungsinstanz politischer Interessen und Desiderate gefährdet sehen.[116] Die öffentliche Kontroverse über Strategien der Energieversorgung für die Bundesrepublik hat inzwischen den Charakter einer «Schicksalsfrage» angenommen, an der sich erweisen kann, ob unser politisches und gesellschaftliches System noch in der Lage ist, Fragen von existentieller Bedeutung für die Zukunft der Bevölkerung anders als durch bewußte Einkalkulation des GAU lösen zu können. Das vom Landrat des Landkreises Steinburg ausgesprochene und von der schleswig-holsteinischen Landesregierung unterstützte Verbot jeglicher Demonstrationen in der Wilster Marsch für die Zeit vom 27. Februar bis zum 1. März 1981 machte die Wilster Marsch faktisch zum Polizeigebiet, in dem die Grundrechte der Versammlungs- und Meinungsfreiheit sowie der Freizügigkeit nach Maßgabe polizeilicher Opportunität außer Kraft gesetzt werden konnten. Praktisch bedeutet dies die Ausrufung eines Ausnahme- und Belagerungszustandes über einen Teil der Bundesrepublik, der weder im Grundgesetz noch im Versammlungsgesetz, noch im schleswig-holsteinischen Polizeigesetz eine Ermächtigungsgrundlage findet. Bis zuletzt blieb für Zehntausende Demonstranten unklar, ob sie sich an einer verfassungsrechtlich durch Art. 5 und Art. 8 GG verbürgten, verwaltungsbehördlich verbotenen, verwaltungsgerichtlich genehmigten, oberverwaltungsgerichtlich erneut untersagten, vom Bundesverfassungsgericht ebenfalls verbotenen oder schließlich polizeilich zugelassenen Demonstration beteiligt hatten. Das Verwaltungsgericht Schleswig hatte in seiner Eilentscheidung im Verfahren nach § 80 Abs. 5 VwGO vom 27. 2. 1981[117] mit räumlich genau gekennzeichneten Einschränkungen (Brokdorf und Umgebung) die Wiederherstellung der aufschiebenden Wirkung des Widerspruchs gegen das Demonstrationsverbot unter anderem mit Zweifeln an der Beachtung des Verhältnismäßigkeitsgrundsatzes begründet.[118]

Die gegen die Baueinrichtungen und insbesondere gegen den um das künftige Kernkraftwerk gezogenen Bauzaun angekündigten Gewaltaktionen rechtfertigen nach seinem Dafürhalten nicht die Annahme, daß es an anderen Orten zu Ausschreitungen, insbesondere zu Gewaltanwendungen gegen Personen und Sachen kommen werde.[119] Es stellte im Gegenteil bei der Wertung der widerstreitenden Interessen auf den hohen Stellenwert des Grundrechtes der Versammlungsfreiheit ab, dem für das demokratische Leben fundamentale Bedeutung zukomme. Zu Recht ging es davon aus, daß die bloße Möglichkeit und der Hinweis auf frühere Ausschreitungen anläßlich einer Demonstration in Hamburg für die Aufrechterhaltung der sofortigen Vollziehung des Verbots nicht ausreichte, weil «mit dieser Begründung ... sich jede Demonstration untersagen» ließe.[120] Demgegenüber bekräftigte das OVG Lüneburg am gleichen Tag in zweiter Instanz die sofortige Vollziehung des absoluten Demonstrationsverbots, weil die angekündigte Demonstration als eine unmittelbare Gefährdung der öffentlichen Sicherheit und Ordnung in der Wilster Marsch angesehen werden müsse.[121] Der Senat äußerte Zweifel, «ob eine Demonstration des beabsichtigten Umfangs von den Regeln des Versammlungsgesetzes in der gegenwärtig geltenden Fassung, selbst wenn sie beachtet werden, überhaupt erfaßt werden kann»[122]. Er merkt an, daß die geplante Massendemonstration, deren Konzeption und Organisation den zuständigen Behörden nicht auf dem dafür vorgeschriebenen gesetzlichen Weg bekannt geworden sei[123], in dieser in ihrem Ablauf nicht abschätzbaren Form für die im Demonstrationsraum ansässigen Menschen und ihren Besitz eine in ihren Ausmaßen ungewisse Gefährdung bedeute, vor der sie geschützt werden müßten.[124] Mit Rücksicht auf die möglicherweise Aggressionen fördernde Nähe des Bauplatzes hätte zwischen Behörde und Veranstalter erörtert werden müssen, «ob die Großdemonstration statt auf den Feldern und Wegen sowie in den kleinen Ortschaften des jetzt vorgesehenen Demonstrationsgebietes nicht an einem geeigneteren Ort durchgeführt werden sollte. Dafür hätten Großstadien und andere für Massenveranstaltungen geeignete Räume der ganzen Bundesrepublik Deutschland vorgeschlagen und ohne Gefahr einer Beeinträchtigung des beabsichtigten nachhaltigen Ausdrucks der Demonstrationsabsicht gewählt werden können.»[124a]

Die dem größten Teil der Demonstrationsteilnehmer attestierte Absicht, «in friedlicher Weise ihrer Überzeugung Ausdruck geben (zu) wollen», reichte nach Ansicht des Oberverwaltungsgerichts für die Wahrnehmung des Grundrechts der Versammlungsfreiheit nicht aus. Es verlangte vielmehr von der «großen und gewiß überwiegenden Zahl der gutwilligen Demonstranten» die Garantie, die diese nicht geben könnten, daß «die kleineren, der Zahl nach aber doch umfangreichen Gruppen von ihren Aktionen abgehalten werden könnten»[125]. Implizit wurde auf diese Weise die dem Staat verfassungsrechtlich zugewiesene Garantenstellung für die Sicherung der Freiheitsausübung auf den Bürger übergeleitet, und zwar mit Hilfe des Modells einer Gesamtverantwortung aller Demonstranten für das Verhalten jedes einzelnen Demonstranten.

Das Bundesverfassungsgericht schloß sich in seiner Entscheidung vom 28.2.1981[126] über die Verfassungsbeschwerde gegen die Entscheidung des OVG Lüneburg zwar in einer summarischen Prüfung der Auffassung an, daß für den Raum Wilster von einer unmittelbaren Gefahr für die öffentliche Sicherheit und Ordnung ausgegangen werden müsse, kündigte zugleich aber eine nähere Prüfung im Hauptsacheverfahren an, ob das beanstandete Demonstrationsverbot mit der Verfassung in Einklang stehe.[127]

Zur juristischen Nachbereitung dieser Demonstration gehörte der gegen den Sprecher des Bundesverbandes für Umweltinitiativen, Jo Leinen, durchgeführte Prozeß wegen des Strafvorwurfs der unerlaubten Durchführung einer nicht angemeldeten Demonstration, der am 22.12.1982 insoweit mit einem Freispruch des Landgerichts Itzehoe[128] endete, weil Leinen weder als Leiter noch als Veranstalter der Großkundgebung anzusehen sei.

e) Demonstrationsgesetzgebung

Unbestreitbar hat das Grundrecht der Demonstrationsfreiheit seit der Studentenbewegung eine ungeahnte Renaissance erfahren, die auch während der 70er Jahre sich ungebrochen fortsetzte. Nicht nur die Formen von Demonstrationen haben sich vielfältig differenziert, auch ihre Häufigkeit hat in einem Ausmaß zugenommen, daß sie inzwischen zum politischen Alltag der Bundesrepublik gehören: «Waren es 1970 1380, so zählte man 1975 bereits 3397 und 1981 schließlich 5722. Unfriedlich verliefen von diesen Demonstrationen – folgt man der polizeilichen Klassifikation – bis auf das Jahr 1971 weniger als 10 Prozent, bei eher rückläufiger Tendenz in der zweiten Hälfte der siebziger Jahre (1981: 6,1%).»[129] Wir haben bislang skizziert, wie insbesondere die Rechtsprechung zum Demonstrationsstraf-, -schadens- und -kostenrecht sowie zum Versammlungsrecht auf diese Entwicklung reagiert hat: Mit einer Differenzierung des Sanktionspotentials und einer Ausweitung und Vorverlagerung der tatbestandlichen Anknüpfungspunkte für monetäre wie strafrechtliche Repressionsmaßnahmen.

aa) Die *Ära der sozial-liberalen Koalition* nach der Liberalisierung des Demonstrationsstrafrechts 1970

Gesetzliche Einschränkungen der Demonstrationsfreiheit blieben dagegen unter der Herrschaft der sozialliberalen Regierungskoalitionen bis zum Herbst 1982 die Ausnahme: Zu nennen sind:

- die durch das 14. Strafrechtsänderungsgesetz vom 22.4.1976[130] vorgenommene Ausweitung und Verschärfung politischer Straftatbestände, wie die Einführung des inzwischen aufgehobenen § 88a StGB (verfassungsfeindliche Befürwortung von Straftaten) und § 130a StGB (Anleitung zu Straftaten) sowie die Änderung des § 140 StGB (Belohnung und Billigung von Straftaten), die auch die in einer Versammlung erfolgenden Kundgebungen diesbezüglicher Art unter Strafe stellen, sowie
- die Änderung des § 2 Abs. 3 VersG durch Gesetz von 25.9.1978[131], die das Verbot, in öffentlichen Versammlungen ohne behördliche Ermächtigung Waffen mit sich zu führen, auch auf solche Gegenstände erstreckte, die zur Beschädigung von Sachen (und nicht nur zur Verletzung von Personen) bestimmt und geeignet sind. Dieses Verbot erstreckt sich auch darauf, solche Gegenstände (Waffen «technischer» und «nichttechnischer» Art) «auf dem Weg zu öffentlichen Versammlungen oder Aufzügen mit sich zu führen, zu derartigen Versammlungen hinzuschaffen oder sie zur Verwendung bei derartigen Veranstaltungen bereitzuhalten oder zu verteilen».

Damit wurde die gesetzliche Ermächtigungsgrundlage für eine polizeiliche Praxis geschaffen, die in den vergangenen Jahren insbesondere bei Großdemonstrationen – auch wenn sie angemeldet und nicht verboten worden waren – immer wieder zu beobachten war: Das weiträumige Abschirmen des Demonstrationsortes und die Errichtung polizeilicher Kontrollstellen auf Straßen, Autobahnen, gar auf Eisenbahnlinien, um die anreisenden mutmaßlichen Demonstrationsteilnehmer auf das Mitführen solcher Gegenstände zu untersuchen und diese gegebenenfalls zu beschlagnahmen. Die gesetzliche Formulierung eröffnet hier einen schier unabsehbaren Beurteilungs- und Handlungsspielraum: Nicht nur Messer und Schlagwerkzeuge, auch Eier, Tomaten und Farbbeutel, gar Butterbrote[132], aber ebenso die notwendigen Warn-, Schutz- und Reparaturgeräte für das Kraftfahrzeug wie Feuerlöscher, Ersatzkanister oder Wagenheber und Schraubenschlüssel können als Gegenstände angesehen werden, die zur Beschädigung von Sachen jedenfalls geeignet sind. Zwar wird es selten zu einer Verurteilung nach dieser Vorschrift des § 3 Abs. 2 VersG kommen, weil der Nachweis regelmäßig schwer zu führen sein wird, daß diese Gegenstände nach dem Willen des Versammlungsteilnehmers hierzu auch bestimmt waren, also zu Sachbeschädigungen tatsächlich verwendet werden sollten: Doch darauf, auf eine allgemeine Erhöhung der Deliktsrate, kam es dem Gesetzgeber offenbar in erster Linie keineswegs an, sondern auf die Ausdehnung der präventiven Eingriffsbefugnisse der Polizei zu demonstrativen Abschreckungszwecken, die auch zur nachträglichen Legitimation etwaiger massiver Polizeieinsätze verwendet werden kann – durch das publikumswirksam aufbereitete Vorzeigen beschlagnahmter Gegenstände, ganzer «Waffenlager».

Doch die von Rechtsprechung und Gesetzgebung vorgenommenen Einschränkungen der Versammlungsfreiheit in den 70er Jahren gingen den damaligen Oppositionsparteien der CDU und CSU längst nicht weit genug:

«Der Mißbrauch des Demonstrationsrechts zu gewalttätigen Auseinandersetzungen wird immer unerträglicher.» [133] Mit dieser Standardformel verfolgt die CDU / CSU seit Jahren hartnäckig das Ziel, das – mit den Worten des CDU-Abgeordneten Dr. Miltner – «berüchtigte Erstlingswerk» [134] der sozialliberalen Koalition, nämlich die Liberalisierung des Demonstrationsrechts rückgängig zu machen. In den vergangenen drei Legislaturperioden hat sie nicht weniger als fünf entsprechende Gesetzesvorlagen [135] in den Bundestag eingebracht, die zwar sämtlich am Widerstand der SPD / FDP-Koalition gescheitert sind, aber dennoch nicht ohne die beabsichtigte propagandistische Wirkung blieben, dem politschen Gegner die Verantwortung für gewaltsame Auseinandersetzungen im Rahmen von Demonstrationen anzulasten. Das gleiche Ziel verfolgte sie mit der Einsetzung parlamentarischer Untersuchungsausschüsse in Bremen sowie im Bundestag nach den sogenannten «Bremer Bundeswehrkrawallen» vom 6. 5. 1980 [136] sowie mit der Parlamentsdebatte und Abstimmung am Vortag der Friedensdemonstration in Bonn vom 10. 10. 1981. [137]

Im Zentrum der Forderungen der CDU / CSU nach einer gesetzlichen Einschränkung des Versammlungsrechts standen die Ermächtigung zur erleichterten Auflösung von Ausländerversammlungen, das

Verbot der Vermummung und sogenannten passiven Bewaffnung (z. B. das Tragen von Schutzkleidung, Helmen oder Gasmasken) und die Verschärfung des Landfriedensbruchsparagraphen des § 125 StGB. Unterstützung fand sie dabei zunächst beim Deutschen Richterbund, der in einer Erklärung vom November 1981[138] die Wiederherstellung des alten Landfriedensbruchsparagraphen im Prinzip – wenn auch mit gewissen Modifikationen – befürwortet, ferner beim Berliner Polizeipräsidenten Hübner (SPD), der im Frühjahr 1982 einen eigenen – im wesentlichen in die gleiche Richtung zielenden – Entwurf zur Änderung des Landfriedensbruchsparagraphen vorlegte.[139]

Reiner Geulen

Die Inanspruchnahme von Demonstranten für Kosten polizeilicher Einsätze

Vorbemerkung

Nachdem die Zivilgerichte in der Vergangenheit Schadensersatzansprüche bei nicht-friedlichen Demonstrationen gegenüber solchen Demonstrationsteilnehmern bejaht hatten, denen selbst Gewalttätigkeiten nicht vorgeworfen wurden[1], sind nunmehr einige Bundesländer dazu übergegangen, auf Grund landesgesetzlicher Regelungen eine Erstattung der Polizeieinsatzkosten zu verlangen. Geltend gemacht wird in diesen Fällen nicht der Ersatz eines entstandenen Schadens, sondern vielmehr die Erstattung der Kosten für den Polizeieinsatz, und zwar auch dann, wenn dieser gegenüber einer friedlichen Demonstration erfolgte.[2] Die Höhe der beanspruchten Kosten umfaßt zum Teil mehrere Millionen DM. Obwohl gegen die entsprechenden Leistungsbescheide, die die Betroffenen gesamtschuldnerisch in Anspruch nehmen, eine Vielzahl von Klagen anhängig ist, liegt eine höchstrichterliche Rechtsprechung bisher nicht vor. In der juristischen Literatur sind die wesentlichen Probleme der neuen Regelung zum Teil heftig umstritten.[3] Im folgenden wird die bisher wenig behandelte Frage erörtert, ob die landesrechtlichen Gebührenregelungen auf Teilnehmer von Demonstrationen im Sinne des Artikels 8 Abs. 1 GG anwendbar sind.[4]

1. Verletzung des Verfassungsgrundsatzes der Verhältnismäßigkeit

In der juristischen Literatur wird von einigen Autoren vertreten, daß eine Inanspruchnahme für Kosten polizeilicher Einsätze rechtlich grundsätzlich ausgeschlossen ist.[5] Gebührenerhebungen dürften grundsätzlich nur dazu dienen, spezielle Staatstätigkeiten zu finanzieren, doch sei die polizeiliche Tätigkeit keine spezielle, sondern eine grundlegende Staatsaufgabe und daher nicht gebührenpflichtig. Die doppelte Deckung dieser Kosten durch Steuern und Gebühren widerspreche dem Rechtsstaatsprinzip.

Selbst wenn man diese Auffassung nicht teilt, ergeben sich jedoch verfassungsrechtliche Bedenken aus dem Grundsatz der Verhältnismäßigkeit, der bei der Erhebung von Gebühren und Kosten in besonderem Maße zu beachten ist.[6] So haben insbesondere Kühling und Schenke darauf hingewiesen, daß wegen der hohen Aufwendungen bei Polizeieinsätzen durch eine Inanspruchnahme des einzelnen der Verhältnismäßigkeitsgrundsatz und das damit einhergehende Übermaßverbot verletzt sein können.[7] Das Bundesverfassungsgericht schließlich hat in ständiger Rechtsprechung ausgeführt, daß der Gesetzgeber bei der Festlegung von Kosten und Gebühren zwar einen weiten Entscheidungs- und Gestaltungsspielraum hat, daß sich jedoch «materiell-verfassungsrechtliche Grenzen» ergeben können, etwa im Hinblick auf die Auswirkung, die eine Gebühr auf die Wahrnehmung von Grundrechten hat:

> «Allgemeine Grenzen ergeben sich insbesondere aus dem Gleichheitssatz des Artikels 3 Abs. 1 GG sowie aus dem Grundsatz der Verhältnismäßigkeit (im engeren Sinne), demzufolge die mit der Gebührenregelung verfolgten Zwecke nicht außer Verhältnis zu der dem Bürger auferlegten Gebühr stehen dürfen. Dabei sind alle mit einer Gebührenregelung verfolgten verfassungsrechtlich zulässigen Zwecke als Abwägungsfaktoren in die Verhältnismäßigkeitsbetrachtung einzubeziehen.»[8]

Betrachten wir zur «Abwägung» zwischen der staatlichen Leistung (der polizeilichen Amtshandlung) und dem durch sie verfolgten Zweck ein konkretes Beispiel. Die Bezirksregierung Lüneburg nimmt gegenwärtig durch Leistungsbescheide die Teilnehmer einer Versammlung vom 4. 6. 1980 in einem Wald- und Forstgebiet bei Gorleben in Anspruch. Dort sollte eine Bohrung zur Erkundung des Gorlebener Salzstockes auf seine Eignung als Bundesendlager für abgebrannte Brennelemente niedergebracht werden. Eine größere Zahl von Personen hatte in diesem Bereich Holzhütten errichtet, die am 4. Juni 1980 geräumt wurden. Straftaten wurden den Platzbesetzern zu keinem Zeitpunkt vorgeworfen, insbesondere nicht der Tatbestand des Hausfriedensbruchs, da es sich um ein allgemein zugängliches Wald- und Forstgebiet handelte. Als Grund der Räumung geben die Leistungsbescheide insbesondere an, daß «Bestimmungen des Gesetzes über die Ordnung in Feld und Forst und der Niedersächsischen

Bauordnung verletzt (waren), so daß eine Störung der öffentlichen Sicherheit und Ordnung vorlag, deren Beseitigung zur Vermeidung weiterer Rechtsverstöße erforderlich war».[9]

Zur Verfolgung dieses Zwecks werden u. a. folgende Gebühren geltend gemacht:

30 Pferde × 9 Std. à 12,– DM	3240,– DM
16 Hunde × 9 Std. à 5,– DM	720,– DM
1 Hubschrauber × 12½ Std. à 800,– DM	10000,– DM
Kfz-Kosten	130956,80 DM
Fotomaterial	25946,11 DM
Geschirr	1342,30 DM
Anfahrtkosten	472112,– DM

Hinzu kommen Einsatzkosten für Polizeibeamte aus mehreren Ländern der Bundesrepublik sowie des Bundesgrenzschutzes, für die im einzelnen gemäß dem Gebührenverzeichnis zu § 1 der Niedersächsischen Polizeigebührenverordnung eine stundenmäßige Auflistung erfolgt. Die Gesamtsumme der Gebühren für diesen Einsatz beträgt 2762728,25 DM.[10] Die Gebühren werden gesamtschuldnerisch geltend gemacht, d. h. daß jeder einzelne grundsätzlich für die gesamte Gebühr in Anspruch genommen werden und auf den Rückgriff gegen andere Demonstrationsteilnehmer verwiesen werden kann.

Selbst wenn man unterstellt, daß die Teilnahme an der Kundgebung eine Ordnungswidrigkeit gewesen wäre, erscheint es als offenkundig, daß eine solche Gebührenregelung den Verhältnismäßigkeitsgrundsatz und das Übermaßverbot verletzt. Der Zweck der Amtshandlung – insbesondere die angenommene Verletzung von Bestimmungen des Gesetzes über die Ordnung in Feld und Flur und Forst – steht «außer Verhältnis zu der dem Bürger auferlegten Gebühr».

Betrachtet man die Gebührenregelung darüber hinaus unter dem Gesichtspunkt der von den Demonstrationsteilnehmern wahrgenommenen Grundrechte der Meinungsfreiheit (Artikel 5 Abs. 1 GG) und der Versammlungsfreiheit (Artikel 8 Abs. 1 GG)[11], so ergibt sich eine weitere Verletzung des Verhältnismäßigkeitsgrundsatzes hinsichtlich dieser Grundrechte. Es ist in Rechtsprechung und Literatur anerkannt, daß Gebührenregelungen nicht zu einer wesentlichen Erschwerung der Grundrechtswahrnehmung führen dürfen.[12] Wenn daher in der Literatur teilweise vertreten wird, zu den zitierten Regelungen in Niedersachsen und Baden-Württemberg ließe «sich nicht sagen, daß die landesrechtlichen Gebührenregelungen ins Gewicht fallende Auswirkungen auf die Ausübung der Versammlungs- und Demonstrationsfreiheit»[13] hätten, so kann dies angesichts des unüberschaubaren Kostenrisikos bei der Teilnahme an solchen Demonstrationen kaum nachvollzogen werden.

2. Verletzung des Grundrechts der Versammlungsfreiheit (Artikel 8 Abs. 1 GG)

Soweit Einsatzkosten (Gebühren) gegenüber den Teilnehmern von Demonstrationen erhoben werden, bestehen ferner verfassungsrechtliche Bedenken aus Artikel 8 Abs. 1 GG, der das Recht garantiert, «sich ohne Anmeldung oder Erlaubnis friedlich und ohne Waffen zu versammeln». Es sei zunächst daran erinnert, daß das Grundrecht der Demonstrationsfreiheit im Zusammenhang mit der Meinungsfreiheit, der Vereinigungsfreiheit und dem Demokratieprinzip (Artikel 5, 9, 20 GG) interpretiert und als «demokratisches Grundrecht» angesehen wird, das ein «unverzichtbares Mittel einer aktiven Demokratie» ist.[14] Allgemein werden die grundrechtsimmanenten Vorbehalte des «friedlichen» Versammelns «ohne Waffen» eng ausgelegt[15] und demgegenüber in weiter Auslegung des Grundrechtsschutzes eine Schutzpflicht des Staates für Versammlungen unter freiem Himmel anerkannt.[16]

Geht man bei der Auslegung der Grundrechtsschranke des Artikels 8 Abs. 2 GG mit der herrschenden Meinung von der Wechselwirkungstheorie des Bundesverfassungsgerichts aus, derzufolge die Grundrechtsschranke «im Lichte des Grundrechts» zu interpretieren ist[17], so ergibt sich durch die Gebührenregelung eine doppelte Einschränkung des Grundrechts der Demonstrationsfreiheit. Zunächst liegt eine Grundrechtseinschränkung in den polizeilichen Maßnahmen gegenüber der Versammlung und ihren Teilnehmern; diese Maßnahmen müssen nicht nur polizeirechtlich, sondern vielmehr «im Lichte des Grundrechts» des Artikels 8 Abs. 1 GG rechtmäßig sein. Zweitens scheint mir offenkundig zu sein, daß die darüber hinausgehende Inanspruchnahme für polizeiliche Einsatzkosten eine weitere Einschränkung des Grundrechts aus Artikel 8 Abs. 1 GG ist, da der materielle Gewährleistungsbereich nicht durch Verbote, Verfügungen, Auflagen etc. gemäß § 15 VersammlG, sondern durch eine finanzielle Haftung des Versammlungsteilnehmers – gegebenenfalls in größerem Ausmaß – eingeschränkt wird. Die Inanspruchnahme eines Demonstrationsteilnehmers für Einsatzkosten ist mithin nicht schon dann rechtmäßig, wenn der polizeiliche Einsatz selbst (z. B. die Auflösung der Versammlung) rechtmäßig war, sondern bedarf einer darüber hinausgehenden Rechtfertigung aus dem Gesichtspunkt des Artikels 8 Abs. 1 GG.

Hieraus ergeben sich folgende Konsequenzen:

a) Soweit gegen Demonstrationen nicht mit unmittelbarem Zwang polizeilich vorgegangen wird bzw. soweit polizeiliche Maßnahmen rechtswidrig waren, ist die Erhebung von Gebühren gegenüber Demonstrationsteilnehmern, Veranstaltern, Leitern etc. unzulässig. Zwar können in mehreren Bundesländern Veranstalter privater Veranstaltungen unter bestimmten Voraussetzungen zum Ersatz von Polizeikosten herangezogen werden[18], doch gelten diese Regelungen – trotz ihres allgemeinen Wortlautes – nicht für Grundrechtsausübungen, die sozialen, wissenschaftlichen, religiösen oder politischen Zielsetzungen dienen; insbesondere ist jegliche Kostenerstattung für Demonstrationen unzulässig. Diese Auffassung wird in der Literatur – soweit ersichtlich – einstimmig vertreten.[19]

b) Soweit gegenüber grundrechtlich geschützten Demonstrationen und mithin Trägern des Grundrechts der Versammlungsfreiheit (Artikel 8 Abs. 1 GG) unmittelbarer Zwang ausgeübt wird, schränken die Kostenregelungen der Länder Niedersachsen und Baden-Württemberg das Grundrecht der Versammlungsfreiheit ein. Die landesrechtlichen Kostenregelungen verletzen daher das Zitiergebot des Artikels 19 Abs. 1 Satz 2 GG; während das VersammlG in § 20 diesem Gebot genügt, zitieren die bestehenden landesrechtlichen Regelungen das einschränkende Grundrecht des Artikels 8 Abs. 1 GG nicht.

c) Das möglicherweise «existenzvernichtende»[20] Ausmaß der Kostenerstattungspflicht verletzt den Wesensgehalt des Grundrechts der Versammlungsfreiheit im Sinne des Artikels 19 Abs. 2 GG. Dies gilt insbesondere für die gesamtschuldnerische Haftung der Demonstrationsteilnehmer.[21] Während Verbot und Auflösung einer Demonstration nach § 15 VersammlG die Wirkung mit ihrem einmaligen Vollzug verlieren, trifft die Kostenerstattungspflicht den Teilnehmer je nach Höhe und Ausmaß für einen längeren Zeitraum, gegebenenfalls für sein gesamtes Leben; sie trifft darüber hinaus seine Familie, insbesondere Unterhaltsberechtigte, deren Ansprüche gegenüber der Vollstreckung aus behördlichen Leistungsbescheiden in der Regel nicht privilegiert sind.

d) Schließlich ergibt sich eine Verletzung des Artikels 8 Abs. 1 GG aus der gesamtschuldnerischen Haftung der Demonstrationsteilnehmer auch deshalb, weil hierdurch der demokratische und «kollektive» Kern des Grundrechts getroffen wird. Über die Meinungsfreiheit hinaus gewährleistet Artikel 8 Abs. 1 GG das Grundrecht, gemeinsam mit anderen seinen Willen auszudrücken; gleichzeitig beinhaltet es das Verbot der Isolierung des einzelnen, der sich gemeinsam mit anderen oder innerhalb einer Gruppe äußern will.[22] Die gesamtschuldnerische Haftung der Teilnehmer bedeutet, daß von dem einzelnen Teilnehmer die gesamten Einsatzkosten oder jedenfalls ein wesentlicher Teil dieser Kosten verlangt werden kann und der Betroffene zum Ausgleich auf den Rückgriff gegenüber anderen Demonstrationsteilnehmern verwiesen wird. Haushaltsrechtlich wären die Behörden geradezu verpflichtet, diejenigen Demonstrationsteilnehmer, deren Personalien festgestellt wurden, in vollem Umfang für die gesamten Einsatzkosten haftbar zu machen und auf den Rückgriff gegen die anderen Teilnehmer zu verweisen. Dies könnte in der Konsequenz dazu führen, daß den staatlichen Leistungsbescheiden eine Vielzahl ziviler Rechtsstreite von Demonstrationsteilnehmern untereinander folgen würde. Der prozessuale Zwang zur Desolidarisierung und Isolierung der einzelnen Demonstrationsteilnehmer untereinander verletzt das Grundrecht jedes einzelnen Teilnehmers aus Artikel 8 Abs. 1 GG.

3. Vorrang strafprozeßrechtlicher Kostenregelungen

Die Rechtmäßigkeit einer Inanspruchnahme für polizeiliche Einsatzkosten ist zweifelhaft, weil sie auf landesrechtlichen Regelungen beruht[23], das entsprechende Rechtsgebiet jedoch vom Bundesgesetzgeber im Wege der konkurrierenden Gesetzgebung bereits geregelt worden ist.

Gemäß Artikel 70 GG haben die Länder grundsätzlich das Recht der Gesetzgebung. Der Bund hat jedoch auf dem Gebiet des «Strafrechts» und des «gerichtlichen Verfahrens» gemäß Artikel 74 Ziff. 1 GG die Kostenerstattungspflicht gesetzlich geregelt, und zwar insbesondere durch die §§ 464–474 StPO sowie die §§ 40–47 GKG. Hiernach ist die Kostenpflicht in doppelter Weise beschränkt. Dem Grunde nach entsteht sie gemäß § 465 StPO nur bei einer Verurteilung, während sie bei einem Freispruch oder einer Verfahrenseinstellung gemäß § 467 I StPO der Staatskasse zur Last fällt.[24] Zweitens ist die Kostenpflicht im Falle einer Verurteilung der Höhe nach begrenzt. Sie umfaßt zwar die Gebühren und Auslagen der Staatskasse einschließlich der Verfahrenskosten des Ermittlungsverfahrens (§ 464 a StP)[25], doch sind die Kosten durch das gesetzliche Kostenverzeichnis nach Art und Umfang beschränkt auf echte Auslagen, zu denen beispielsweise Dienststunden für Polizeibeamte und Gebühren für polizeiliche Einsatzfahrzeuge[26] nicht gehören.

Daß der Bundesgesetzgeber keine Kostenpflicht für polizeiliche Einsätze vorgesehen hat, bedeutet nicht, daß insofern eine Gesetzgebungszuständigkeit der Länder wieder auflebt; denn Landesgesetze sind auch dann ausgeschlossen, wenn aus einer «Gesamtwürdigung des betreffenden Normenkomplexes» entnommen werden muß, daß der Bund den Zusammenhang abschließend regeln wollte und «ergänzende Vorschriften, die der Sache nach an sich möglich wären, ausgeschlossen sein sollen»[27]. Der Bund hat in diesem Sinne durch die §§ 464 ff StPO sowie §§ 11, 40 ff GKG eine abschließende Regelung vorgenommen; auch in der einschlägigen Literatur zum Strafprozeß-, Gerichtskosten- und Ordnungswidrigkeitenrecht wird – soweit ersichtlich – nicht vertreten, daß neben diesen Bestimmungen eine Zuständigkeit des Landesgesetzgebers gegeben sein sollte.[28]

Soweit einzelne Bundesländer entsprechende Kostenregelungen vorgenommen haben, begründen sie ihre Gesetzgebungszuständigkeit folglich nicht als Ergänzung zu den strafrechtlichen Regelungen des Bundes, sondern vielmehr für den Bereich des Polizeirechts (allgemeine Gefahrenabwehr), der zur Gesetzgebungszuständigkeit der Länder gehört. Die Abgrenzung zwischen diesen beiden Tätigkeiten der Polizei – ihrer sogenannten «Doppelfunktion» – bereitet bekanntlich in der Praxis erhebliche Schwierigkeiten[29] und soll hier im einzelnen nicht erörtert werden. In diesem Zusammenhang ist lediglich von Bedeutung, daß die Sperrwirkung der bundesgesetzlichen Kostenregelung den gesamten Bereich des «Strafrechts» und des «gerichtlichen

Verfahrens» umfaßt. Beide Begriffe werden von der Rechtsprechung weit ausgelegt:

«Die Gesetzgebungskompetenz des Bundes für das ‹Strafrecht› geht auf Artikel 4 Nr. 13 der Reichsverfassung von 1871 und auf Artikel 7 Nr. 3 WRV zurück. In allen drei Verfassungen findet sich derselbe Begriff. Der Reichsgesetzgeber war nach der im staatsrechtlichen Schrifttum des Kaiserreichs und der Weimarer Zeit herrschenden Lehre kraft dieser Kompetenz befugt, auch im Bereich des Polizei- (Verwaltungs-)Strafrechts Straftatbestände zu schaffen. Es bestehen keine Anhaltspunkte dafür, daß der parlamentarische Rat dem Begriff ‹Strafrecht› einen anderen Sinn beigemessen hat als die herrschende Lehre der Weimarer Zeit.»[30]

So hat das Bundesverfassungsgericht in dieser weiten Auslegung z. B. auch das Ordnungswidrigkeitenrecht dem «Strafrecht» subsumiert.[31]

Hieraus folgt zunächst, daß sich die Sperrwirkung der bundesgesetzlichen Kostenregelung auf den gesamten Regelungsbereich des Strafrechts und Ordnungswidrigkeitenrechts bezieht, und zwar auch dann, wenn die Polizei gleichzeitig aus Gründen der Gefahrenabwehr oder der polizeilichen Prävention tätig geworden ist, da insofern eine subsidiäre Geltung von Landesrecht ausgeschlossen ist[32]; im übrigen würde die Sperrwirkung bei einem Aufleben des Landesrechts in vollem Umfang entfallen, da jeder Vorrang auf dem Gebiet des «Strafrechts» gleichzeitig eine Störung der öffentlichen Sicherheit (und Ordnung) darstellt.[33] In dem vom OVG Lüneburg entschiedenen Fall der Räumung eines besetzten Hauses war mithin eine Inanspruchnahme der Hausbesetzer verfassungsrechtlich ausgeschlossen, da Anlaß des Einsatzes der Verdacht vorliegender Straftatbestände war.[34]

Wird die Polizei demgegenüber ausschließlich zur Gefahrenabwehr tätig, unterfallen landesgesetzliche Kostenerstattungsregelungen nicht der bundesgesetzlichen Sperre. Insofern ergeben sich jedoch andere Probleme. Insbesondere Kühling und Albrecht haben diese kostenrechtliche Differenzierung unter dem Gesichtspunkt des Verhältnismäßigkeitsgrundsatzes und des Gleichbehandlungsgrundsatzes kritisiert und dies – nach meiner Auffassung überzeugend – damit begründet, daß die strenge Begrenzung der strafverfahrensrechtlichen Kostenregelung dem Straffälligen die Wiedereingliederung in die Gesellschaft ermöglichen soll und daß infolgedessen «die kostenrechtliche Schlechterstellung des schuldunabhängig haftenden Störers als besonders unangemessen und sachwidrig erscheint»[35]. Die unverhältnismäßige Differenzierung ist auch unter dem Gesichtspunkt der Bundestreue verfassungsrechtlich zweifelhaft, da die Länder insbesondere in ihrer Gesetzgebung auf Grund eines ungeschriebenen Verfassungsgrundsatzes zur Rücksichtnahme auf die Interessen anderer Länder und des Bundes verpflichtet sind.[36]

Zu welchen unhaltbaren Konsequenzen die Regelungen Niedersachsens und Baden-Württembergs insofern führen, zeigt das oben zitierte Beispiel der Räumung der «Freien Republik Wendland». Anlaß der Räumung war ausweislich der Gebührenbescheide der objektive Tatbestand einer Ordnungswidrigkeit nach dem Gesetz über die Ordnung in Feld und Forst sowie der Niedersächsischen Bauordnung.[37] Die Betroffenen wären nun daran interessiert gewesen, daß gegen sie ein Ordnungswidrigkeitsverfahren eingeleitet wird, da hierdurch die Sperrwirkung der bundesrechtlichen Kostenregelung ausgelöst worden wäre; gleiches hätte bei Einleitung eines strafrechtlichen Ermittlungsverfahrens gegolten. Diese Verfahren sind jedoch – soweit ersichtlich – gegen die Betroffenen nicht eingeleitet worden. Für Straftaten wäre ein solches Unterlassen wegen des Legalitätsprinzips (§ 152 Abs. 2 StPO) mit Sicherheit unzulässig, doch muß auch im Ordnungswidrigkeitsverfahren über die Einleitung und Durchführung nach pflichtgemäßem Ermessen entschieden werden (§§ 42 Abs. 1, 53, Abs. 1 OWiG). Es dürfte kaum pflichtgemäßem Ermessen entsprechen, auf die Einleitung eines Ordnungswidrigkeitsverfahrens nur deshalb zu verzichten, weil hierdurch die bundesrechtliche Sperrwirkung der Kostenregelung ausgelöst und damit eine Inanspruchnahme der Betroffenen für die polizeilichen Einsatzkosten ausgeschlossen würde.

4. Vorrang des Versammlungsrechts (Art. 8 Abs. 2 GG, VersammlG)

Rechtliche Bedenken gegenüber den landesrechtlichen Regelungen Niedersachsens und Baden-Württembergs ergeben sich darüber hinaus daraus, daß der Bundesgesetzgeber durch das VersammlG von seiner Zuständigkeit Gebrauch gemacht hat, die ihm neben dem «Strafrecht» gemäß Artikel 74 Nr. 3 GG auch für das «Versammlungsrecht» im Rahmen der konkurrierenden Gesetzgebung obliegt. Eine

«Gesamtwürdigung des betreffenden Normenkomplexes»[38] spricht dafür, daß der Bundesgesetzgeber insofern keine Regelungszuständigkeit der Länder (z. B. für die Erhebung von Einsatzkosten) offenlassen wollte.

Dies ergibt sich zunächst aus der Entstehungsgeschichte des VersammlG. Bei Betrachtung der Gesetzesmaterialien findet man, daß Sprecher aller Parteien zwar die grundsätzliche Zuständigkeit der Länder für das Polizeirecht unberührt lassen wollten, daß aber für das gesamte Versammlungsrecht eine bundeseinheitliche Regelung geschaffen werden sollte. Bis zum Inkrafttreten des VersammlG waren polizeiliche Eingriffe in die Versammlungsfreiheit insbesondere auf § 14 PVG gestützt worden.[39] Ob § 14 PVG eine Grundrechtsschranke nach Artikel 8 Abs. 2 GG sein konnte, war jedoch bereits frühzeitig angezweifelt worden.[40] Außerdem wurde im Gesetzgebungsverfahren die unterschiedliche Rechtslage in den verschiedenen Bundesländern beklagt. So äußerte zum Beispiel bei der zweiten und dritten Lesung des VersammlG der federführende Bundesminister des Innern:

> «Auf keinem Rechtsgebiet ist die Rechtslage so verworren und so vielgestaltig gewesen wie ausgerechnet auf diesem Gebiet, und es gehört nun einmal zur Gestaltung eines geordneten demokratischen Rechtslebens sowie eines staatlichen und politischen Lebens, daß über das Versammlungs- und Vereinsrecht klare, das ganze Rechts- und Staatsgebiet umfassende Vorschriften bestehen. Meine Sorge hat sich eben darauf gegründet, daß uns die ungeheure Zersplitterung wesentlich benachteiligen würde.»[41]

Deshalb gewährte das VersammlG zunächst in § 1 Abs. 2 das grundsätzliche Recht, öffentliche Versammlungen zu veranstalten und an ihnen teilzunehmen und in den folgenden Paragraphen insbesondere die Schranken dieses Rechts gemäß Artikel 8 Abs. 2 GG.

Aus diesem Grund wird auch in der Literatur – soweit sie sich zu diesen Fragen äußert – vornehmlich die Auffassung vertreten, daß das VersammlG jedenfalls hinsichtlich öffentlicher Versammlungen eine abschließende Regelung darstellt, die für Versammlungen die Anwendung von Landesrecht ausschließt.[42] Soweit daher jemand in einer Versammlung tätig wird, um «gemeinsam in öffentlichen Angelegenheiten durch Diskussionen oder Demonstrationen eine Aussage zu machen»[43], können öffentlich-rechtliche Maßnahmen ihm gegenüber nicht auf Grund landesgesetzlicher Regelungen erfolgen.

Die Sperrwirkung umfaßt sämtliche «Versammlungen» im Sinne des VersammlG, das heißt insbesondere auch solche Versammlungen, die unfriedlich sind und daher gemäß § 15 VersammlG verboten oder aufgelöst werden; entscheidend ist insofern lediglich, daß die Menschenansammlung dem (ungeschriebenen) Versammlungsbegriff des VersammlG unterfällt.[44]

Aber auch soweit in der Literatur eine Sperrwirkung des VersammlG nicht grundsätzlich angenommen wird, besteht Einigkeit, daß landesrechtliche Gebührenregelungen nicht dazu führen dürfen, daß mittelbar der Regelungsbereich des Bundesgesetzgebers – d. h. des VersammlG – berührt wird.[45] Daß die Gebührenregelungen Auswirkungen auf den Regelungsbereich des VersammlG – insbesondere die Teilnahme an Demonstrationen – hat, erscheint mir angesichts der oben dargestellten Ausdehnung auf Demonstrationen, die dem Schutzbereich des Artikels 8 Abs. 1 GG unterfallen, kaum in Frage zu stehen.[46]

5. Unbestimmtheit der Ermächtigung

Verfassungsrechtliche Bedenken ergeben sich schließlich hinsichtlich der Bestimmtheit der Gesetze und Verordnungen über die Kostenerstattung. Im Land Niedersachsen, zu dessen Regelungen bereits Rechtsprechung ergangen ist[47], ist Rechtsgrundlage das Verwaltungskostengesetz[48], das in § 3 zum Erlaß von Rechtsverordnungen ermächtigt; auf dieser Rechtsgrundlage wurde die Polizeigebührenordnung[49] erlassen, die als Anlage ein Gebührenverzeichnis enthält. In Baden-Württemberg ist Rechtsgrundlage das Landesverwaltungsvollstreckungsgesetz[50] sowie die gemäß § 31 Abs. 3 dieses Gesetzes erlassene Vollstreckungskostenordnung.[51]

Verfassungsrechtlich zweifelhaft ist zunächst die gesetzliche Ermächtigungsgrundlage der Rechtsverordnung. Nach Artikel 80 Abs. 1 Ziff. 2 GG müssen Inhalt, Zweck und Ausmaß der erteilten Ermächtigung im Gesetz bestimmt werden. Aus der außerordentlich umfangreichen Rechtsprechung und Kommentierung ist in diesem Zusammenhang insbesondere hinzuweisen auf die Rechtsprechung des Bundesverfassungsgerichts zur Erforderlichkeit der Bestimmung des «Ausmaßes» bei der Festsetzung von Gebühren durch Rechtsverordnungen. In Fortsetzung seiner Rechtsprechung zum Wesentlichkeitsgebot bei Gesetzesvorbehalten hat das Bundesverfassungsgericht entschieden, daß die wesentlichen Entscheidungen über das Ausmaß einer Gebühr gesetzlich geregelt werden müssen und nicht der Rechtsverordnung überlassen bleiben dürfen; darüber hinaus muß bereits die gesetzliche Ermächtigung selbst das Ausmaß und die Höhe der Gebühr dem potentiell Betroffenen vorhersehbar machen.[52] Schließlich muß die gesetzliche Ermächtigung dem Verordnungsgeber «Grenzen setzen»[53].

Aus dem Grundsatz der Vorhersehbarkeit sowie aus dem Wesentlichkeitsgebot dürfte in Auslegung des Artikels 80 Abs. 1 Ziff. 2 GG zunächst folgen, daß die Gebührenregelung dem Grunde sowie insbesondere der Höhe nach nicht dem Verordnungsgeber überlassen werden darf, sondern vielmehr von dem Gesetzgeber selbst vorgenommen werden muß. Angesichts der Unvorhersehbarkeit des «Ausmaßes» eines polizeilichen Einsatzes und mithin des «Ausmaßes» der anfallenden Gebühr kann deren Regelung nicht dem Verordnungsgeber überlassen bleiben. In vergleichbaren Fällen werden die Kostenverzeichnisse des Gebührenrechts auch durch den Gesetzgeber selbst vorgenommen, so z. B. das oben zitierte Kostenverzeichnis gemäß § 11 des Gerichtskostengesetzes[54] oder die Gebührentabelle nach § 11 I Ziff. 1 der Bundesrechtsanwaltsgebührenordnung[55]; in diesen Fällen ist das «Ausmaß» der jeweiligen Gebühr zudem erheblich geringer als das mögliche Ausmaß der Gebühr nach der Polizeigebührenordnung.

Darüber hinaus setzen die gesetzlichen Rechtsgrundlagen den Rechtsverordnungen nicht die erforderliche «Grenze». Zwar ist in § 3 Abs. 2 NsVerwKostG vorgesehen, daß die Gebühr den auf die Amtshandlung entfallenden durchschnittlichen Aufwand nicht übersteigt, doch ist damit insbesondere wegen der gesamtschuldnerischen Haftung der Kostenschuldner (§ 5 Abs. 1 VerwKostG) keine Grenze gesetzt, wie insbesondere das oben zitierte Beispiel zu der Platzräumung in Gorleben zeigt. Grundsätzlich das gleiche gilt für die Regelung des § 31 Abs. 3 BaWü LVwVG.

In Niedersachsen ist nicht nur die gesetzliche Ermächtigung, sondern auch die Rechtsverordnung selbst (PolGO) zu unbestimmt. In der Literatur haben dies insbesondere Götz[56] und Kühling[57] unter Hinweis auf die pauschale Generalklausel des § 1 der NdsPolGebO überzeugend dargelegt. Für Baden-Württemberg ergibt sich darüber hinaus eine Unbestimmtheit hinsichtlich der Kostenhöhe. Lediglich für die Kosten der eingesetzten Bediensteten ist ein bestimmter Betrag vorgesehen.[58] Im übrigen sehen die Bestimmungen lediglich die Gebühren für Kosten, Reisekosten, Beförderungskosten etc. vor, ohne deren Höhe im einzelnen zu bestimmen.[59]

6. Ergebnis

Die Inanspruchnahme von Demonstranten für Kosten polizeilicher Einsätze ist verfassungsrechtlich unzulässig. Sie verletzt den Grundsatz der Verhältnismäßigkeit der Mittel und das Übermaßverbot, da sie die Wahrnehmung der Grundrechte der Meinungs- und Versammlungsfreiheit wesentlich erschweren würde. Die Inanspruchnahme verletzt darüber hinaus das Grundrecht der Versammlungsfreiheit aus Artikel 8 Abs. 1 GG; dies gilt insbesondere für die gesamtschuldnerische Haftung der Demonstranten. Die bestehenden landesrechtlichen Regelungen sind ferner deshalb verfassungswidrig, weil die Gesetzgebungszuständigkeit der Länder durch die Kostenregelungen in strafrechtlichen Bundesgesetzen weitgehend beschränkt ist; für Versammlungen (Demonstrationen) ist die Gesetzgebungszuständigkeit der Länder durch den Vorrang des VersammlG in vollem Umfang ausgeschlossen. Die einschlägigen Bestimmungen der Länder Niedersachsen und Baden-Württemberg sind darüber hinaus wegen der Unbestimmtheit der zugrundeliegenden Ermächtigungsnormen (Verletzung des Artikels 80 Abs. 1 Satz 2 GG) sowie wegen der Verletzung des Grundsatzes der Bestimmtheit und Wesentlichkeit in den Verordnungen selbst verfassungswidrig. Die landesrechtlichen Regelungen verletzen darüber hinaus das Zitiergebot (Artikel 19 Abs. 1 Satz 2 GG) sowie die Wesensgehaltsgarantie (Artikel 19 Abs. 2 GG).

Wolf-Dieter Narr

Soziale Merkmale von Demonstrationen

Gutachten anläßlich der Anklage gegen Josef Leinen wegen

«Verdachts des Vergehens gegen das Versammlungsgesetz»

Durch welche sozialen Eigenarten sind Groß-Demonstrationen gegenwärtig gekennzeichnet?
Wer initiiert und gestaltet solche Demonstrationen?
Wer kommt als Veranstalter und Leiter in Betracht?
Wie sind die vorher bezeichneten Fragen im Hinblick auf die Demonstration gegen das Kernkraftwerk zu Brokdorf am 28. Februar 1981 zu beantworten?

Ausgangspunkt des Gutachtens bildet die Behauptung der Anklage, Josef Leinen habe «als Veranstalter und Leiter einen öffentlichen Aufzug trotz vollziehbaren Verbots durchgeführt».

Das Gutachten setzt sich primär mit dieser Tatsachenbehauptung und den entsprechenden Belegen auseinander. Es wird erörtert, ob Josef Leinen in der Tat als Veranstalter und als Leiter der Demonstration in Brokdorf fungiert hat oder hätte fungieren können. Um diese Tatsachenbehauptung überprüfen zu können, ist es erforderlich, den Typus der Demonstrationen zu erfassen, zu dem die Demonstration am 28. Februar zu Brokdorf gehörte. Anders ausgedrückt: welche regelmäßig wiederkehrenden sozialen Merkmale besitzen Demonstrationen à la Brokdorf? Hilfsweise und zusätzlich geht das Gutachten auch auf die Vorstellungen ein, die die der Anklage zugrundeliegende Tatsachenbehauptung erst möglich machen. Es handelt sich hier um bestimmte Vorstellungen über die Art und Weise von Demonstrationen und ihren politisch systematischen Stellenwert.

Diese hintergründigen Vorstellungen, die schließlich bestimmte Tatsachen konstruieren lassen, werden ihrerseits erklärlich, wenn man sie in der vordemokratischen Tradition deutsch-bundesdeutscher Beschäftigung mit dem Recht der Versammlungsfreiheit sieht.

Teil I des Gutachtens befaßt sich deshalb mit der Demonstration als einer sozialen Tatsache. Insbesondere ist der Realitätsgehalt der Annahme herauszufinden, Demonstrationen à la Brokdorf verfügten über einen «Veranstalter und Leiter».

In Teil II des Gutachtens wird der historische und der gegenwärtig vorherrschende Begriff der Demonstration diskutiert. Zum einen wird gezeigt werden, daß ein erwiesenermaßen falscher Begriff von Demonstration (bzw. Versammlung) notwendig die gegenwärtige Wirklichkeit von Demonstrationen verfehlen muß. Umgekehrt gilt gleichermaßen: Ein solch falscher Begriff führt unvermeidlicherweise dazu, daß nicht existente Phänomene als Tatsachen behauptet, sprich auf Grund eines falschen Begriffs konstruiert und anders zu bezeichnenden Ereignissen zugeschrieben werden. Zum anderen wird erwiesen, daß die infolge eines falschen Begriffs verfehlte Tatsachenkonstruktion in fragwürdiger Weise bewertet wird. Die Anklage, so kann gezeigt werden, baut auf einer Fiktion auf. Die Fiktion wird außerdem fragwürdig interpretiert.

I. Demonstration – «ein Stück ursprünglich-ungebändigter unmittelbarer Demokratie»[1]

1. Zur Methode der Argumentation

Zu Recht stellt Konrad Hesse fest: «... So läßt sich insbesondere der Begriff der ‹Versammlung› nicht soziologisch, sondern nur verfassungsrechtlich im Blick auf jene Funktionen (gemeint sind die grundgesetzlich zugeschriebenen, d. Verf.) gewinnen.»[2]

Dennoch ist es hier – und im Zusammenhang der Beurteilung der faktischen Grundlage der Anklage – angezeigt, dem verfassungsrechtlichen Begriff einen soziologischen Begriff der Versammlung bzw. Demonstration an die Seite zu stellen.[3] Diese Ergänzung ist deswegen vonnöten, weil in den Begriff der Versammlung, wie er gegenwärtig auch rechtlich vielfach gebraucht wird und wie er auch der Anklage zugrundezuliegen scheint, insgeheim eine spezifisch soziale (politische) Vorstellung von Versammlung eingegangen ist. Diese Vorstellung aber, die von einer bestimmten Form und bestimmten Funktionen der Demonstration ausgeht, bestimmt die Interpretation des Gehalts von Art. 8 GG und der Restriktionen der Versammlungsfreiheit, wie sie auf Grund des Versammlungsgesetzes möglich, ja erforderlich sind. Die normative Kraft des Normativen (Hesse) droht untergraben zu werden, wenn die Kluft zwischen Norm und Faktizität unüberbrückbar groß wird. Die normative Kraft des Normativen, sprich der Verfassungsnormen und in diesem Fall eines «konstitutiven Grundrechts»[4], droht aber auch dann ausgehöhlt zu werden, wenn die soziale Wirklichkeit, die idealiter der Norm entsprechen soll, unbewußt und undiskutiert aus einem historischen Kontext entnommen wird, der nicht der der Norm selber ist. Die Vorstellung nicht normadäquater Wirklichkeit verstellt, verkürzt gesprochen, die angemessene Norminterpretation. Deshalb ist ein wirklichkeitsentsprechender Begriff der Versammlung unabdingbar.

2. Die herkömmliche Vorstellung von Demonstration als geordnetem Aufmarsch

«Ich begrüße es vor allem», so lobte der seinerzeitige Bundesminister des Innern Lehr während der 3. Lesung des Versammlungsgesetzes am 6. Mai 1953 im Bundestag, «daß der jetzt vorliegende Entwurf die *Rechtsbeziehungen zwischen dem Veranstalter, dem Leiter und dem Teilnehmer einer Versammlung* klar und viel eingehender, als das früher der Fall war, gegeneinander abgegrenzt hat. Bei den Befugnissen, die dem Leiter einer Versammlung zu geben sind, mußte das richtige Maß gefunden werden. Einerseits mußte es ihm ermöglicht werden, eine ordnungsgemäße Durchführung sicherzustellen, andererseits mußte aber sorglich verhindert werden, daß es unter Zuhilfenahme seiner Ordnungsbefugnisse so weit gehen konnte, daß dadurch ein verfassungswidriger Mißbrauch Platz greift ...» Wenig später fährt er fort: «Für den Ausschuß handelte es sich im wesentlichen darum, den *Mißbrauch verfassungsmäßiger Versammlungsfreiheit durch undemokratische Veranstalter, undemokratische Leiter und undemokratische Teilnehmer* zu verhindern.»[5]

Diese Einlassung, der alle im Bundestag vertretenen Parteien zustimmten, zeigt deutlich einen verengten und einseitigen, der rechtlichen Ausgestaltung vorausliegenden Begriff der Versammlung. Indem und insoweit dieser Begriff in das Versammlungsrecht und seine Normierungen eingegangen ist, leistet dessen Anwendung der Gefahr Vorschub, daß ein faktisch einseitiger Begriff, rechtlich normiert, verallgemeinert und die Wirklichkeit entsprechend begrenzt wird.

Welche Art von Begriff der Versammlung und ihrer Freiheit steht aber hinter dieser durch eine Reihe weiterer Äußerungen aus der seinerzeitigen Debatte und auch der Urteilspraxis belegbaren Einlassung des Bundesministers des Innern? Folgende Versammlungskonzeption wird faßbar:

a) Eine Versammlung von Bürgern ist von vornherein durch eine klare und eindeutige innere Struktur ausgezeichnet. Eine Versammlung ist nur zulässig, wenn sie diese «Ordnung» besitzt.

b) Diese «innere Struktur» besteht darin, daß eine Versammlung, welchen Zweck sie immer haben, welchen Interessen sie immer dienen, welche Teilnehmer sie umfassen möge, einen bestimmten und eindeutig bestimmbaren Veranstalter, einen gleichfalls unmißverständlich ausmachbaren Leiter besitzt (sei er nun mit dem Veranstalter identisch oder nicht). Diese Veranstalter und Leiter haben die Veranstaltung in ihrem Zweck zu bestimmen und zweckentsprechend für den ordentlichen Ablauf zu sorgen. Neben Veranstalter und Leiter gibt es die ‹einfachen› Versammlungsteilnehmer. Sie sind nicht ohne Rechte. Sie haben sich aber an den Zweck und die Ordnung der Veranstaltung zu halten, wie sie von Veranstalter und Leiter gesetzt sind.[6]

c) Eine Veranstaltung dieses Typus als Normal-Typus zu statuieren bedeutet zweierlei: zum einen, daß spontane, unangemeldete, nicht eindeutig geleitete Versammlungen von vornherein wenn nicht ausgeschlossen sind, so doch den Charakter des Unbotmäßigen erhalten und deswegen auch verboten bzw. aufgelöst werden können. Zum zweiten, daß ein bürokratischer Begriff von Versammlung vorherrscht. Das Grundrecht, sich mit anderen in Freiheit zu versammeln, besitzt demgemäß nicht nur seine Grenzen dort, wo gegebenenfalls Rechte Dritter unverhältnismäßig verletzt werden. Das Grundrecht auf Freiheit, sich zu versammeln, stößt in der vorab angenommenen *Normal-Form* der Versammlung an eine gesetzlich differenziert ausgestattete Schranke. Dieser vorab als Normal-Form angenommene Typus der Demonstration tastet das Grundrecht auf Versammlungsfreiheit in seinem realisierbaren Kern an. Es bleibt von dem verfassungswirksamen Effekt der Verfassungsnorm aus betrachtet und zusammengenommen mit den verfassungswirksamen Effekten der Art. 5 und Art. 20 GG («Meinungsfreiheit» und «Volkssouveränität») unerfindlich, warum nur die eine Form der Demonstration prinzipiell zulässig sein soll und warum andere Formen von vornherein ins rechtlich problematische, ja rechtswidrige Abseits geschoben werden.

3. Demonstrationen als führerlose Großveranstaltungen nicht von vornherein kalkulierbaren Verlaufs und Ausmaßes

Demonstrationen, insbesondere die Großdemonstrationen, die gegenwärig begegnen, zeichnen sich in der Regel dadurch aus, daß sie dem vorher skizzierten, gesetzlich normierten Normal-Typus der Versammlung in ihrer Form nicht entsprechen. Zwar gibt es nach wie vor Demonstrationen als «von oben» geleitete, mehr oder minder strikt organisierte «Aufmärsche», die sich jederzeit «im Griff» der Veranstalter und Leiter befinden. Daneben ist aber ein Typus der Demonstration festzustellen, der nicht im Passepartout des herkömmlichen Demonstrationstypus unterzubringen ist. Versucht man dies, verkennt man die Wirklichkeit dieser Demonstrationen (von ihrer rechtlich problematischen Einordnung oder vorgängig ihrer polizeiförmig problematischen Behandlung zu schweigen). Indem man die herkömmliche «Normal-Form» im Blick hat und indem man die «abweichenden» Demonstrationsformen durch ihre Brille sieht, wird deren Wirklichkeit verzerrt. Entweder man subsumiert die andere Demonstrationsform unter die des herkömmlichen Typus. Demgemäß zwängt man die neue, die andere Realität in die alte Form und geht danach von einer Als-ob-Normalität aus. Oder aber man mißt nur den Abstand der ‹neuen› von der ‹alten› Form und überlegt sich Handhaben verschiedener Art, aus «neu» wieder «alt» zu machen.

Die Demonstrationen des neuen Typus zeichnen sich u. a. durch folgende verallgemeinerbare Merkmale aus (auf verallgemeinerbare Merkmale wird abgehoben, weil ein zusätzliches Signum dieser Demonstrationen neuen Typs darin besteht, daß sie umstands- und umgebungsspezifisch erheblich verschieden aussehen können. Also sind Vorerfahrungen nur mit Vorsicht zu benutzen):

a) Insbesondere wenn es sich um Großveranstaltungen handelt und/oder überlokale Ereignisse, lassen sich Veranstalter und Leiter einer Demonstration nicht sicher und eindeutig ausmachen. Selbst wenn nominell, auch aus Erfordernissen des Versammlungsrechts und der ursprünglich noch umstrittenen Anmeldungspflicht[7] einzelne Personen oder Gruppen als Veranstalter und Leiter fungieren, entspricht die nominelle Veranstalter- und Leiterrolle nicht der Realität der Versammlung selber. Wie immer auch die Behauptungen einzelner Gruppen und ihrer Vertreter lauten mögen, eine Vielzahl der gegenwärtigen, öffentliche Aufmerksamkeit erreichenden Demonstrationen ist weder von wenigen geplant worden, noch wird sie von wenigen gesteuert, noch könnte sie von wenigen voluntaristisch abgesagt und abgebrochen werden.

b) Versammlungen dieses neuen Typs, die sich gegen diverse Objekte richten und unterschiedlichen politischen Zwecken dienen, besitzen im nicht abwertenden Sinn des Wortes Massencharakter. Sie mögen von einzelnen Gruppen mit vorbereitet und mit beeinflußt sein. Es gibt aber keinen Leitwolf oder eine Leitwölfin, der bzw. die diese Versammlung mit Hilfe ihres Leitungsgeschirrs dirigierte. Demgemäß sind weder der Umfang, die Komposition, noch Verlauf und Ende einer solchen Versammlung von vornherein eindeutig aus- und hinterher gar wenigen Personen zuzurechnen. Die Demonstrationen stehen nicht von vornherein fest. In ihrem Verlauf findet eine fortlaufende Willensbildung statt.

c) Den Demonstrationen dieses neuen Typs gebricht also die bürokratische Form, der apparative Charakter. Der Umkehrschluß ist nicht zulässig. Sie sind nicht formlos. Allerdings wird die Dynamik dieser Demonstrationen, angefangen von ihrer «Inkubationsbasis» nicht von einzelnen oder kleinen Gruppen bestimmt. Diese Demonstrationen stellen eine eigene und eigens zu beurteilende soziale Erscheinung dar, deren «Bewegungsform» gerade aus den nichtautoritären und kollektiven Merkmalen und Motiven einsichtig wird. Hier werden Bürgerinnen und Bürger, kurz hier wird der Volkssouverän in Teilen seiner Bürgerinnen und Bürger in einer nicht von vornherein ausrechenbaren und vorausplanend einhegbaren Form tätig. Demonstrationen dieses Typs sind nicht institutionalisierte und auch nicht institutionalisierbare soziale Erscheinungen, die sich quer und sperrig zu den institutionalisierten Formen der repräsentativen Demokratie ereignen. So gesehen entsprechen sie – unbeschadet ihrer Ausprägung im einzelnen – genau der konstitutiven und korrektiven Funktion, die sie insbesondere auch als Recht nicht zureichend repräsentierter oder sich repräsentiert fühlender Minderheiten besitzen sollen.[8] Im folgenden werden Indikatoren und Belege angeführt, die die Behauptung der neuen Form unterstützen. Diese Belege überzeugen gerade deshalb – und schießen zu einem systematischen Beweis zusammen – weil sie aus sehr unterschiedlichen Quellen stammen.

3.1 Die Bürgerinitiativen als neue Formen politischer Artikulation und Organisation

Die Mehrheit der Demonstrationen heute, die als solche des ‹neuen Typs› gekennzeichnet worden sind, ist nur verständlich, wenn man sie im Zusammenhang der Bürgerinitiativen versteht und dessen, was als «neue soziale Bewegung» bewußt unscharf bezeichnet wird.[9]

Nach übereinstimmender Meinung aller einschlägigen Untersuchungen, unterstützt durch die Evidenz täglicher Politik, treten Bürgerinitiativen als sozialer und politischer Faktor in der Bundesrepublik seit ca. Mitte der 60er Jahre auf den Plan. Ihre Zahl hat sich seitdem beträchtlich vergrößert; ihre Eigenart erheblich differenziert und verändert. Zunächst taten sich einige Bürger lokal im Hinblick auf spezifische Projekte zusammen und versuchten, sich als lockere, sehr unterschiedlich ausgerichtete Gruppierungen bei den betreffenden Entscheidungsinstanzen bemerkbar zu machen. Von Anfang an auch mit dem Mittel der Demonstration.[10]

Ende der 60er, Anfang der 70er Jahre lassen sich aber in Form und Inhalt erhebliche Wandlungen feststellen. Die lokale, bereichsspezifische, ein bestimmtes vereinzeltes Interesse artikulierende Bürgerinitiative bleibt. Daneben bilden sich überlokale Bürgerinitiativen, die sich auf gesellschaftliche Großprojekte à la Kernkraftwerke konzentrieren und/oder eine andere Politik in einem für die Bundesrepublik insgesamt geltenden Ausmaß verlangen (z. B. Sicherheits- und Friedenspolitik). «Noch vor wenigen Jahren engagierten sich Aktionsgruppen von Bürgern fast ausschließlich im unmittelbaren, lokalen Erfahrungs- und Einflußbereich», formuliert 1977 der seinerzeitige Bundesminister für Forschung und Technologie Hans Matthöfer. «Es handelte sich, ob bei Verkehrsplanungen, Kinderspielplätzen oder Sanierungsvorhaben, um einigermaßen überschaubare Projekte und Ziele, die in der Regel auf kommunaler Ebene verwirklicht oder verhindert werden konnten. Auch bei der Kernenergie entzündete sich der Protest ... in den betroffenen Gebieten. Das höhe Gefährdungspotential theoretisch denkbarer Unfälle, die Problematik der Wiederaufbereitung und der Endlagerung radioaktiver Abfälle, des Umgangs mit wachsenden Plutoniummengen und der notwendigen Sicherungssysteme und Kontrollen in ihren Auswirkungen auf unsere Demokratie, haben die Kernenergiediskussion und damit auch die Bürgerinitiativen auf eine überregionale, ja sogar internationale Ebene getragen.»[11]

Kennzeichnend bleibt aber für die Bürgerinitiativen, daß sie nicht auf einen einheitlichen Begriff zu bringen sind.[12] Insbesondere aber charakterisiert es sie als Einheit ‹sozialer Bewegung›, daß sie nicht in einer Weise organisiert sind, wie dies für (etablierte) Parteien, Verbände u. ä. m. gilt. Als «neue Form politischer Selbstorganisation»[13] entziehen sie sich den üblichen, auch sozialwissenschaftlichen und organisationssoziologischen Vorstellungen arbeitsteiliger, mit bestimmt institutionalisierten Willensbildungs- und Entscheidungsmustern ausgestatteter Organisation.[14] Selbst Mitgliedschaft und Austritt sind nicht eindeutig geregelt und auch in geschlossenen Versammlungen eher ‹fließend›. Zwar können sich Elemente «formaler Organisation» ausbilden; aber solange der Protestcharakter der Bürgerinitiativen gilt, gilt auch ihre ungemein flexible und nicht von vornherein berechenbare Organisationsweise.[15] Nicht umsonst werden «individuelle Motivation und Zweck der Bewegung»[16] aufs engste verknüpft.

Entsprechend diesem Muster der Bürgerinitiativen muten selbst Aktionsformen einzelner Bürgerinitiativen Außenstehenden oft eher «chaotisch» an. Jede und jeder kann sich beteiligen. Die jeweils getroffenen Entscheidungen können sich bei anderer, nicht von vornherein ausmachbarer Zusammensetzung gravierend verändern. Noch mehr gilt aber das Kennzeichen der mangelhaft möglichen förmlichen Berechenbarkeit dann, wenn sich an überlokalen Aktionen viele Bürgerinitiativen beteiligen, die ihrerseits nur z. T. und sehr lose im Bundesverband der Bürgerinitiativen (BBU) seit 1972 zusammengeschlossen sind. Etwas überspitzt formuliert, aber der Wahrheit näherkommend als die umgekehrte Annahme weniger «Rädelsführer», könnte man formulieren, daß für die Bürgerinitiativen jedes Mitglied sprechen kann. Und jeder und jede kann fast jederzeit entscheiden, ob sie oder er sich als Mitglied verstehen will. Legt man das übliche Maß sozialer und politischer Organisation an, mißt man an den Bürgerinitiativen vorbei.

3.2 Die Erfahrungen mit den großen Demonstrationen der 70er und der 80er Jahre

Diese Erfahrungen entsprechen dem, was über den ‹organisatorischen› Unterbau der Bürgerinitiativen gesagt wurde.

Auch in den zahlenmäßigen Angaben, wie sie ohne letzte Verläßlichkeit von den Innenministerien bzw. den Polizeien jeweils zusammengetragen werden, wird erkennbar, daß diese großen Demonstrationen aus anderem «Stoff» gemacht sind als die Demonstrationen, die man als parteibegleitende Großveranstaltungen vordem gewöhnt gewesen ist. Ob es sich um die Demonstration in Kalkar am 24. 9. 1977 mit 30000 geschätzten Teilnehmerinnen und Teilnehmern handelt oder um die Demonstration in Bonn am 10. 10. 1981 (sog. Friedensdemonstration) mit einer auf 240000 geschätzten Anzahl: Aufzuführen ist jeweils eine so große Zahl «beteiligter Gruppierungen», die noch unberücksichtigt läßt, daß viele auf eigene Initiative mitmachten, daß von einem Veranstalter oder einem Leiter nur noch im uneigentlichen Sinne die Rede sein kann. Diese Qualifizierung gilt auch für die Bonner Veranstaltung, die sich von den meisten anderen Groß-Demonstrationen dadurch unterschied, daß ein Träger der Veranstaltung aufgetreten ist: die Aktionsgemeinschaft für den Frieden e. V. Denn immerhin wurden für Kalkar 138, für Bonn 650 beteiligte Gruppierungen geschätzt. Und immerhin fehlt in den Listen des Innenministeriums für Kalkar eine entsprechende Angabe eines «Trägers der Veranstaltung»[17].

Die Eigenart all dieser Großdemonstrationen, ob sie nun als «friedlich» oder als «gewaltförmig» eingeordnet wurden und einzuordnen sind, besteht eben darin, daß sie nicht ohne weiteres vergleichbar sind. «Das Verhalten der Veranstaltungsteilnehmer ist durch polizeiliche Maßnahmen und Bemühungen des Veranstalters nur bedingt und in Grenzen steuerbar.»[18] Man muß über diese amtliche Feststellung erheblich hinausgehen. Es gibt nicht mehr *den* Veranstalter und *den* Leiter. Die Eigenart einer Großdemonstration wird durch ihre Größe, den Anlaß und Zweck der Demonstration, durch indirekt und direkt bewirkte publizistische und polizeiliche Selektionen der Teilnehmerinnen und Teilnehmer, etwa daß solche durch Vorerörterungen und Vorwarnungen abgeschreckt werden – kurz, durch die sozialen und politischen Umstände insgesamt bestimmt. Mitnichten durch ‹mächtige› oder sich solche Mächtigkeit anmaßende Leiter und Lenker. Weil dem so ist, lassen sich vorweg vermutete oder hinterher festgestellte Verläufe von Demonstrationen, etwa gewaltförmiges Verhalten einzelner Gruppen von Demonstranten und ihr Verhältnis zum «Rest» der Demonstrationsteilnehmer bzw. umgekehrt, nur sachgerecht und angemessen beurteilen, wenn man Vorgeschichte und Prozeßverlauf in ihrem gesamten Kontext beachtet und sich nicht auf aktuell herausgepickte einzelne konzentriert, oder die Demonstrationen von dem politisch-sozialen Kontext, in dem sie geschehen, isoliert. Das voluntaristisch-dezisionistische Element im Hinblick auf die Initiative und den Verlauf von Demonstrationen, festgemacht gar an nominellen Veranstaltern und Leitern, ist äußerst gering zu veranschlagen, ja zu vernachlässigen. Demonstrationen verlaufen nicht zufällig, nicht beliebig. Aber ihre kontext- und größenbestimmte Dynamik wird am wenigsten von einem «Führungszentrum», einem nicht existenten oder allenfalls irrelevant beanspruchten innerhalb der Demonstration selbst gesteuert.

3.3 Auch das unmittelbare staatliche Pendant der Großdemonstrationen, die Polizei, weiß um den veränderten Charakter der Demonstrationen und (re)agiert demgemäß mit veränderter Strategie und Taktik.

Schon die «Schwabinger Krawalle» (1962) und ähnliche Auseinandersetzungen zwischen Ansammlungen von Bürgerinnen und Bürgern, Jugendlichen vor allem und Polizei, voranlaßten letztere, darüber nachzudenken, welche Konsequenzen aus diesen Vorkommnissen für Ausbildung, Ausstattung und Verhalten der Polizei zu ziehen seien.[19] Seinerzeit war es nicht zuletzt die mangelhafte psychologische Schulung der Polizeibeamten, die bemerkt und zu beheben gesucht wurde.

Studentenbewegung, Außerparlamentarische Opposition (APO) und schließlich die Bewegungen und Demonstrationen der 70er Jahre, zuerst gegen Kernkraftwerke, motivierten die Polizei, ihre Einsatzstrategien, die Organisationsformen, die instrumentelle Ausstattung und die handlungsförmige Übersetzung erheblich zu revidieren und zu verändern.[20] Gewiß wäre es falsch, die Reform der Polizei ausschließlich darauf zurückzuführen, daß bemerkt wurde, wie sich soziale Protestbewegungen und ihre Formen veränderten. Jedoch läßt sich die Reorganisation der Polizei, ihre verstärkte Professionalisierung, ihre organisatorische Arbeitsteilung, die sich gerade auf Demonstrationskontrollen und Demonstrationsbegleitung auswirkten, u. ä. m. nur verstehen, wenn sie auch aus der Auseinandersetzung mit den «neuen sozialen Bewegungen» und ihren Formen begriffen wird. Hierher gehören nicht zuletzt die alle Polizeireform durchwirkenden Ziele, zu verbesserter Prävention von Gefahren in der Lage zu sein und vor allem die Flexibilität im Umgang mit möglichen oder tatsächlichen «Störern» zu erhöhen.[21]

Schon 1971 wurde in einem Protokoll über ein Seminar «für leitende Beamte der uniformierten Polizei und der Kriminalpolizei sowie Polizeipsychologen» festgestellt: «Einleitend umriß POR Böhlke das Demonstrationsgeschehen der Nachkriegsjahre. Er kam dabei zu dem Ergebnis, daß man 4 Phasen unterscheiden kann.

Als erste Phase kann der Zeitraum von 1945 bis zum Verbot der KPD gesehen werden. Während dieser Zeit fanden zwar Demonstrationen statt, die in aller Regel von der KPD bzw. ihren Gliederungen (z. B. FDJ) veranstaltet wurden, während andere Parteien kaum in Erscheinung traten. Die Demonstrationen dieser Jahre verliefen im allgemeinen geordnet.

Die zweite Phase umfaßt den Zeitraum vom Verbot der KPD bis zum Besuch des Schahs in Berlin. Wenn während der Phase 1 davon gesprochen werden kann, daß Demonstrationen geordnet und friedlich verliefen, so gilt dies noch mehr für die Phase 2. Während dieser Zeit fanden politische Auseinandersetzungen fast ausnahmslos im Parlament statt. An die Öffentlichkeit wendeten sich die Parteien eigentlich nur im Zusammenhang mit bevorstehenden Wahlen. Darüber hinaus fanden Aufzüge eigentlich nur an Tagen mit besonderer politischer Aussagekraft statt, wie z. B. am 1. Mai oder später am 17. Juni.

Als dritte Phase kann der Zeitraum der großen Koalition in Bonn angesehen werden. Während dieses Zeitraums vermißte offensichtlich insbesondere die politisch interessierte studentische Jugend die öffentliche Diskussion als Mittel der Meinungsbildung. Da sie und mit ihnen extrem links stehende Gruppen der Bevölkerung den Eindruck haben mochten, daß die FDP als Opposition zu schwach sei, um gerade den großen Parteien, die eine Front bildeten, Widerpart zu leisten, formierten sie sich faktisch – wenn auch nicht organisatorisch – als sogenannte APO (Außerparlamentarische Opposition). Ziel der APO war es, öffentliche Angelegenheiten in der Öffentlichkeit zu diskutieren, um auf diese Art und Weise zur Meinungsbildung beizutragen und den ‹Herrschenden› die Meinung des ‹Volkes› bekanntzumachen. Ihre Mittel bestanden in der Provokation, weil sie glaubten, dadurch die Massen aufrütteln zu können.

Die Polizei mußte erkennen, daß die herkömmlichen Grundsätze der Polizeiverwendung in dieser Phase des Demonstrationsgeschehens den psychologischen Erfordernissen oftmals nicht gerecht wurden. Insbesondere während dieser Zeit hat sie eine Menge Lehrgeld zahlen müssen, weil sie sich immer wieder als Aggressionspartner anbot, und in dem Bestreben, überholte Vorstellungen von Sicherheit und Ordnung gewährleisten zu müssen, oftmals die Auseinandersetzung suchte, obgleich sie vermeidbar gewesen wäre.

Als vierte Phase zeichnet sich der Zeitraum seit der Bundestagswahl 1969 ab.

Die APO scheint tot zu sein. Möglicherweise haben die veränderten Mehrheitsverhältnisse im Bundestag diese Erscheinungsform gezeitigt. Ebenso kann aber auch das Fehlen einer Organisationsform der APO mit ursächlich für deren Auseinanderfallen gewesen sein. Das Verschwinden der APO hat jedoch nicht dazu geführt, daß das Demonstrationsgeschehen wieder in absolut friedliche Bahnen geraten ist. Interessenverbände, Kampfkomitees und entsprechende Zusammenschlüsse von Personen veranstalten seither neben politischen Parteien Demonstrationen. Hierzu kann differenzierend gesagt werden, daß Veranstaltungen, die von Parteien getragen werden, in aller Regel geordnet und friedlich verlaufen, wobei selbst Veranstaltungen von extrem links oder rechts stehenden Parteien kaum zu großen Störungen führen. Im Gegensatz dazu verlaufen Veranstaltungen von Interessenverbänden (z. B. Roter-Punkt-Aktion oder Kampfkomitees, ‹Null-Tarif› oder ‹Kampf dem Mietwucher›) oftmals nur teilweise geordnet, da in diesen Gruppierungen die mangelnde Anzahl von Teilnehmern durch spektakuläres Auftreten verdeckt werden soll.»

Die polizeiliche Bewertung interessiert in diesem Zusammenhang nicht. Auch nicht die in diesem Seminar, in der polizeiinternen Diskussion insgesamt und in der etablierten Politik vorherrschende Meinung, man sei nun ‹überm Berg› und habe es im wesentlichen mit einer abgeschlossenen Erscheinung zu tun. Hatte man sich, wie es im schon zitierten Seminarbericht weiter heißt, an «Sit-ins, Blockaden, Demonstrationen von Einzelpersonen und Spontandemonstrationen» gerade gewöhnt und war man sich darüber einig, daß dafür «adäquate polizeiliche Maßnahmen gefunden werden mußten», so kamen Großdemonstrationen als Mittel der Bürgerinitiativen erst danach in großem Maßstab auf (Wyhl, Gorleben, Kalkar, Brokdorf u. a. m.). Im Zusammenhang der Frage nach dem neuen Typus von Demonstration ist allein wichtig festzuhalten: Erstens: In polizeilicher Strategie und Taktik bis hinein in die polizeiliche Organisation wurde das veränderte Demonstrationsphänomen zur Kenntnis genommen und wurden polizeientsprechende Schlußfolgerungen gezogen. Zweitens: Untersucht man das Verhalten der Polizei und beobachtet die vielfältigen Formen, wie die Polizei auf Zustandekommen, Verlauf und «Nachspiel» von Demonstrationen einzuwirken sucht, dann läßt sich folgern, daß die Polizei diese Demonstrationen als Massenphänomene wahrnimmt und selbst dort, wo sie im Rahmen gewaltförmiger Auseinandersetzungen einzelne verhaftet, eher nach dem aktuellen Zufallsprinzip verfährt, denn sich in irgendeiner Weise an nominell vorhandene Veranstalter und Leiter hält (sofern es sie nominell noch gibt).

3.4 Ein frühes Symptom dafür, daß die veränderten Formen und Inhalte der Demonstrationen begriffen wurden: Die Amnestiedebatte im Deutschen Bundestag 1970.

Die sozialliberale Koalition, die mit ihrer Mehrheit im Deutschen Bundestag das «Straffreiheitsgesetz 1970» am 18. März beschloß, täuschte sich in der Rechtfertigung dieses Gesetzes dort, wo ihre Vertreter im Bundestag von einer sozial abgeschlossenen Erscheinung ausgingen. Die Argumente, die damals von den Befürwortern des Gesetzes vorgetragen wurden, zeigen aber an, daß begriffen wurde: Hier bei diesen Demonstrationen (und konsequenterweise der in ihrem Umkreis passierten Delikte) handelt es sich um ein Phänomen, das nicht einigen Rädelsführern zuzuschreiben ist, die entsprechend gerichtlich belangt werden können; hier hat man es vielmehr mit sozialen Ereignissen zu tun, die nur als kollektive verstanden, entsprechend behandelt und gelöst werden können.

So formulierte die Abgeordnete Frau Dr. Timm u. a.: «Wir möchten Ihnen verständlich machen !zalso den Mitgliedern der CDU/CSU, die widersprachen; d. Verf.], daß wir die Amnestie im Zusammenhang mit dem gesamten Demonstrationsgeschehen der letzten drei bis vier Jahre sehen. Dieses Geschehen hat sich entwickelt, in einem Prozeß gesteigert, eskaliert. Wir haben es doch in den einzelnen Demonstrationen als Eskalation und als Konfrontation zwischen politisch engagierten jungen Menschen und den demokratischen Ordnungskräften erlebt. Hier hat sich inzwischen ein Konflikt entwickelt, den wir sehen müssen, und zwar nicht nur als Konflikt zwischen den demokratischen Ordnungskräften einerseits, nämlich den Polizisten und den Gerichten, und einer politisch engagierten Jugend andererseits. Vielmehr ist in diesen Jahren noch etwas ganz anderes zu Tage getreten, das viel tiefer geht, nämlich ein Konflikt, der inzwischen nicht nur das Demonstrationsgeschehen kennzeichnet, sondern in alle unsere gesellschaftlichen Einrichtungen hineinreicht, in die Hochschulen, Schulen, Parteiorganisationen, Kirchen, ja sogar in die einzelnen Familien. Sie haben doch auch die Frühstücks- und die Abendtischgespräche mit Ihren jungen Partnern zu führen. Hier geht es offensichtlich um große Probleme für junge Menschen, Probleme, die gar nicht auf unsere Bundesrepublik beschränkt sind. Wir wissen es doch: Es geht um gesellschaftlich bedingte Probleme ...[23]»

Die von Frau Timm stellvertretend für die SPD-Fraktion vorgetragenen Argumente treffen gerade auf die Großdemonstrationen der 70er und 80er Jahre zu, wenn man ihre zeitgeschichtliche Spezifik entsprechend modifiziert. In diesen Argumenten kommen außerdem drei prinzipielle Momente, die die veränderte Typik der Demonstrationen ausmachen, zum Ausdruck, die verdienen, hervorgehoben zu werden: Der Protest der Jugendlichen oder der Demonstrationsteilnehmer insgesamt reagiert auf eine allgemeine «Krise», eine Bedrohung nicht nur von vereinzelten Bedürfnissen, etwa durch die Art der Umwelt-, der Energie-, der Sicherheitspolitik. Selbst wenn man mit dem Protest nicht übereinstimmt, sei es aus inhaltlichen, sei es aus prozeduralen, sei es aus beiden Gründen, muß man aus analytisch zwingenden Gründen einräumen, daß die ‹Organisation› des Protests durch den gesellschaftlichen Anlaß zustandekommt und keines Veranstalters in einer abgrenzbaren Person bedarf (1). Die Verhaltensweisen der meisten der Teilnehmerinnen und Teilnehmer von Demonstrationen der neuen Form richten sich gegen jegliche Steuerung «von oben». Selbstbestimmung lautet das Stichwort. Auch deshalb fungieren Veranstalter und Leiter bestenfalls nominell (2). Nimmt man das zuerst genannte Moment ernst, das die Protestmotive der 70er und 80er Jahre erklären läßt, läßt sich, zugespitzt ausgedrückt, behaupten, daß die bestehenden Formen politischen Umgangs und politischer Entscheidungsbildung soziologisch gesprochen zu den geheimen Veranstaltern und Leitern dieser Demonstrationen werden (3).

In jedem Fall gilt, daß die Argumente, die 1970 insgesamt zutrafen, 1981 oder 1982 nicht falsch geworden sein können, überblickt man allein das quantitative Ausmaß und erkennt trotz aller Unterschiede das «innere Band» bzw. Motiv der Proteste.

3.5 *Die Demonstration zu Brokdorf am 28.2.1981 als ein Fall des neuen Demonstrationstyps – Eine erste Zusammenfassung*

Die ausführlichen Presse-, Rundfunk- und Fernsehberichte, die über die Vorgeschichte, den Verlauf und die Folgen der Demonstration zu Brokdorf vorliegen, erlauben folgende eindeutige Feststellungen[24]:

1. Wie die Vorgeschichte der Demonstration zeigt, waren an der Diskussion, wann, in welchen Formen und mit welchem Ziel diese Demonstration stattfinden sollte, zahlreiche, von niemandem genau überblickbare Gruppen beteiligt. (Diese waren über die gesamte Bundesrepublik verstreut. Der Einsicht in die große Streubreite entsprach im übrigen auch die polizeiliche Kontrolle, die sich gleichfalls in unterschiedlicher Dichte über die gesamte Bundesrepublik erstreckte.)

2. Der Vorlauf der Diskussion zwischen den teilweise konkurrierenden, in jedem Fall nicht durchgehend übereinstimmenden Gruppen und einzelnen, die im übrigen in überwiegender Mehrheit keinen Kontakt zueinander hatten, läßt auch in der Analyse ex post erkennen, daß kein einzelner oder keine einzelne Gruppierung, keine lose «Dachorganisation» wie der BBU im Februar 1981 in der Lage gewesen wäre, das Zustandekommen einer wie immer gearteten Demonstration um Brokdorf zu verhindern. Das «Daß» war klar. Unklar blieb das «Wie». Das publizistische, das politische und z. T. auch das gerichtliche «Hin und Her», die Vorverdächtigungen und Vorverurteilungen schon vor dem am 23. Februar ausgesprochenen Verbot via «Allgemeinverfügung» entbanden zusätzliche Motive von potentiellen Teilnehmerinnen und Teilnehmern, nun in jedem Falle teilnehmen zu wollen. Nachdem das Verbot am 23.2.1981 ausgesprochen war, war jede einheitliche Organisation der Demonstration ohnehin unmöglich geworden.

3. Gerade weil Brokdorf zu einem Symbol des Protests gegen den Bau von Kernkraftwerken geworden war, gab es bundesweit und nicht gruppen- oder organisationsspezifisch den weit verbreiteten Willen, am Ort des geplanten und schon im Bau begonnenen Kernkraftwerks entsprechend «Flagge zu zeigen». Für Brokdorf als ein solches Symbol gilt mehr als für andere Demonstrationsobjekte und Lokalitäten der überregionale und der kollektiv-allgemeine Protestcharakter.

4. Der Verlauf der Demonstration, an der der Gutachter als Beob-

achter selbst teilgenommen hat, bewies, daß eine «Leitung» derselben nur durch zwei Bedingungen bzw. Aktivitäten vorgegeben war. Durch das Demonstrationsobjekt: das Kernkraftwerk und seine Örtlichkeit; durch Einsatz und Maßnahmen der Polizei, durch die Marschroute und Verlaufsformen erheblich beeinflußt wurden. Wenn es überhaupt einen indirekten und direkten, einen realen Leiter der Demonstration gegeben hat, dann die Polizeiführung. Im übrigen wurde die Demonstration vor allem durch ihre Größe und demgemäß ihre breitgefächerte Zusammensetzung bestimmt. In keinem Fall waren ein «Veranstalter» oder ein «Leiter» erkenntlich oder hätten eine bedeutsame Rolle spielen können.

Nimmt man die Belege unter die Lupe, die von der Anklage vorgelegt wurden, um Josef Leinen als «Veranstalter und Leiter» «dingfest» zu machen, dann zerstieben dieselben:

Beleg 1: Josef Leinen habe auf den Ablauf der Demonstration «Einfluß» genommen, «indem er an einer in der Nähe der Ortschaft Dammfleth eingerichteten Polizeisperre mit dem dort als Polizeiführer eingesetzten Zeugen Polizeirat Heitmann verhandelte und dabei darauf hinwirkte, daß eine große Anzahl von Demonstranten sowie ein als Führungsfahrzeug benutzter Lkw die Sperre passieren konnten». Die Beobachtung trifft zu. Und dennoch kann sie als Beleg der Leiterrolle von Josef Leinen nicht dienen. Als ein solcher Beleg wäre die Beobachtung falsch. Josef Leinen war an der Polizeisperre in der Nähe von Dammfleth weder als Leiter der Demonstration kenntlich, noch war er als ein solcher Leiter tätig. Wäre er dies gewesen, wäre es sehr seltsam, daß keine anderen Mitglieder der BBU mit ihm aktiv wurden. Als geradezu fahrlässig aber wäre zu bezeichnen, ja als unverzeihlich, dann keinerlei Ordner der BBU erkenntlich waren. Außerdem versuchte Josef Leinen verhältnismäßig spät, auf andrängende Teilnehmerinnen und Teilnehmer der Demonstration einerseits und sperrende Polizei andererseits einzuwirken.

Abgesehen davon, daß es weder einen verbalen, noch einen instrumentellen (ein seltsamer «Leiter» einer Demonstration, der sich ein Megaphon von der Polizei ausborgen muß!), noch einen symbolischen Hinweis auf irgendeine Leiterrolle Josef Leinens gegeben hat, daß die Umstände vielmehr in die gegenteilige Richtung weisen, ist Josef Leinens Einwirkungsversuch angemessen nur dann zu verstehen, wenn man ihn als den Akt eines besorgten und mutigen Demonstrationsteilnehmers wertet. Daß der Staatsanwaltschaft dieses an und für sich selbstverständliche Eintreten eines Bürgers für den friedlichen Verlauf einer Demonstration, an der er als Beteiligter zusätzlich interessiert sein muß, so ungewöhnlich erscheint, daß sie dasselbe als Zeichen eines «Führerverhaltens» wertet, von dem sie zusätzlich eine offiziöse «Leiterrolle» ableitet, sagt allenfalls etwas über den Bürgerbegriff der Anklage (zusätzlich über die Passivität anderer Beteiligter). Die Leiterrolle Josef Leinens wird dadurch in keinerlei Hinsicht belegt oder bestätigt.

Beleg 2: Josef Leinen habe als alleinvertretungsberechtigtes Vorstandsmitglied der BBU an vorbereitenden Diskussionen der Demonstration vor ihrem Verbot mitgewirkt.

Auch diese Aussage trifft zu. Sie kann aber erneut in keiner Weise die Behauptung der Veranstalter- und Leiterrolle stützen. An der Vorbereitung waren zahlreiche Personen und Gruppen beteiligt. Diese könnten allenfalls in ihrer nur teilweise organisierten Gesamtheit – viele Gruppen nahmen an keinerlei Vorbereitungsdiskussionen teil, Vorbereitungsdiskussionen fanden in unterschiedlichen Formationen statt – «als Veranstalter und Leiter fungieren». Weil es aber keinerlei gemeinsame organisatorische Fassung der vorbereitenden Gruppen gab und weil diese nur teilweise für die Beteiligten der Demonstration als repräsentativ angesehen werden können, führt die Fixierung auf einen oder wenige Veranstalter und Leiter von vornherein in die Irre. Für Brokdorf gilt in besonderem Maße, was weiter oben allgemein zum «Veranstalter- und Leiter-Kopf» der Demonstration neuen Typs gesagt wurde. Recht gesehen gab es in Brokdorf so viele Veranstalter und Leiter wie Beteiligte.

Beleg 3: Josef Leinen habe am 23. Februar und danach in verschiedenen öffentlichen Verlautbarungen erklärt, die Demonstration finde statt, ja, er habe sogar in der *Tagesschau* der ARD u. a. am Abend des 23. Februar dazu aufgerufen, «am kommenden Wochenende zur Demonstration mitzukommen». Erneut ist festzustellen, daß eine Information, eine korrekte Wiedergabe einer Aussage erst dann richtig ausgelegt werden kann, wenn sie in ihrem angemessenen Kontext verstanden wird. Unterstellt man zugunsten der Anklage, daß sich Josef Leinen selbst als Veranstalter einer Demonstration verstand, hätte er sich angesichts der Vorgeschichte und später des Verlaufs der Demonstration einer indezenten Selbstüberschätzung schuldig gemacht. Gerade weil Josef Leinen aber die neuen Demonstrationsformen und die Vorbereitungen Brokdorfs besser kannte als viele andere, vor allem solche, die nie an Demonstrationen dieser Art beteiligt waren, ist eine solche Unterstellung unwahrscheinlich. Sie ist sogar auszuschließen. Daß just Josef Leinen von den Informationsmedien befragt wurde, bzw. seine Äußerungen publiziert wurden, hat nichts mit seiner realen Rolle als Veranstalter und Leiter zu tun. Der «Eindruck» einer «Führungsfunktion» wie es im Hinblick auf den Polizeirat Heitmann in der Begründung der Anklage heißt, genügt keineswegs, auch wenn die Nachrichtenmedien diesem «Eindruck» erlegen sein sollten. Bekannt ist, daß die personalisierende Form der Nachrichtenvermittlung, wie sie Tageszeitungen, Funk und Fernsehen weithin eigen ist, die entsprechenden «Führungsfunktionäre» oft erst schafft; der medial übermittelte Eindruck wäre insofern ein von den Medien geschaffener. Entscheidend ist, ob zum einen Josef Leinen eine solche «Führungsrolle» beanspruchte und zum anderen, ob eine solche Rolle von den Demonstrationsteilnehmern akzeptiert worden wäre. Letzteres läßt sich ausschließen, wenn man allein die heterogenen Teilnehmerinnen und Teilnehmer betrachtet und um deren allgemeine Verhaltensrichtung weiß (Demonstration neuen Typs). Es genügt, sich zu überlegen, welchen Erfolg Josef Leinen erzielt hätte, hätte er versucht, sich gegen die Demonstration zu stemmen. Sie hätte unbeschadet verhallender Aufrufe eines angemaßten «Veranstalters» stattgefunden. Ersteres aber, daß Josef Leinen eine solche Rolle hätte usurpieren wollen, ist weder nachzuweisen noch billigerweise zu unterstellen. Sonst müßte man annehmen, Leinen habe den neuen Demonstrationstypus nicht gekannt oder sich gegen denselben verhalten wollen. Josef Leinens Äußerungen lassen sich dementsprechend nicht als Aufforderungen eines Möchte-gern-Veranstalters interpretieren. Sie sind nur verständlich als Aussage darüber, daß die Demonstration nicht zu verhindern sein wird. Aus dieser im übrigen auch von den politischen Instanzen und der Polizei geteilten Erkenntnis folgerte Josef Leinen zugleich, daß es darum gehe, daß möglichst viele an der Demonstration teilnehmen (nicht zuletzt um des friedlichen Charakters der Demonstration willen). Entsprechend äußerte er sich als ein interessierter und bekannter Teilnehmer. Andere Folgerungen lassen sich aus seinen Äußerungen nicht ziehen. In keinem Fall aber diejenigen, die die Anklage daraus ziehen will.

Betrachtet man die Brokdorfer Ereignisse vor dem Hintergrund dessen, was über Demonstrationen und Bürgerinitiativen allgemein gesagt wurde, dann läßt sich auch in einer zusätzlichen genauen Interpretation der Handlungen und Äußerungen Josef Leinens nur folgern: Die Anklage bezieht sich auf ein Phänomen, eine bestimmt veranstaltete und geleitete Demonstration am 28.2.1981 in Brokdorf, das es so nicht gab. Wo aber ein entsprechender Gegenstand fehlt, fällt auch die Tatsachenbehauptung, Josef Leinen habe als «Veranstalter und Leiter» fungiert, ins Bodenlose.

II. Historisch-gegenwärtige Notiz zum einseitigen Verständnis von Demonstrationen in der Tradition des Obrigkeitsstaates

Eingangs wurde gesagt, die Anklagebegründung machte dies deutlich, daß in vielen politisch-publizistischen und auch in manchen gerichtlichen Einlassungen und Urteilsbegründungen ein historisch einseitiger Begriff oder genauer eine schmale Vorstellung von freien Versammlungen und ihren Rechten vorherrsche. Diese meist implizite Vorstellung prägt die Erwartungen im Hinblick auf Anmeldung und Verlauf von Demonstrationen. Demonstrationen, auch wenn ihnen der Zweck zugebilligt wird, sich kritisch gegen herrschende Einrichtungen und politische Maßnahmen zu kehren, erscheinen unter dem Gesichtspunkt ihrer Ordnung als in sich ordentlich nach einem vorgegebenen, auch rechtlich abgefragten Muster strukturierte. Diese Vorstellungen und ihre Wirksamkeit zwängen aktuell Demonstrationen in ein vorgefertigtes Prokustesbett. Dieses Prokustesbett und seine Zwangsverkürzungen sind deshalb so problematisch, weil dadurch das Grundrecht auf Versammlungsfreiheit im Kern gefährdet wird. Die Vorstellung der Demonstration, nämlich als einer vorgefertigt geordneten, entstammt einer vordemokratischen Tradition; sie müßte grundgesetzgemäß revidiert werden.

1. Die vordemokratische Tradition

«Da eine jede Regierung», formuliert Justi 1759 die absolutistische Auffassung, «bestrebt ist, alle guten Endzwecke zu befördern, so muß jede Gesellschaft oder Versammlung einen begründeten Verdacht wider sich erregen, die nicht ihre Absichten der Regierung entdeckt und ihre Bewilligung und Bestätigung erwartet.»[25] Und wenig mehr als 30 Jahre später heißt es im Preußisch Allgemeinen Landrecht: «Die Polizei soll auf alles Zusammenlaufen des Volkes an ungewöhnlichen Zeiten und Orten, wenngleich dabei keine für die öffentliche Ruhe und Sicherheit gefährliche Absichten sich zeigen, aufmerksam sein und dieselben mit ernstlichen Mitteln steuern.»[26] Obwohl sich Preußen-Deutschland im Verlauf des 19. Jahrhunderts etatistisch getönt liberalisierte und während der 2. Hälfte insbesondere die großen rechtsstaatlichen Kodifikationen erfolgten, geben die beiden Zitate die Spurrichtung des Versammlungsrechts und der Versammlungspraxis weiterhin an. Versammlungen hatten von vornherein ordentlich zu sein; sie durften der herrschenden Ordnung nicht zu sehr in die Quere kommen. Versammlungen, insbesondere solche «unter freiem Himmel», wurden vor allem unter polizeilichen Gesichtspunkten betrachtet. Von vornherein wurden zwei «Wirklichkeiten» von Demonstrationen verstellt und ausgeschlossen. Spontandemonstrationen und die Wirkungsweise von Demonstrationen als politische Willensbildungsprozesse aus Anlaß und im Rahmen der Demonstration. Erst im Verlauf der 60er und insbesondere der 70er Jahre erkannten insbesondere Gerichte Spontandemonstrationen als zulässigen, grundrechtlich verbürgten Ausdruck bürgerlichen Willens an. Die Anerkennung, daß Demonstrationen nicht vorweg geordnete und feststehende «Aufzüge» darstellen (der Begriff ist sprechend), sondern spezifische Formen von Willensprozessen, steht noch aus.

Historische Belege gesetzlicher Art und bezogen auf Maßnahmen gibt es zuhauf. Sie sollen hier nicht angeführt werden. Auch ist die allmähliche, aber in wesentlichen Punkten steckenbleibende Liberalisierung nicht zu erörtern. Ein zusätzlicher Beleg muß genügen. Im Hinblick auf das heute noch in wesentlichen Zügen geltende Strafgesetzbuch von 1871 bemerkt Erhard Denninger: «Die friedlich sich versammelnde, friedlich handelnde, friedlich demonstrierende Gruppe ist eine Vorstellung, die dem Strafgesetzgeber von 1871 fremd sein mußte. Er sah einen Hauch von Revolution überall, wo mehrere Bürger – außerhalb des Parlaments – gemeinsam einen politischen Willen bekundeten – eine Mentalität, die leider heutzutage und hierzulande noch fortlebt.»[27] Dem ist nichts hinzuzufügen.

2. Hinweis auf die Tradition anderer Länder, insbesondere der angelsächsischen Demokratien[28]

Die Entwicklungslinien der Versammlungsfreiheit in England und in den USA stimmen nicht einfach überein. Die Differenz hebt bekanntlich schon damit an, daß England keine geschriebene Verfassung kennt. Dennoch sind drei Merkmale, einmal mehr für die USA, einmal mehr für England geltend hervorzuheben, die eine qualitative Differenz zur deutschen Entwicklung und auch zur bundesdeutschen Gegenwart ausmachen, unbeschadet der Beobachtung, daß es in allen Ländern immer wieder Versuche gegeben hat, wenn nicht das Versammlungsrecht, so doch die Versammlungspraxis erheblich einzuschränken.

a) Die Versammlungsfreiheit als ein individuelles und kollektives Recht zugleich wird vorstaatlich begründet. Sie ist Teil der allgemeinen Menschenrechte. Der Staat faßt und schützt dieselben, aber er ist nicht ihr «Eigner». Die Volkssouveränität als Quelle allen politischen Handelns bleibt als «Unruhe» prinzipiell erhalten.

b) Es gibt in beiden Ländern Restriktionen der Versammlungsfreiheit. Allerdings existiert weder in den USA noch in England ein Versammlungsrecht vergleichbar dem bundesdeutschen von 1953. Letzteres gibt ein bestimmtes Muster der Normal-Versammlung vor. Die Tradition der Town-Meetings u. ä. ist weder in den USA noch in England je vergleichsweise rechtlich systematisch eingehegt worden.

c) In seiner ersten Inaugaral Adress formulierte Abraham Lincoln: «This country, whith its institutions belongs to the people who inhabit it. Whenever they shall grow weary of the existing government, they can exercise their constitutional right of amending it, or their revolutionary right to dismember or overthrow it.»[29] In dieser Formulierung steckte und steckt, betrachtet man die realen und verfassungsgemäß gegebenen Möglichkeiten, viel Ideologie. Sie deutet aber auch eine Perspektive an, die der deutschen Verfassungstradition und ihrem Mißtrauen gegenüber dem Volkssouverän, soweit er überhaupt anerkannt wurde, fremd ist. Von welcher Seite und unter welchem Blickwinkel aber man die «gleiche Sache» betrachtet, kann eine Differenz ums Ganze ausmachen. Entsprechend dieser Tradition und entsprechend einer nicht so weit gediehenen restriktiven Verrechtlichung sind in den angelsächsischen Ländern die Formen der Demonstration weit weniger von vornherein bestimmt und eingeengt.

«Deshalb sind solche Gesetze», so stellte der Bundesinnenminister Lehr das Versammlungsgesetz während der dritten Lesung im Bundestag vor, «wie dieses notwendig, um den Mißbrauch demokratischer Freiheiten zu verhindern. Je großzügiger das Grundgesetz die persönlichen Rechte handhabt, um so mehr muß aufgepaßt werden, daß diese Freiheiten nicht mißbraucht werden ... Die *Rechte* der *Polizei*, eine Versammlung oder einen Aufzug zu verbieten und aufzulösen, sind im Entwurf abschließend geregelt. Ein Verbot oder eine Auflösung auf grund anderer Rechtsvorschriften soll damit nach diesem Gesetz ausgeschlossen sein. Nun haben Sie also ein *einheitliches und übersichtliches Recht* geschaffen. Es kann insbesondere nicht mehr mit der polizeilichen Generalklausel, wie ich sie Ihnen eben vortrug, vorgegangen werden. Die einzige Ausnahme betrifft *Aufzüge und Versammlungen unter freiem Himmel*. Hier ist ein § 15 mit neuem Wortlaut geschaffen worden, der in großen Zügen der Generalklausel entspricht und in diesem Falle auch bitter nötig ist.»[30]

Eine juristische Interpretation des Versammlungsgesetzes ist oft geleistet worden.[31] Sie ist an dieser Stelle auch im Lichte der gerichtlichen Änderungen und vor allem der von den zuständigen staatlichen Instanzen erlaubten Demonstrationspraxis nicht erneut zu leisten. Zu Recht sind gegen eine Reihe von Regelungen des Versammlungsgesetzes, insbesondere gegenüber §§ 14 und 15 VerG verfassungsrechtliche Bedenken geltend gemacht worden. Auch sind in der Anwendung des VerG Unsicherheiten entstanden. Wie strikt ist beispielsweise die Anmeldungspflicht zu verstehen?[32]

Im Zusammenhang dieses Gutachtens genügt es deutlich zu machen, wie sehr eine bestimmte Vorstellung von Demonstration, worauf oben schon verschiedentlich hingewiesen worden ist, dieses Versammlungsrecht und auch die ihm genügende Praxis geprägt haben. Die Verrechtlichung der Versammlungsfreiheit wird, wie sie infolge des Gesetzesvorbehaltes von Art. 8 Satz 2 GG möglich ist und Lehrs Einlassung zeigt, restriktiv verstanden; jedenfalls, was Versammlungen unter freiem Himmel anbetrifft. Diese Versammlungen werden nach wie vor zunächst vor allem als Problem polizeilichen Managements angesehen. Sie stehen unter dem Vorbehalt, daß sie die «öffentliche Sicherheit und Ordnung» nicht gefährden. An diesem Vorbehalt wäre nichts auszusetzen, würden «öffentliche Sicherheit und

Ordnung» nicht ihrerseits und vor allem polizeiopportunistisch ausgelegt.[33] Das Versammlungsgesetz richtet «seine Spitze bewußt gegen die Freiheit *politischer Versammlungen*»[34] und nimmt dabei nicht nur kirchliche Großveranstaltungen merkwürdig aus. Auch wöchentliche «Spontanaufzüge» von Fußballfans und ihre Randale werden in gänzlich anderer Weise behandelt als im weitesten Sinne politisch spontane Versammlungen, die gesetzlich nicht zulässig sind. Insbesondere aber wird durch das Versammlungsgesetz eine *Form* der Ordnung und der Organisation von Versammlungen vorausgesetzt und vorgeschrieben zugleich, die dem Faktum Groß-Demonstration heute und seinen sozialen Ursachen nicht gerecht wird. Sie stellt auch eine äußerst fragwürdige Einengung, genauer Kanalisierung der Demonstrationsfreiheit dar. Die Kanalisierungskonzeption aber stammt aus vordemokratischen Zeiten. Sie ist, ohne ausreichend offen diskutiert worden zu sein, als konventioneller Begriff der Demonstration ins Gesetz eingegangen.

4. Zusammenfassung:
   Die Kontinuität der vordemokratischen Tradition, wie sie im Begriff der Versammlung, der dem Versammlungsgesetz zugrundeliegt, zum Ausdruck kommt, ohne als solcher formuliert zu sein, begründet die Kontinuität des Irrtums über gegenwärtige Demonstrationen und läßt deren Formen verkennen. Diese Verkennung hat die Fehldeutung der verfassungsmäßigen Legalität und Legitimität dieser Demonstrationen zur Folge.

Der überaus skizzenhaft angelegte II. Teil dieses Gutachtens diente allein dazu, einsichtig zu machen, wie insgeheim eine bestimmte Vorstellung von Versammlungen und Versammlungsabläufen rechtliche Restriktionen und die Interpretationen der gegebenen Versammlungsrechte bestimmen. Da diese Vorstellung ungeprüft tradiert worden ist, obwohl sich die Wirklichkeit der Demonstration in nachholender Demokratisierung in der Bundesrepublik erheblich veränderte, kommt es zu einer fast unerträglichen Kluft zwischen faktisch bestehenden (und nicht ungeprüft grundgesetzwidrigen) Formen der Demonstration und herrschenden, in der Tat anachronistisch-veralteten Vorstellungen von ihrem angemessenen Verlauf. Um die herkömmliche Vorstellung aufrechterhalten zu können, muß man deswegen das Faktum der veränderten Demonstrationsformen um- bzw. weginterpretieren. Man darf es nicht zur Kenntnis nehmen. Fast ist man gehalten, Palmströms Devise zu genügen: daß nicht sein kann, was nicht sein darf, genauer: daß nicht sein kann, was «man» sich nicht vorstellt (nicht vorzustellen vermag). Also muß man – und dies ist in der Anklage geschehen – gegenwärtige Demonstrationen so uminterpretieren (so «transsubstantiieren»), daß sie der eigenen vordemokratisch-konventionellen Vorstellung entsprechen. Dann kann man erst davon ausgehen, daß man sich an «Veranstalter und Leiter» zu halten imstande ist, die über «ihre» Demonstrationen wie über ein Instrument verfügen.

Sebastian Cobler

Der Souverän als Pöbel

Stichworte zum Strafprozeß gegen Alexander Schubart*

Kurt Rebmann, der Generalbundesanwalt, ergriff persönlich die Initiative und fuhr schweres Geschütz auf: Den Frankfurter Magistratsdirektor Alexander Schubart, Sprecher der «Aktionsgemeinschaft Volksbegehren keine Startbahn West», klagte er vor dem Frankfurter Oberlandesgericht an, am 14. und 15. November 1981 versucht zu haben, die Hessische Landesregierung mit Gewalt zu zwingen, den Bau jener Startbahn am Frankfurter Flughafen zu unterlassen. «Die Tathandlungen» des derart Angeklagten seien «seine Äußerungen». Mit Worten also, nicht etwa mit Waffen, soll Schubart die Hessische Landesregierung in die Bredouille gebracht und sich damit des Verbrechens der «Nötigung eines Verfassungsorgans» (§ 105 StGB) schuldig gemacht haben, ein Delikt gleich neben dem Hochverrat, das mit Gefängnis bis zu zehn Jahren geahndet werden kann.

«Die Tathandlungen des Angeklagten sind seine Äußerungen» – mit dieser bemerkenswerten Beschuldigung hat der Generalbundesanwalt den juristischen und politischen Witz des gegen Alexander Schubart angestrengten Strafprozesses knapp und treffend formuliert: Alexander Schubart hat nichts getan; er hat bloß geredet, wofür er dann vom Frankfurter Oberlandesgericht im Januar dieses Jahres zu zwei Jahren Haft auf Bewährung verurteilt worden ist. Sollte dieses im folgenden näher zu untersuchende Urteil den Bundesgerichtshof passieren, so wäre jedenfalls der Volksmund zu seinem Recht gekommen: Man wüßte dann, daß man sich hierzulande tatsächlich um Kopf und Kragen reden kann.

* Dokumente zu diesem Prozeß – Anklage, Einlassung Schubarts, Plädoyers seiner Verteidiger sowie das erstinstanzliche Urteil des Oberlandesgerichts Frankfurt vom 19. Januar 1983 (1 StE 1/82) – sind veröffentlicht in: A. Schubart (Hg.), «Der starke Staat» (Buntbuch Verlag) Hamburg 1983.

I

Wie gesagt: Eine Rede stand auf Antrag Rebmanns und mit Billigung des damaligen Justizministers Schmude unversehens zur Debatte eines Kriminalgerichts, des höchsten Hessischen Staatsschutzgerichts zumal. Dabei hatte Schubart gerade nicht Gewalt gepredigt oder gar zum «Umsturz» aufgefordert (ohnehin ein Wahndelikt von Staatsschutzstrategen). Schubart hatte der Hessischen Landesregierung auch kein «Ultimatum» gestellt, ihr nicht mit Gewalt gedroht, falls sie sich nicht den Startbahngegnern beugen würde. Alexander Schubart hatte lediglich mit starken Worten – eben als Politiker – vor etwa 150000 friedlich versammelten Menschen am 14. November 1981 in Wiesbaden die Verbohrtheit der dortigen Landesregierung angeprangert. Er hatte ihr vorgeworfen, die Hessische Verfassung zu mißachten, weil die Regierung sich beharrlich weigerte, ein gegen den Startbahnbau erfolgreich eingeleitetes Volksbegehren dadurch zu respektieren, daß sie bis zum Abschluß dieser in Hessen garantierten Volksbefragung den umstrittenen Bau erst einmal unterbrechen lassen, die Forderung nach einem Moratorium mithin unterstützen würde. Statt dessen, so faßte Schubart die Erfahrungen der vorausgegangenen Wochen zusammen, versuche die Landesregierung mit Hilfe rabiater Polizeieinsätze vollendete Tatsachen zu schaffen, um dadurch zu retten, was längst verloren sei: ihre politische Glaubwürdigkeit. Die Landesregierung suche eine «militärische Lösung» aus dem Konflikt, probe den «ökologischen Bürgerkrieg» gegen die Startbahngegner, die sich auf diese Art der Auseinandersetzung jedoch auf keinen Fall einlassen würden. Die Bürgerinitiative, das konnte Schubart in Wiesbaden angesichts der bisherigen Aktionen der Startbahngegner getrost versichern, habe sich dem gewaltfreien Widerstand verschrieben: «Im Konflikt um die Startbahn West stehen sich zwei Mittel der Konfliktlösung unversöhnlich gegenüber. Es gibt das Mittel der friedlichen und politischen Lösung, und es gibt das Mittel der gewaltsamen, der militärischen Lösung. Wir, die Startbahngegner, wissen sehr gut und wollen es auch so – ich betone: und wollen es auch so –, daß der Konflikt um die Startbahn West für uns nur politisch und nicht militärisch gewonnen werden kann. Deshalb haben wir ein Volksbegehren eingeleitet, ein Volksbegehren, das nur im Wege einer politischen Auseinandersetzung Erfolg haben kann.» Schubart appellierte schließlich an die Hessische Landesregierung, bis zum Mittag des folgenden Tages ein verbindliches «Angebot im Sinne unserer Moratoriumsforderung zu machen», drohte jedoch für den Fall der Nichterfüllung dieser Forderung keinerlei Sanktion an. Auch die für diesen nächsten Tag, einem Sonntag, von Schubart angekündigte friedliche Demonstration am Frankfurter Flughafen, die wider Erwarten dann allerdings teilweise unfriedlich verlief, war nicht als «Strafaktion» geplant und ausgerufen, sondern bereits Tage zuvor als Fortsetzung der Wiesbadener Versammlung vorbereitet worden: Aus Protest gegen den Startbahnbau sollte allein durch die körperliche Anwesenheit möglichst vieler Demonstranten, durch massive passive Resistenz also und damit vor allem durch die eingesetzte Polizei, der Verkehr am Flughafenterminal für einige Stunden behindert werden – nach der Vorstellung der Bürgerinitiative eine «Doppelblockade» von Demonstranten und Polizisten. «Deshalb», so lautete Schubarts Aufruf für den 15. November, «wollen wir alle dem Frankfurter Flughafen einen Besuch abstatten. Wir wollen morgen eine Inspektion vornehmen, um festzustellen, ob der Flughafen wirklich so klein ist, daß er eine dritte Startbahn braucht. Das Ziel unserer morgigen Aktion ist: Es muß vollständig gewaltfrei ablaufen, vollständig gewaltfrei. Aber ab 12 Uhr 30 bis 22 Uhr muß Rhein-Main zusein.»

Zwar erblickten auch die Frankfurter Richter in dieser spektakulären Aktion am Objekt des Streits «den Wunsch des Angeklagten und seiner Mitarbeiter in der Bürgerinitiative, auf ihr Anliegen aufmerksam zu machen»[1]; sie unterschoben Schubart gleichwohl aber auch nach andere Motive und stilisierten die Aktion kurzerhand zu dem Versuch hoch, die Hessische Landesregierung mit Gewalt zum Nachgeben zu zwingen. Dies, obwohl Schubart – wie auch die Richter eingestehen mußten – die Moratoriumsforderung gerade nicht mit einer Sanktionsandrohung verbunden und folglich auch kein Ultimatum ausgesprochen hatte. Die Richter konstatierten notgedrungen diesen Mangel, wanden sich dann aber trickreich aus der Klemme: In der Flughafendemonstration, die auch nach Ansicht des Gerichts in jedem Fall am 15. November 1981 stattgefunden hätte, sei «bei natürlicher Betrachtungsweise» jene halt nur unausgesprochene Sanktionsandrohung zu erblicken, wie sie der Tatbestand der Nötigung eines Verfassungsorgans verlange. Mit seinem Demonstrationsaufruf habe Schubart die Vergeltung für die erwartete Nichterfüllung der Moratoriumsforderung «bereits ins Werk gesetzt» – Drohung und Realisierung des Angedrohten seien sozusagen zusammengefallen.[2]

Aber: auch nur sozusagen; denn begrifflich wie dogmatisch, so ist einzuwenden, ist dieser Haken haltlos, weil die von einer Drohung ausgehende Wirkung sich nur im Stadium der Androhung entfalten kann, sie aber im Augenblick der Verwirklichung des Angedrohten wieder einbüßt.

II

Das fast schon zwanghafte Bemühen der Bundesanwaltschaft und des Frankfurter OLG, eine Rede und eine sicherlich ungewöhnliche Demonstration zur strafbaren Nötigung einer Regierung umzumünzen und dadurch allen Ernstes in die Nähe des Hochverrats zu rücken, kommt nicht von ungefähr. «Niemand», so ließ der Generalbundesanwalt seinen Sitzungsvertreter in Frankfurt hierzu erklären, «darf sich wundern», wenn solche Strafverfahren künftig Schule machen. Denn das Eingeständnis des Niedersächsischen Ministerpräsidenten Albrecht, bestimmte technologische Großprojekte seien inzwischen politisch kaum noch oder gar nicht mehr durchzusetzen, dürfe «in diesem Staat aus dem Munde eines Regierenden nicht mehr fallen». Vernünftige Entscheidungen – was anderes soll das heißen? – sind für den Generalbundesanwalt offensichtlich nur noch als Ergebnis einer Nötigung denkbar. Diesen politischen Offenbarungseid in Form eines Urteils abzulegen, war dann die Aufgabe des Frankfurter OLG; es hat sie mit Bravour erfüllt. «Mit aller Deutlichkeit» müsse klargestellt werden, so verkündeten die fünf Staatsschutzrichter in einem etwas umständlichen Amtsdeutsch, «daß gerade angesichts dessen, daß Konflikte zwischen von der Mehrheit gewählten Vertretern des Volkes und den Exekutivorganen einerseits sowie politisch aktiven Minderheiten andererseits inzwischen zum Alltag gehören, solche Konflikte nicht auf die vom Angeklagten gewählte Weise zu lösen sind.»[3] Aus «Gründen der Generalprävention» sei deshalb «eine fühlbare Strafe» unentbehrlich.[4] Im Klartext: Außerparlamentarischen Aktivitäten, vor allem dem «Druck der Straße», den aufgeregt an die Wand zu malen, die Frankfurter Richter nicht versäumten, sei im Interesse «der politischen Sitten» und «der allgemeinen Rechtstreue der Bevölkerung» unnachgiebig zu begegnen.[5] Schubart, so hatten die Richter herausgefunden, könne sich «schon deshalb» nicht auf das Demonstrationsrecht berufen, weil die Versammlung am Flughafen nicht ordnungsgemäß angemeldet worden sei[6] – als wäre das Demonstrationsrecht bereits unter einen polizeilichen Erlaubnisvorbehalt gestellt.

Dieses Verdikt des OLG verdient besondere Beachtung, weil die verpönte, «vom Angeklagten gewählte Weise» der politischen Konfliktlösung lediglich darin bestanden hatte, jenes Recht offensiv zu reklamieren, das von der Hessischen Verfassung garantiert wird, von der Landesregierung aber ignoriert wurde: das Recht auf eine unbehinderte Durchführung von Volksbegehren und Volksentscheid, auf ein plebiszitäres Korrektiv der Entscheidungen jener vom OLG beschworenen Volksvertreter. Man mag von solchen Rechten halten, was man will – in Hessen sind sie aber nun einmal statuiert.

Daß Alexander Schubart sich erlaubte, öffentlich die Legitimation einer Regierung anzuzweifeln, ein ökonomisch und ökologisch fragwürdiges Bauprojekt gegen den erklärten Willen der hiervon unmittelbar betroffenen Bevölkerung durchzusetzen, quittierten die Frankfurter Richter als «reine Anmaßung unter Mißachtung der Verfassung»[7], mit der sich Schubart «außerhalb der staatlichen und verfassungsmäßigen Ordnung» gestellt habe.[8] Er ist also – im eigentlichen Wortsinn – kein Staatsbürger mehr.

Mit diesem Grundrechtsverständnis befinden sich die OLG-Richter freilich in bester Gesellschaft. Als in den 50er Jahren christliche, sozialistische und kommunistische Organisationen zu Kundgebungen und Volksabstimmungen gegen die damals geplante Wiederbewaffnung und gegen die Eingliederung der Bundesrepublik in die westliche Allianz aufriefen, machte der Bundesgerichtshof keinen Hehl daraus, was von derartigen außerparlamentarischen Aktivitäten zu halten sei: «Dieser Agitationsmethode», so sein Urteil, solle unter «Berufung auf die ‹Entscheidung des Volkes› der Anschein einer demokratischen Legitimation gegeben werden. In Wirklichkeit bedeutet sie die Unterhöhlung der staatlichen Ordnung, indem die wesentlichen Grundlagen der repräsentativen Demokratie und ihre Anerkennung durch das Volk angegriffen und erschüttert werden.»[9]

Wessen Legitimation der Bundesgerichtshof durch solche außerparlamentarischen Aktivitäten bedroht sah, kann kaum klarer beschrieben werden als durch den Fundstellennachweis zu diesem Urteil im amtlichen Registerband der BGH-Entscheidungssammlung – dort heißt es nämlich unumwunden unter «V», wie «Volksbefragung»: «siehe Hochverrat»[10]. Das Volk kann eben beides sein – Souverän und Pöbel.

III

Da es der eigentliche Sinn zumal jeder Großdemonstration, geradezu ihre *raison d'être* ist, eine Regierung unter Druck zu setzen, dürften derartige Manifestationen jedenfalls nicht als «Nötigung eines Verfassungsorgans» (§ 105 StGB) strafbar sein. Als klassische Schutzrechte der Bürger gegen den Staat verbieten Art. 5 und 8 des Grundgesetzes eine Anwendung des in § 105 Strafgesetzbuch normierten Staatsschutzrechts auf Demonstrationen und Streiks. Mit der von Alexander Schubart formulierten Forderung nach einem Moratorium bis zum Abschluß des bereits angelaufenen Volksbegehrens wurde von ihm überdies gerade ein Rechtsanspruch geltend gemacht, der inhaltlich dem von § 105 StGB geschützten Rechtsgut entspricht: der Unabhängigkeit der demokratischen Willensbildung und der politischen Entscheidungsfreiheit nämlich. Hiergegen kann überzeugend nicht eingewendet werden, das Demonstrationsrecht sei auf eine Auseinandersetzung mit Worten beschränkt; denn das Versammlungsrecht ist mehr als nur ein bloßes Kommunikationsrecht. Es ist ein Recht auch auf Aktion. Die demgegenüber vom BGH aufgestellte apodiktische Behauptung, ein Meinungskampf durch «tätliches Verhalten» sei von der Verfassung nicht mehr gedeckt[11], übersieht, daß es zwischen der verbalen Auseinandersetzung und einem «tätlichen Verhalten» eine breite Palette bürgerlicher Aktivitäten gibt, die sich nicht auf Parolen und *picket-lines* beschränken und trotzdem friedlich sind. Es ist im übrigen nicht einzusehen, warum die unbestreitbare Erkenntnis, daß häufig genug erst massive soziale Pressionen ein erfolgreiches Mittel der politischen Auseinandersetzung zwischen rivalisierenden Interessengruppen sind, allein bei Arbeitskämpfen Rechtens sein soll.[12]

Mehr noch: Die Entstehungsgeschichte des § 105 StGB zeigt, daß eine strafbare Nötigung einer Regierung die Androhung oder Anwendung eines so intensiven und aggressiven Drucks voraussetzt, wie er in der Regel nicht einmal von einem langanhaltenden Massen- oder Generalstreik erreicht wird. Heinrich Jagusch, bis 1965 Strafrichter am BGH und alles andere als ein Liberaler, hat in diesem Zusammenhang denn auch darauf hingewiesen, daß die Annahme, eine Regierung sei durch eine Protestdemonstration oder einen Streik in ihrer Entschließungsfreiheit beeinträchtigt worden, stets «nach scharfen Maßstäben» zu überprüfen ist.[13] Eine Strafverfolgung nach § 105 StGB dürfe nicht «den Beigeschmack einer politischen Kraftprobe» erhalten.[14]

Diese Maßstäbe sind um so strenger anzulegen, als sich der strafrechtliche Gewaltbegriff nicht nur von dem der Umgangssprache unterschneidet, sondern auch noch von der Rechtsprechung – vor allem der des BGH – immer mehr «vergeistigt» worden ist: Konstitutiv für Gewalt im Sinne des Nötigungsrechts ist nämlich nicht erst die unmittelbare Anwendung von Körperkraft, die körperliche Einwirkung auf einen anderen; ausschlaggebend ist vielmehr inzwischen allein das jeweilige «Gewicht» der «psychischen Zwangswirkung» einer Handlung auf deren Opfer. Nicht die Art der Druckerzeugung also ist entscheidend, sondern die mit diesem Druck erzeugte Wirkung. «Geht man hiervon aus», so urteilte der BGH schon 1955, «dann können Demonstrationen und Streiks keineswegs als typische Mittel der Gewaltlosigkeit angesehen werden ... Ob eine der körperlichen Kraftentfaltung vergleichbare Wirkung erstrebt und erzielt werden soll, wird von der Art und dem Umfang des Streiks wie davon abhängen, auf wen durch ihn eingewirkt werden soll.»[15]

Diese in der juristischen Literatur heftig umstrittene Substantialisierung und «Vergeistigung» des strafrechtlichen Gewaltbegriffs wurde von den Gerichten nicht im luftleeren Raum entwickelt, sondern – seit etwa dreißig Jahren – schubweise im Kontext sozialer Konflikte und politischer Krisen: In den 50er Jahren im Umfeld des KPD-Verbotes und der Kampagnen gegen die Wiederbewaffnung; Ende der 60er Jahre als Reaktion auf Studentenrevolte und «wilde» Streiks; und derzeit schließlich in der Konfrontation mit Anti-Atomkraft-Gruppen und «Nachrüstungs»-Gegnern.[16] Die zitierte Streik-Entscheidung des Bundesgerichtshofes etwa verteidigte die «Zwangswirkungslehre» mit dem Hinweis auf obskure «moderne Methoden» des Umsturzes[17]: es komme darauf an, solchen «Bewegungen zu begegnen, die nicht mit Gewalt vorgehen, auf jeden Fall nicht die Gewalt erkennen lassen»[18]. Der moderne Staat müsse deshalb «seine Verteidigungslinie in den Bereich vorverlegen, in dem die Staatsfeinde unter der Maske der Gewaltlosigkeit die Macht erschleichen»[19].

Die skizzierte Auflösung des strafrechtlichen Gewaltbegriffs ist schon deshalb problematisch, weil jene für ausreichend erachtete «Zwangswirkung» immerhin von jedem erfolgreichen Nötigungsmittel ausgeht; sie ist gerade kein charakteristisches Merkmal der Gewalt. Anders gesagt: Jede Gewalt ist Zwang, aber nicht jeder Zwang ist Gewalt. In der Rechtsprechung des BGH hingegen hat sich diese wichtige Differenzierung längst verflüchtigt. «Gewalt» ist inzwischen alles, was irgendwie nötigend wirkt oder auch nur wirken könnte – selbst Zwischenrufe in einer Vorlesung fallen schon darunter und wurden vom Bundesgerichtshof als «rechtswidrige Nötigung» qualifiziert.[20]

Der Aberwitz, zugleich aber auch die politische Brisanz derartiger richterlicher Dezisionen wird vollends deutlich, wenn man bedenkt, daß über die Rechtswidrigkeit bzw. die Rechtmäßigkeit einer Gewaltanwendung das mit ihr verfolgte Ziel entscheidet. «Rechtswidrig», so heißt es hierzu im Gesetz, ist die Gewaltandrohung oder Gewaltanwendung, die «zu dem angestrebten Zweck als verwerflich anzusehen ist» (§ 240 Abs. 2 StGB). Was im Einzelfall «verwerflich» ist und was «sozialadäquat», entscheiden ebenfalls Gerichte. Dem BGH war es vorbehalten, diese Prozedur mit einem Zirkelschluß zu krönen: Die Anwendung von Gewalt sei für die Rechtswidrigkeit «praktisch indiziell».[21]

IV

In einem Punkt zumindest waren sich bislang jedenfalls alle Juristen einig: Die Gewalt, die angedroht oder angewendet worden sein muß, um eine Handlung als Nötigung eines Verfassungsorgans anklagen zu können, muß von ungewöhnlicher Intensität sein. Während der Beratungen des heute geltenden und gegen Alexander Schubart angewandten § 105 StGB im Rechtsausschuß des Bundestages erörterten die Abgeordneten unter dem Vorsitz des ehemaligen Generalbundesanwalts Max Güde (CDU) mit Blick auf den veränderten strafrechtlichen Gewaltbegriff vor allem die Problematik von Demonstrationen und Streiks. Güde und der SPD-Abgeordnete Adolf Arndt wiesen hierbei wiederholt darauf hin, daß Gewalt und Drohung mit Gewalt im Sinne des § 105 StGB «nicht so verstanden werden (könnten) wie im privaten oder im wirtschaftlichen Leben. Eine Abgrenzung zwischen einem zulässigen und einem unzulässigen Druck ist hier sehr schwierig». Arndts Meinung nach sollte «nur die physische Brachialgewalt unter diese Begriffe fallen. Jeder andere Druck – wie Protestdemonstrationen und Streiks – ist in einem freien Staat legitim.»[22] Güde erinnerte in diesem Zusammenhang an die Ende 1952 in der Bundesanwaltschaft geführte Kontroverse, ob der im Mai 1952 von den Gewerkschaften für drei Tage inszenierte Zeitungsstreik gegen das damals von der Regierung Adenauer eingebrachte Betriebsverfassungsgesetz es rechtfertige, die DGB-Funktionäre wegen versuchter Nötigung der Bundesregierung anzuklagen. «Die Bundesanwaltschaft», so Güdes Bericht, «hat seinerzeit die Ansicht vertreten, daß ein Druck auf das Parlament in gewissen Grenzen noch sozialadäquat sei und daher nicht den Tatbestand des § 105 StGB erfüllt.»[23] Güde weiter: «Angesichts der zahlreichen Streiks in Frankreich in den letzten Jahren bin ich hinsichtlich der strafrechtlichen Beurteilung solcher Streiks immer zweifelnder geworden. Da die Öffentlichkeit diese Streiks ertragen hat, ist es fraglich, ob man hier von Gewalt sprechen kann. In Deutschland gibt es eine Traditionslinie, sie stammt noch aus der wilhelminischen Zeit, auf Grund derer der Streik überhaupt als illegal, als nicht rechtmäßig angesehen wird. Diese Traditionslinie ist mühsam zugunsten des arbeitsrechtlich zulässigen Streiks durchbrochen worden. Ich halte die physische Einwirkung auf das Parlament bzw. auf die Allgemeinheit für das entscheidende Kriterium. Dies sollte man vielleicht noch etwas deutlicher zum Ausdruck bringen. Wenn die Bevölkerung infolge eines Streiks tage- oder wochenlang nicht kochen könnte, ist dies mit einer unmittelbaren physischen Einwirkung etwa durch Würgen am Hals vergleichbar. Von einer derartigen Einwirkung aber hat bei dem Zeitungsstreik keine Rede sein können.»[24]

Zusammengefaßt lautet das Ergebnis der Ausschußberatungen zum Gewaltangriff des § 105 StGB: «Selbst der nicht ‹sozialadäquate› politische Streik erfüllt nicht ohne weiteres den Begriff der Gewalt im Sinne der erwähnten Vorschriften. Das Vorliegen von Gewalt in einem solchen Streikfall ist nur dann zu bejahen, wenn die Auswirkungen des Streiks der Anwendung physischer Gewalt gleichkommen, so, wenn zum Beispiel durch Lahmlegung der gesamten Lebensmittel-, Wasser- oder Energieversorgung das physische Leben der Bevölkerung gefährdet ist. Diese Voraussetzung ist nach Meinung der Mehrheit des Ausschusses nicht gegeben, wenn etwa die Versorgung der Bevölkerung durch Einsatz eines technischen Notdienstes trotz des Streiks aufrechterhalten werden kann.»[25]

Überträgt man diese Anforderungen an den Gewaltbegriff des § 105 StGB nun auf das Geschehen am Frankfurter Flughafen vom 15. November 1981, so wie es sich dem Urteil zufolge dort ereignet haben soll – eine teilweise unfriedlich verlaufene Demonstration von etwa 10000 Menschen mit handfesten Auseinandersetzungen zwischen Polizei und Demonstranten, erheblichen Verkehrsbehinderungen und einem Sachschaden von knapp 84000 Mark; eine Aktion indes, die von Anfang an zeitlich begrenzt war und nicht etwa solange andauern sollte, bis die Landesregierung die Moratoriumsforderung erfüllt haben würde –, dann wird die Maßlosigkeit des gegen Alexander Schubart durchgeführten Strafverfahrens ebenso offenbar, wie die politische Absicht der Bundesanwaltschaft, künftig jede mißliebige Massendemonstration und jeden Massenstreik als strafbare Regierungsnötigung zu deklarieren. Denn abgesehen davon, daß dieses Geschehen am Flughafen nicht einmal ansatzweise jene Dramatik und jenen Druck erreichte, die einen Hinweis auf den § 105 StGB überhaupt erlauben würden, hatte Schubart gerade und ohne jedes Wenn und Aber zu einer friedlichen Aktion aufgerufen. Dies wird vom OLG zwar eingeräumt, jedoch als «unbeachtlich» abgetan – das tatsächliche Geschehen wird ihm einfach zugerechnet: Er, der selbst nicht am Flughafen war, sei gleichwohl Mittäter dieser als schwerer Landfriedensbruch qualifizierten Ereignisse gewesen; er habe die Gewalttätigkeiten zwar nicht gewollt, sie aber «billigend in Kauf genommen». Er, der vor einer friedlichen Menge in Wiesbaden am 14. November 1981 zu einer ebenso friedlichen Fortsetzung dieser Demonstration 24 Stunden später am Flughafen Frankfurt aufrief, habe damit jenem «Bodensatz der reisenden Schläger, Rockergruppen oder auch aus ideologischen Gründen an einer Destabilisierung des politischen Systems der Bundesrepublik interessierten Kampfgruppen»[26] erst die notwendige Deckung verschafft, aus der heraus sie ungestört dann ihr Unwesen hätten treiben können. «Diese Überlegungen», so lautet die entwaffnend einfache Beweisführung des OLG, «sind so zwingend, daß der Senat davon überzeugt ist, daß dies auch dem Angeklagten bewußt war.»[27]

Der fand sich in diesen «zwingenden Überlegungen» des OLG-Senats als eine Art von «Hintermann» oder «Rädelsführer» wieder, wirklichkeitsfremde Rechtsfiguren, die allenfalls auf die Projektionen derjenigen verweisen, die mit diesen Begriffen operieren. In der Phantasie der Frankfurter Richter hat Alexander Schubart an diesem 15. November 1981 alle Fäden in der Hand gehalten und das vermeintliche Inferno am Terminal von langer Hand generalstabsmäßig gelenkt. Er konnte deshalb auch getrost zu Hause bleiben, weil die von ihm verführten jungen Leute, der aufgewirbelte «Bodensatz», es schon richten würden. Bei soviel folgenschwerem Unfug war es eigentlich nur konsequent, daß Polizeibeamte sich zu der Beschuldigung verstiegen, Demonstranten seien damals massenhaft für eine Tagesgage von jeweils 25 Mark zur Flughafenblockade angeheuert worden.

V

Alexander Schubart hatte keine Chance. Als er den Saal betrat, war er bereits verurteilt. Von Richtern, die aufdringlich und beflissen ihre politische Neutralität beteuerten, um dann – ebenso aufdringlich und beflissen – Partei gegen Schubart und für den Staat zu ergreifen. Die Hessische Landesregierung, die als einer der beiden Konflikt-Gegner selbst massiven Druck auf die Startbahngegner ausgeübt hatte, konnte mit Hilfe dieses Strafprozesses nun auch noch politischen Nutzen aus ihrem rechtsbrüchigen Verhalten ziehen. «Niemand», so ließen die Staatsschutzrichter jedermann mit Blick an den kommenden Herbst wissen, «kann sich bei gleicher Konfliktlage mehr darauf berufen, er halte sein Handeln für gerechtfertigt.»[28] Und auch das hohe Strafmaß – zwei Jahre Gefängnis, zur Bewährung ausgesetzt, mit der Folge, daß Schubart automatisch seinen Beruf als Beamter verliert – wurde politisch begründet: «Unbelehrbar bis ins Schlußwort» habe Schubart die Schlüssigkeit der BGH-Rechtsprechung zum strafrechtlichen Gewaltbegriff und damit seine Strafbarkeit bestritten.[29] Dieser «nicht hinzunehmende Fall von Rechtsanmaßung und Selbstüberschätzung» verlange «eine nachhaltige Einwirkung durch eine fühlbare Freiheitsstrafe»[30]. In einem Strafverfahren also, dessen Angelpunkt gerade in dem Streit um den strafrechtlichen Gewaltbegriff bestand, gründet nicht nur die Verurteilung auf einer hierzu vom OLG entwickelten Rechtsauffassung, die – völlig legitim – von der des Angeklagten Schubart abweicht; die Rechtsauffassung dient überdies auch dazu, die Strafe empfindlich zu verschärfen.

Bleibt abzuwarten, ob der Bundesgerichtshof das Frankfurter Urteil absegnet und sich für die erklärten politischen Interessen der Bundesanwaltschaft vereinnahmen läßt. Für Kurt Rebmann jedenfalls, den Generalbundesanwalt, ist das Verfahren längst gelaufen. Die Schubart-Entscheidung, davon geht er aus, wird ihre generalpräventive Wirkung auf die Demonstranten im kommenden Herbst sicherlich entfalten.[31] Es wird sich zeigen, ob er diese Rechnung ohne den Wirt gemacht hat.

Wolf-Dieter Narr

Gewaltfreier Widerstand um der Demokratie und des Friedens willen*

«Wer über gewissen Dingen den Verstand nicht verliert, hat keinen zu verlieren.»

Wann träfe dieses Wort Lessings mehr zu als heute? Wann erreichte es, recht verstanden, erstmals kollektive Bedeutung, wenn nicht heute?

Wir leben in der Zeit der «absoluten Waffe» – Waffen der ABC-Skala: atomar-biologisch-chemisch. Und das Arsenal dieser Waffensysteme wird seit Jahrzehnten kontinuierlich ausgebaut und verfeinert. Alle Abrüstungsverhandlungen seit Ende des Zweiten Weltkrieges verliefen hoffnungslos im Sand. Keine Seite war bereit, auch nur einen Schritt breit nachzugeben. Das in den Waffensystemen versammelte Mißtrauen und die Angst zugleich, die Eigendynamik, die die Waffensysteme der beiden Supermächte und ihrer Trabanten vorwärtstreibt in einer schon jetzt zerstörerischen und alles Leben bedrohnenden Spirale – sie blieben im wechselnden Stützspiel allemal Sieger. Zugunsten selbst in der aberwitzigen Phantasie nicht vorstellbarer Zerstörungsmöglichkeiten. Nicht umsonst gebrauchen die rechtfertigenden Politiker noch Begriffe und Bilder, als ginge es um knabenhafte Sandkastenspiele oder um Räuber und Gendarm.

Ein in seiner Irrationalität und menschenverachtenden Bedrohung sich steigerndes Abschreckungssystem soll Frieden, vielmehr Sicherheit bewahren und schaffen mit immer mehr Waffen.

Dabei gilt doch schon hier in bejahender Antwort die eindringliche Frage, die die katholischen Bischöfe der USA jüngst stellten. In einem Dokument einer mächtigen und altersgrauen Institution übrigens, das seinesgleichen sucht an Genauigkeit der Erkundung und moralischer Skrupelhaftigkeit: «Die unverhältnismäßigen Kosten, das allgemein erzeugte Klima der Unsicherheit, die Möglichkeit einer

* Dem folgenden Aufsatz liegt ein Vortrag gleichen Titels anläßlich der Jahrestagung des Komitees für Grundrechte und Demokratie im April 1983 zugrunde. Der schriftliche Text wurde leicht modifiziert und mit Belegen versehen, s. auch Anmerkung 24a.

Explosion der sehr destruktiven Waffen infolge eines Unfalls, die Gefahr des Irrtums und die Fehlkalkulation, die einen nuklearen Gegenschlag und Krieg bewirken könnten – lassen all diese Übel und andere, die direkt mit dem Rüstungswettlauf zusammenhängen, diesen Rüstungswettlauf nicht schon als solchen als unangemessene Antwort auf jegliche Aggression erscheinen?»[1]

Und in dieser Situation wird von der US-amerikanischen Regierung und ihren Verbündeten, an vorderster Stelle die Bundesrepublik Deutschland, die Möglichkeit begrenzter Atomkriege erkundet und strategisch vorbereitet. Und in dieser Situation wird die Aufrüstung mit Mittelstreckenraketen, den Cruise Missiles und den Pershing II als sicherheitspolitisch notwendige «Nachrüstung» gerechtfertigt und verharmlost. Eine Maßnahme, die unbeschadet sowjetischer Aufrüstung, die nicht zu kaschieren und zu rechtfertigen ist, ganz und gar irrationale Folgen zeitigen muß, selbst innerhalb der herrschenden Lehre der Abschreckung geurteilt und auf die Interessen der Bundesrepublik bezogen.

Bleibt für alle Friedenswilligen, für Christen und Nichtchristen, die aber mit der Bergpredigt wissen, daß man Frieden schaffen muß, daß er nicht von selbst kommt – denn selig sind die Friedenschaffenden heißt die wörtliche Übersetzung! – bleibt für alle diejenigen, die der Aufrüstungslüge nicht weiter Glauben schenken wollen, eine andere Wahl, als «nein» zu sagen? Muß man hierzu nicht aus der herrschenden Normalität, die vom Ende mit Schrecken lebt, mit Vernichtung vielmehr, einfach herausspringen und auch neue Verfahrensweisen benützen?

Widerstand in verschiedenen Formen ist angezeigt, und (fast) jedes Mittel scheint von vornherein gerechtfertigt, wenn es die Drohung eines Atom(B-C)Krieges und die kaum ermeßlichen fortlaufenden Kosten zu den gegenwärtigen Zeiten des Noch-Nicht-Krieges abzubauen hilft. Das allein beweist Verstand, wenn man den herrschenden Verstand aufgibt und einer wahrhaft humanen Rationalität folgt.

Gewiß. Wer anläßlich solcher Gefahren nicht aus den herrschenden Denk- und Handlungsschemata herausspringt, hat diese Gefahren noch nicht begriffen. Und doch kommen angesichts der gerade gebrauchten Formulierungen Bedenken. Anders: Diese Formulierungen sind in ihrem Sinn noch zu bedenken. Von den katholischen Bischöfen der USA – man könnte fast katholisch darüber werden – kann man's lernen. Muß man es lernen. Je größer die Bedrohung und je höher die Ziele sind, desto genauer muß man diese Bedrohung «vermessen», desto skrupelhafter muß man die eigenen Aktionen und Instrumente untersuchen, die dem Abbau der Bedrohung dienen sollen. Die Gutwilligkeit und die Gutgläubigkeit genügt für beide Seiten nicht. Sie sind zu wenig. Sowohl die Gutwilligkeit derjenigen, die behaupten, allein mit der atomaren Abschreckung und weiteren Aufrüstungen mit Mittelstreckenraketen u. ä. könne «unsere» Sicherheit gewährleistet werden. Sie bleiben den Beweis schuldig. Alle Vernunft und alle Wahrscheinlichkeit spricht gegen sie. Aber auch die Gutwilligkeit derjenigen, die sich gegen den «Rüstungswahnsinn» richten, ist nicht ausreichend. Welche Aktionen und Instrumente hierfür taugen, muß gleichfalls überprüft werden. Das erfahrene Mißtrauen gegenüber der anderen Seite ersetzt eigene Überlegungen nicht. Auch die Argumente stechen nicht, die da lauten: Angesichts der Eilbedürftigkeit des Widerstands dürfe nicht mehr lange nachgedacht werden. Außerdem genüge es, damit man möglichst rasch Mehrheiten erhalte, die Frage der Mittel offen zu lassen. «Man muß solche Blokkaden und alle wie auch immer gearteten Aktionen an den Standorten zu Massenaktionen werden lassen», so argumentieren Vertreter des «Göttinger Atom-Expreß» und fahren fort: «und das ist nicht unter einem ideologischen Konzept für Gewaltfreiheit möglich.»[2] Wird damit aber nicht dem gleichen Opportunismus gefrönt, dem auch die «andere Seite» huldigt, wenn sie sich dauernd auf ihre «Mehrheiten» beruft?

Kurzum. Gerade weil es notwendig ist, alles zu tun, um die Aufrüstungsdynamik in eine der Abrüstung zu verkehren, ist genaues Bedenken der Aktionsformen und der Mittel unabdingbar. Nur die Gesinnung zu demonstrieren nützt wenig, wenn die Art, wie man sie demonstriert, gerade vom Ziel weit entfernt. Deswegen bereitet mir der neuerdings inflationäre Gebrauch des Begriffs vom Widerstand erhebliche Pein. Gerade weil ich Widerstand für unvermeidlich halte. Deswegen verstärkt sich meine Furcht, die friedenspolitisch aktiven Gruppen möchten unbeschadet ihren von mir geteilten Zielen der Sache des Friedens schaden, wenn ich sehe, wie fahrlässig, ich finde kein anderes Wort, mit der Frage von Gewaltfreiheit oder nicht umgegangen wird. Als Ergebnis der «3. Aktionskonferenz der Friedensbewegung in Köln» am 16. und 17. April 1983 wurde nicht nur reichlich pauschal der «Widerstandsherbst», sprich, alle möglichen Aktionen im Herbst wider die «Nachrüstung» unter diesem Titel angekündigt. Es besteht auch Anlaß zu vermuten, daß der Bericht in der Frankfurter Rundschau vom nacholgenden Tage korrekt ist: «Die Frage darüber, inwieweit hierzu [bei Konfrontationen gegen die Aufstellung von Raketen; W.-D. N.] Gewalt angewendet werden dürfe, wurde ausgeklammert. Es herrschte offiziell Einigkeit darüber, und dies wurde nicht weiter besprochen, daß gewaltfreier radikaler Widerstand geleistet werden müsse.»[3] Hätte man aber die Formen dieses Widerstandes nicht gerade besprechen müssen, ob «bewegungsopportun» oder nicht? Hat man sich hier nicht um eine friedenspolitisch mitentscheidende Frage herumgedrückt. Noch einen Schritt weiter geht die Redaktion der *Sozialistischen Monatsschrift Moderne Zeiten*, die zum Streit «Gewaltfreiheit oder nicht» feststellt: «Ob es – nicht nur im Herbst – gelingt, zu erfolgreichen Aktionen zu kommen, liegt vor allem auch daran, ob dieser Streit produktiv ausgetragen und jeglichen Ausgrenzungsversuchen eine deutliche Absage erteilt wird. Es geht u. E. nicht vorrangig um die Frage ‹Gewalt: ja oder nein?›, sondern um die Fixierung der Friedensbewegung auf den Staat oder deren Außerstaatlichkeit.»[4]

Wie sich die Seiten–vertauscht–gleichen. Dieser Satz hätte fast auch gegen die Friedensbewegung gerichtet von einem staatstreuen Juristen formuliert werden können. Für ihn ist die gewaltfreie Form ohnehin, wenn sie sich «gegen den Staat» richtet, gewaltsam. Und selbst bei den Vorbesprechungen des Komitees für Grundrechte und Demokratie meinte ein guter Genosse und Freund: Ist diese ganze «Gewaltfrage» nicht «Glaubenssache» und ansonsten eine Frage des taktischen Kalküls?

Ich denke, daß es sich hier um grundsätzliche Probleme handelt. Schweigen, so dünkt mir, schlösse Schuld ein, bedeutete schuldhaftes Versagen im Hinblick auf das eigene Programm. Diese Aussagen treffe ich gerade, weil wir, gerade weil ich jedenfalls Formen gewaltfreien Widerstands heute für unabdingbar halte. Um der Demokratie und des Friedens willen.

Die herrschenden Formen der Willens- und Entscheidungsbildung sind so verkrustet und verkarstet, daß gezielte Regelverletzungen, gezieltes Überschreiten von Gesetzen oft unvermeidlich sind. Thoreau hat recht; gerade heute: «Wenn aber das Gesetz so beschaffen ist, daß es notwendigerweise aus dir den Arm des Unrechts macht, dann sage ich, brich das Gesetz. Mach dein Leben zu einem Gegengewicht, um die Maschine aufzuhalten.»[5] Und welcher Rüstungsmaschinerie stehen wir heute gegenüber!

Ich will die Klärung der Frage gewaltfreien Widerstands in drei Schritten voranzutreiben suchen. Zunächst wird der Begriff des Widerstandes geklärt (I). Danach wird die Qualität der Gewaltfreiheit als wesentliches Element dieses Begriffs bestimmt (II). Schließlich wird – (III) – argumentiert, daß gewaltfreier Widerstand nur aus den Zielen von Demokratie und Frieden rechtfertigbar und mit einigermaßen kriterienklarem Zielbezug substantiierbar ist. Eine Reihe wichtiger Fragen, die zur zureichenden Klärung des Themas beantwortet werden müßten, behandle ich nicht oder allenfalls punktuell:

– Die Geschichte des Widerstandsrechts. Sie reicht in die Zeiten vor der endgültigen Etablierung des modernen Staates zurück. Das Widerstandsrecht wurde aus christlichem und nichtchristlichem Naturrecht begründet. Obwohl seine Tradition durch den modernen Staat jäh unterbrochen worden ist, hat das Widerstandsrecht bei der Entstehung der neuzeitlichen Konzeption der Menschenrechte eine Rolle gespielt (vgl. Magna Charta von 1215). Ein Ferment desselben ist auch in den modernen Konstitutionalismus und insbesondere in den Gedanken der Volkssouveränität eingegangen. Um Qualität und Grenzen des Widerstandsrechts heute herauszufinden und damit gleichzeitig Qualität und Grenzen des modernen Staates und seiner auch rechtsstaatlich-parlamentarischen Spielformen, wäre es durchaus angezeigt, in der Geschichte zu graben. Ein spannender Unterschied läßt sich zwischen der kontinental-europäischen und der angelsächsischen, insbesondere der US-amerikanischen Tradition feststellen. Während in der ersteren der fürstlich-monarchische Absolutismus durch den des bürgerlichen Parlaments abgelöst wurde, entstand die US-amerikanische Verfassung aus der Wurzel von Widerstandsrecht und hat sich bis heute das Mißtrauen gegen alle «Absolutismen» bewahrt.

– Die unausgesetzt pochende Frage, welche Motive und Situationen Menschen widerständig handeln lassen bzw. wie solche Motive freigesetzt werden. Je stärker etabliert eine Herrschaft ist, desto mehr wird mit institutionellen Mitteln etwa der Sozialisation und mit einem Kreuz positiver und negativer Sanktionen versucht, Widerstandsverhalten an der Wurzel auszuschließen. Die mögliche Legitimität von Widerstand wird ohnehin prinzipiell verneint.

– Eine ganz anders gelagerte Frage, die aktuell von erheblicher Bedeutung ist, lautet: Was muß getan werden, um Gewaltfreiheit einzuüben und um widerständigem Verhalten einige Dauer zu verleihen?

Auf die gegenwärtige Situation in der Bundesrepublik bezogen, ist zu klären, welche Vorbereitungen rechtlicher, finanzieller und organisatorischer Art zu treffen sind, um Widerstandsverhalten so anzulegen, daß sein Effekt im Hinblick auf die Willens- und Entscheidungsbildung seine unvermeidlichen Kosten übersteigt. Vor allem ist zu argwöhnen, daß die einzelnen, die mitmachen, nicht überfordert werden bzw. daß umgekehrt Widerstandsaktionen nicht Lagerdenken und Gewalt befördern.

I. Widerstandsrecht ist Menschenrecht

Wenn man so nachdrücklich formuliert, bezieht man sich auf die naturrechtliche Tradition. Der Rechtsbegriff des modernen Staates, wie er auch in der Bundesrepublik gilt, die gerade einer naturrechtlich-menschenrechtlichen Tradition entbehrt, schließt Widerstand prinzipiell aus.

Deswegen ist die von mir gebrauchte Formel: «Widerstandsrecht *ist* Menschenrecht» alles andere als selbstverständlich. Otto Kirchheimer hat vor über 50 Jahren korrekt festgestellt: «Die Staatstheorie des 19. Jahrhunderts kennt das Widerstandsrecht, das noch die Diskussion der politischen Oppositionsgebilde im Absolutismus beherrschte, nicht mehr. Die absorptive Gewalt der demokratischen Ideologie hat gleichermaßen wie die konstitutionelle Praxis dazu beigetragen, das Widerstandsrecht, das Produkt einer noch nicht rationalisierten Gesellschaftsordnung, auszuschalten; ja, man kann sogar soweit gehen, den modernen Staat durch das Fehlen des Widerstandsrechts, durch dessen Degradierung zu einem Katalog konstitutioneller Freiheitsrechte, zu kennzeichnen. An Stelle eines unbestimmbaren Widerstandsrechts, dessen Stärke allein seine Verankerung im Volksbewußtsein – und das heißt gleichzeitig seine substantielle Grenzenlosigkeit – war, trat der rationalisierte Gesetzesbegriff.»[6] Kirchheimer bleibt bei dieser Feststellung nicht stehen. Er wendet sich scharf gegen die Kritiker und Feinde der Weimarer Verfassung, die dieselbe durch einen Bezug zu vor- und überlegalistischen Ordnungsprinzipien aushöhlen und auflösen wollen. Gegen höchst wirksame Lehren, die die Legitimität außer und über der parlamentarisch bestimmten Legalität suchen und deswegen z. B. alle Formen von

Enteignung feudal-herrschaftlicher Besitztümer bekämpfen, beharrt er nachdrücklich: Die Legalität der parlamentarisch verfaßten Republik und ihrer Verfassung ist auch ihre Legitimität. Es gibt keine politisch entscheidbaren höheren Werte außerhalb des gesetzlich vorgeschriebenen Verfahrens.

45 Jahre später schlägt Ulrich Preuß in die gleiche Kerbe: «Die wichtigste Leistung des Legalitätssystems liegt indessen in der Beseitigung des Widerstandsrechts. Wenn das Gesetz höchster Ausdruck des Volkswillens ist und hieraus sein Geltungsanspruch resultiert, so kann es kein ‹höheres› Recht des einzelnen geben, das Kraft einer behaupteten und überlegenen inhaltlichen Qualität gegenüber dem Gesetz zum Ungehorsam oder zum Widerstand berechtigt.»[7] Und wie Kirchheimer beflügelt Preuß bei seiner kristall-klaren Argumentation die Furcht, vielmehr auch schon die Beobachtung, daß bürgerliche Rechte nicht zuletzt von staatlichen Instanzen und ihren augenblicklichen Repräsentanten unter dem Hinweis auf höherrangige Legitimitäten, etwa einen vordemokratischen Loyalitätsanspruch des Staates im Hinblick auf seine Bediensteten, ausgehebelt werden. Daß eher konservative Juristen (s. etwa Krüger oder Stern) dieser Gleichsetzung von Legalität und Legitimität gegenwärtig sekundieren, ebenso die Vertreter der etablierten Parteien, verwundert nicht. (Vgl. symptomatisch die Debatte im niedersächsischen Landtag vom 26. 1. 1983 zur großen Anfrage der CDU i. S. Gewalt.)[8]

Diese Parallelität der Argumentation, politisch gesprochen eher rechts und eher links, nimmt den Argumenten zunächst nichts von ihrer Geltungskraft. Die zitierten und zuhauf belegbaren Feststellungen dürfen nicht leichthändig weggelegt werden. Zum einen um ihrer gegenwärtigen herrschaftlichen Bedeutung willen; sie geben bis zu einem gewissen Grade die herrschende Meinung wieder; zum anderen, das zeigen Kirchheimers und Preuß' Einlassungen ihres prinzipiellen Gehalts wegen, der etwas genauer zu untersuchen ist.

1. Gemäß dieser herrschenden Meinung, der einflußreichen juristischen und der wirksamen politischen, gibt es selbstverständlich keinerlei Widerstandsrecht. «Nur der Staat», so betont Rupert Scholz, Justizsenator für Bundesangelegenheiten des CDU-Senats des Landes Berlin seit 1981, «kann über Gesetz und Recht für Rechtmäßigkeit und Friedlichkeit sorgen; nur der Staat kann über Gesetz und Recht auch den Schwächeren und die Minderheit vor der Gewalt und Unterdrückung durch den Stärkeren oder durch andere Gruppen

schützen». Das staatliche Gewaltmonopol bedeutet also nichts anderes als das staatliche Rechtsmonopol und das staatliche Monopol zum Schutz von Recht, Frieden und Gleichheit aller Bürger. «Ein Recht zum Widerstand besteht allenfalls dann, wenn die «vorgegebenen Institutionen» «des demokratischen Rechtsstaates» «nicht mehr funktionsfähig sind». Ansonsten, so Scholz, korrespondiert «die Friedensgarantie des gewaltmonopolischen Staates die Friedenspflicht des Bürgers»[9]. Zu den «vorgegebenen Institutionen» gehört als nahezu exklusive Form politischer Willensbildung das repräsentative System und die ihm entsprechende Mehrheitsentscheidung. Alle anderen Formen der Willensbildung haben, wenn sie nicht ausgeschlossen werden, bestenfalls randständig geduldeten Charakter. Hierzu zählt auch in der herrschenden Interpretation das Recht, sich «unter freiem Himmel» zu versammeln. Dasselbe steht gemäß dem Versammlungsgesetz immer noch unter dem Vorbehalt polizeilicher Sicherheit. Die einseitig zusammengesetzte Formel von der «freiheitlich demokratischen Grundordnung», die nicht umsonst zum Knüppel des Berufsverbots geworden ist, belegt den repräsentativen Absolutismus.

Angesichts der politischen Heiligsprechung des repräsentativen bürokratischen Systems mit dem staatlichen Gewaltmonopol als seinem Garanten wird deutlich, daß es wenig Sinn macht, sich auf den im Rahmen der Notstandsdebatte 1968 hinzugefügten Art. 20 IV GG als Ansatz eines Widerstandsrechts zu berufen. Auch in seiner liberalen Auslegung kommt dieses Recht bestenfalls zum Zug, wenn die «Unmöglichkeit anderer Abhilfe» erwiesen ist.[10]

Art. 20 IV GG, hier stimmen «rechte» und «linke» Interpretation überein, ist «nicht als ein Recht des Volkes gegen eine illegitim gewordene Regierung» zu verstehen, «sondern als ein Recht jedermanns gegen ‹Illoyale›» notfalls vorzugehen.[11] Nicht umsonst heißt es «gegen jeden, der es unternimmt, diese Ordnung (gemeint ist die verfassungsmäßige Ordnung der Bundesrepublik Deutschland) zu beseitigen, haben alle Deutschen das Recht zum Widerstand, wenn andere Abhilfe nicht möglich ist».

Für die herrschende Interpretation des Rechtsstaates als der anderen Seite des staatlichen Gewaltmonopols gilt nach wie vor eine typisierende Zusammenfassung, wie sie Gustav Radbruch 1945 formuliert hat: «Befehl ist Befehl, heißt es für den Soldaten. Gesetz ist Gesetz, sagt der Jurist. Während aber für den Soldaten Pflicht und Recht zum Gehorsam gehören, wenn er weiß, daß der Befehl ein Verbrechen oder ein Vergehen bezweckt, kennt der Jurist, seit vor etwa hundert Jahren die letzten Naturrechtler unter den Juristen ausgestorben sind, keine solchen Ausnahmen von der Geltung des Gesetzes und vom Gehorsam der Untertanen des Gesetzes. Das Gesetz gilt, weil es Gesetz ist, und es ist Gesetz, wenn es in der Regel der Fälle die Macht hat, sich durchzusetzen»[12] (und wenn es in der Regel der Fälle, so könnte man hinzufügen, in einem förmlich festgelegten Verfahren gemäß der jeweils geltenden Verfassung zustandegekommen ist). Diese Formulierung, die die herrschende Meinung durchaus wiedergibt, wenn man auch heute das parlamentarische Verfahren als notwendigen Bestandteil ansehen dürfte, ist nicht allzuweit entfernt von der Art, wie Adolf Eichmann, der Musterbeamte, die Sachlage sah. Heinar Kipphardt läßt ihn in seinem letzten Stück ‹*Bruder Eichmann*› quellennah die eigene Position beschreiben: «Eichmann: Solange das menschliche Zusammenleben noch keiner globalen Lösung entgegengeführt wird, solange bleibt der Befehl und Gehorsam die Grundlage jeder staatlichen Ordnung. Zu ihrer höheren Sicherheit bedient sie sich des bindenden Eides. Bei einer guten Staatsführung hat der Befehlsempfänger Glück, bei einer schlechten Unglück. Ich hatte kein Glück.»[13]

Widerstand gegen «die Staatsgewalt» wird also in fast jeder Form als unrechtmäßige illegale und illegitime Gegengewalt begriffen. Das gilt auch, um mit Scholz zu reden, für den «Widerstand zweiter Klasse», den zivilen Ungehorsam. Auf diesen herrschenden Interpretationsverhalt und entsprechende praktisch-polizeiliche und gerichtliche Konsequenzen muß man sich einstellen, wenn man widerständige Handlungen rechtfertigt, gar wenn man sie zu inszenieren unternimmt. Der Präsident der evangelischen Synode Kissel gibt die herrschende Übereinstimmung korrekt wieder: «Deshalb ist das ganze Gerede vom gewaltlosen Widerstand ein Widerspruch in sich; gewaltloser Widerstand ist nur intellektuell, argumentativ in der geistigen Auseinandersetzung möglich; alles andere ist eben körperliche Gewalt, ist Behinderung, Nötigung, Zwang.»[14] Strafrechtliche, harmlosenfalls zivilrechtliche Ahndung ist deshalb durchaus konsequent:
- Im Fall des erstinstanzlichen Urteils gegen Alexander Schubart. Hier wird jede Teilnahme an einer Demonstration potentiell zum Nötigungsdelikt.
- Im Falle der gewaltfreien Blockade in Großremmingen. Der Staat, in diesem Falle das Land Baden-Württemberg, tritt als blockadege-

schädigter Privatmann auf, der für seine polizeilichen Extra-Leistungen Bezahlung fordert. Bürger, die ihre Grundrechte nicht gemäß der herrschenden Interpretation wahrnehmen, müssen beim Staat dafür bezahlen, obwohl letzterer doch nur i. S. eines formellen und materiellen Grundrechtsschutzes seinen legitimatorischen Sinn erhält.

Daß die staatlichen Instanzen und ihre Repräsentanten in erhebliche legitimatorische Schwierigkeiten kämen, wenn gewaltfreie Blokkaden an Zahl und Umfang zunähmen, versteht sich.

Ich will aber weder hierüber informiert spekulieren, noch mich kritisch mit den Gründen der herrschenden Meinung auseinandersetzen. Abgesehen von einem überkommenen deutschen Staatsbegriff, der seine Räson vordemokratisch zugewiesen erhält, fällt eine Absolutierung der bestehenden Form der politischen Willensbildung auf. I. S. eines repräsentativen Absolutismus der Mehrheitsentscheidungen gewählter Abgeordneter. «Niemand kann das Recht auf Kritik einschränken», hämmert Robert Leicht den herrschenden Verfassungskonsens ein, «auch nicht zur Kritik an demokratischen Mehrheitsentscheidungen, verpflichtenden Gesetzen und Gerichtsurteilen. Aber alle diese Akte binden im Rahmen der Verfassung jedermann bis zum Tag, an dem sie durch Mehrheitsentscheid, Gesetz oder Richterspruch verändert werden. Gegen diese Ordnung gibt es kein Widerstandsrecht. Wer den Ungehorsam als solchen zur Bürgerpflicht ausruft, opponiert nicht gegen eine bestimmte Entscheidung, sondern untergräbt das Ganze der Verfassung.»[15]

Die neuen Verfassungsfeinde liegen also vorweg schon fest. Auch wer gewaltfreie Aktionen befürwortet und betreibt, verstößt gegen das Allmonopol des Staates, von dem sich auch ein nahezu beliebig dehn- oder verengbarer Gewaltbegriff herleitet. Nüchtern bleibt festzuhalten: Aktionen des zivilen Ungehorsams und des gewaltfreien Widerstands stoßen in herrschender Lehre und in polizeilicher Praxis auf etatistischen Granit. Eine andere Erwartung zu hegen hieße, fahrlässig Wunschdenken anzuhängen.

2. Wer ein Widerstandsrecht demokratisch zu begründen sucht – und darum nur kann es uns gehen –, der gerät aber nicht nur vor das massive Hindernis herrschender Meinung und des ihr zuhandelnden Gewaltmonopols. Er gerät vielmehr in prinzipielle Schwierigkeiten.

Gerade das Komitee für Grundrechte und Demokratie und andere grund- und menschenrechtlich ausgerichtete Institutionen und Perso-

Die Bücher kosten nur noch
ein Fünftel ihres früheren Preises ...

nen beharren immer erneut auf der Wörtlichkeit der Verfassung und insbesondere der in ihr maßgeblichen Grundrechte. Gegen die Aushöhlung der Grundrechte als Abwehr- und Aktivrechte des Bürgers, sei's aus im Augenblick opportun erscheinenden Gründen wie etwa im glasklaren Asylrecht, sei's unter Berufung auf andere, angebliche höherrangigere Werte wie so lange im Hinblick auf die gleichen Rechte von Mann und Frau, sei's unter Berufung auf die überlegenen Pflichten und Rechte des Staates, wird zu Recht, wie ich meine, eine Art verfassungsrechtlicher Positivismus gesetzt. Wie für Christen die Bergpredigt, so heißt die Devise, seien die Grundrechte wörtlich zu lesen und zu nehmen.

Selbst wenn man die Erfahrungen vergißt, die Otto Kirchheimer während der Weimarer Republik bewegten, sind wir doch in der Bundesrepublik gebrannte Kinder genug, um zu wissen, wie rasch Verfassung und ein Konsens über Verfahren der Willens- und Gesetzesbildung zugunsten außerdemokratischer Werte ausgehöhlt und untergraben werden können. Und von solcher Aushöhlung profitieren in aller Regel gewiß nicht diejenigen, die sich Ziele und Wege substantieller Demokratie auf die Fahnen geschrieben haben. Haben wir das, wovor Kirchheimer und im Anschluß daran Preuß, Ridder u. a. gewarnt haben, nicht zur Genüge erlebt und sind noch mitten drin, dieser negativen Erfahrung ausgesetzt zu sein? Einer «zweistufigen Legalität» nämlich, die besagt, daß man sich nicht auf Verfassungs- und verfassungskonformen Gesetzestext verlassen kann, sondern daß Wertbeziehungen zweiter Stufe verfassungsändernd zu politisch einseitigen Zwecken benutzt werden, so daß die freie Verfassung und selbst das Verfahren der Mehrheitsbildung verlanden? Hier wird mit einem verfassungswidrigen Bezug auf vordemokratische staatliche Ansprüche das Beamtenrecht insgesamt aus der Verfassung herausgerückt. Das Berufsverbot ist also begründet. Denn der Beamte ist herrschender Lehre gemäß zunächst Staatsdiener und sonst nichts und danach auch Bürger zweiter Klasse in strikt abgeleiteter Qualität. Dort wird, auch in der Nähe der Begründung des Berufsverbots, aber auch der gesamten verfassungsschützerischen Tätigkeit ein Konstrukt, genannt «freiheitlich demokratische Grundordnung», benutzt, um bestimmte Elemente der Verfassung vor anderen hervorzuheben. So wird eine zweite reale Verfassung über der 1949 verabschiedeten begründet. So gesehen besteht die Verfassungswirklichkeit aus immer mehr Bestandteilen, die nicht mehr zur Disposition der Entscheidung gestellt werden dürfen, sie sind auf Grund anderer Wertbezüge gleichsam aus dem politischen Prozeß herausgenommen. Hierzu zählt faktisch auch das System der privat organisierten Ökonomie.

Ist es angesichts dieser Situation nicht richtig, die Gleichung Legalität = Legitimität vorzuziehen, wenn man unter Gesetz den «höchsten Ausdruck des Volkswillens» (Preuß) versteht, der verfassungskonform parlamentarisch und durch Mehrheitsentscheidung zustande gekommen ist? Sofern die Funktionsfähigkeit der parlamentarischen Willensbildung als vermittelndem Organ des Volkssouveräns gegeben ist und damit jederzeit die Möglichkeit, die Mehrheitsverhältnisse zu ändern und anders zu entscheiden, ist zweifelsohne ein erheblicher Freiheitsspielraum gegeben und ist auch im Prinzip der gewaltfreie Konfliktaustrag gewährleistet. Es kommt hinzu, worauf auch Gustav Radbruch aufmerksam gemacht hat, daß das Rechtsstaatsargument triftige Gründe für sich hat. Rechtssicherheit, die sich aus der Geltung rechtlicher Regeln ergibt, und die friedensstiftende Funktion selbst des staatlichen Gewaltmonopols sind keine Eigenschaften, die man ohne Not oder bessere Alternative aufgeben dürfte. Diese Feststellung gilt, obwohl die jeweiligen Gesetze meist Klassenunterschiede festschreiben und obwohl es sich beim staatlich gestifteten Frieden um einen höchst einseitigen und restriktiven Frieden handeln kann. Nicht um einen Frieden, der durch die freie und gleiche Kommunikation der Mitglieder einer Gesellschaft gewährleistet wäre. Will man aber die Ängste und die Unsicherheiten der Bevölkerung etablierter Staaten verstehen, dann wird man die Güter Rechtssicherheit und Nichtexistenz eines permanenten gewaltförmigen Kampfes der Gruppen und einzelnen untereinander nicht zu leicht wägen. Was würden wir, die wir hier versammelt sind, sagen, wenn Methoden des Widerstands, sagen wir gar des gewaltfreien Widerstands gegen substantiell demokratische Werte eingesetzt würden? Wenn also eine Art von Mittelenteignung «von rechts», in diesem Fall des gewaltfreien Mittels erfolgte, wie man dies im Hinblick auf andere Mittel schon so oft beobachten konnte. Und so sympathisch einem Michael Kohlhaas in mancher Beziehung sein mag, man darf doch die Kleistsche Doppelcharakteristik nicht einen Moment aus den Augen verlieren: «Michael Kohlhaas, Sohn eines Schulmeisters, einer der rechtschaffensten zugleich und entsetzlichsten Menschen seiner Zeit.» Nach dieser kurzen Vorstellung des Roßhändlers, der «um die Mitte des sechzehnten Jahrhunderts an den Ufern der Havel lebte», fährt Kleist fort, den

Knäuel aus rotem Faden vorzustellen, den er dann im Laufe seiner Geschichte bis zur Hinrichtung von Kohlhaas entrollt. «Dieser außerordentliche Mann würde bis in sein dreißigstes Jahr für das Muster eines guten Staatsbürgers haben gelten können ... kurz die Welt würde sein Andenken haben segnen müssen, wenn er in seiner Tugend nicht ausgeschweift hätte. Das Rechtsgefühl aber machte ihn zum Räuber und Mörder.»

3. Die hier angedeuteten Dilemmata sind nicht ohne weiteres und restlos aufzulösen. Unmißverständlich klar und eindeutig ist: Widerstand aller Art ist rechtfertigungsbedürftig. Und dies nicht so obenhin oder mit dem pauschalen Hinweis auf Gefahren, seien sie auch noch so drohend wie ein kaum noch balancierter überhängender Fels. Deswegen ist auch vor einer modischen Inflationierung des Widerstandsbegriffs zu warnen. Freilich: Es geht auch nicht an, diesen Begriff nur für bestimmte historische Handlungsformen nach dem Vorbild des Tyrannenmordes zu reservieren. Horst Ehmkes Feststellung ist falsch und dient als Rechtfertigungsideologie: «Wer in Zusammenhang mit der Startbahn West das Wort Widerstand benutzt, der beleidigt diejenigen, die im Dritten Reich unter Einsatz ihres Lebens gegen den Faschismus gekämpft haben.»[16] Es könnte durchaus sein, daß Widerstand früher angebracht wäre, gerade um tödliche Konfrontation zu vermeiden, um Verhängnisse vorab abzuwehren. Auch das alte römische Sprichwort: Wehret den Anfängen, besitzt ein widerständiges Ferment (*principiis obsta*). Ich will versuchen, die besagten Schwierigkeiten beurteilbar und lösbar zu machen. Nicht für alle Zeiten, sondern angesichts der gegenwärtigen Situation in der Bundesrepublik.

a) Erforderlich erscheint mir zunächst eine Differenzierung im Begriff des Widerstands. Ich sehe folgende, ohne Mühe weiter zu differenzierende Dimensionen, die auch als ein Kontinuum in der Intensität des Widerstandes begriffen werden können. Die Skala reicht von oppositionellen Verhaltensweisen, die ich noch nicht als Widerstandsaktionen bezeichnen würde, bis hin zu Widerstandshandlungen mit dem Mittel der Gewalt, ja der Vernichtung des herrschenden Gegenüber. Oppositionelle Verhaltensweisen beginnen mit dem, was man in den Betrieben Absentismus nennt; man bleibt von der Arbeit fern, macht nicht mit, wählt nicht, zieht sich zurück u. ä. m. Dieses eher stille und negativ-passive Oppositionsverhalten geht in ausdrückliches und aktives über, wenn man bewußt zu einem bestimmten Ansinnen «nein» sagt, wenn man sich innerhalb einer Gruppe oder Institution gegen die herrschende Mehrheitsmeinung wehrt und Gegenvorschläge präsentiert u. ä. m.

Widerstand beginnt m. E. bei einer bewußten Entscheidung der Nichtkooperation. Man unterläßt es, bestimmte Dinge zu tun. Man mag auch bestimmten Normen und Gesetzen zuwiderhandeln. Sei es explizit, d. h. kenntlich, sei es schwer kenntlich in Form von Sabotage. Der Widerstand wird deutlicher und auch kenntlicher, er kommt praktisch zu seinem Begriff, wenn man herrschenden Absichten nicht nur nicht entspricht, sondern gegen sie verstößt und sie mit gewaltfreien Mitteln zu blockieren, zu hintertreiben sucht. Hierher gehören die diversen Formen zivilen Ungehorsams und der gewaltfreien Blokkade etwa im Zusammenhang der «Nachrüstung». Unter zivilem Ungehorsam verstehe ich hierbei nicht individuelle Akte, wie z. B. die Kriegsdienstverweigerung aus Gewissensgründen, sondern kollektive Aktionen wie z. B. die berühmt gewordenen Handlungen die von Martin Luther King u. a. im Rahmen der US-amerikanischen Bürgerrechtsbewegung der 50er und 60er Jahre angezettelt worden sind. Entscheidend für diese Formen des Widerstands bleibt die Feststellung, daß sie prinzipiell den Rahmen eines gesellschaftlichen Grundkonsens und sei es auch nur der vorausgreifenden Vermutung eines solchen nicht zerbrechen.[17] Der gesellschaftliche, im bundesdeutschen und US-amerikanischen Fall verfassungsförmig festgelegte, menschenrechtlich begründete Konsens wird nicht verlassen; an ihn wird vielmehr appelliert, indem Aktionen zivilen Ungehorsams und des gewaltfreien Widerstands eingeleitet werden. Die Mittel der kalkulierten und nicht willkürlichen Gesetzesverletzung und der Gewaltfreiheit sind Ausdruck dieses beanspruchten Konsens. Diese Annahme gilt auch dann, wenn man mit Hajo Karbach, Mitglied der Föderation gewaltfreier Aktionsgruppen (FÖGA) einig ist: «Gewaltfreiheit als Betonung des Primats von Lebens- und Freiheitsrechten steht in einem grundsätzlichen Widerspruch zu dem Gehorsam, den Staaten und andere Autoritäten bedingungslos verlangen.»[18] Ein solches «bedingungsloses Verlangen» gibt es gemäß dem bundesdeutschen oder US-amerikanischen Verfassungskonsens gerade nicht. Hannah Arendt stellt denn auch zu Recht fest, daß Konsens in diesem Sinne – sie bezieht sich hierbei nur auf die US-amerikanische Verfassung – von der Vorstellung eines Gesellschaftsvertrags der Freien und Gleichen ausgehe und nicht dem Mechanismus der Mehrheitsentscheidung als solchem und der unverbrüchlichen Geltung von Mehrheitsentscheidungen zukomme.

Von diesen Widerstandsformen zivilen Ungehorsams und gewaltfreier Art ist der gewaltförmige Widerstand zu unterscheiden, der aus einem immer noch prinzipiell innenpolitischen Konflikt einen Konflikt zweier Gesellschaften bzw. gesellschaftlich fundamental verschiedener Konzeptionen macht. Hierher gehört der Fall des 20. Juli 1944. Hierher gehören andere Widerstandshandlungen im Verlaufe des deutschen Faschismus oder anderer gegenwärtiger Diktaturen à la Chile, Argentinien u. ä. m. Ob die Gewalt in diesem berechtigt ist oder nicht, hängt von der Eigenart des Terrorregimes ab und dem dennoch unabdingbaren Erfolgskalkül. Zu bestimmten Zeiten mag dieses Kalkül auch in einem moralischen Akt als solchem ohne jegliche Erfolgschance bestehen. Das aber, was gegenwärtig zu Recht oder Unrecht an Widerstandshandlungen gegen «Nachrüstung» und «Natosicherheit» erörtert wird, fällt durchgehendn in die vorhergehende Kategorie, wenn es nicht gar mit «bloßem» oppositionellen Verhalten zu tun hat.

b) Trotz der überzeugenden Argumente, wie sie von Kirchheimer, Preuß u. a. vorgetragen sind, ist von einer Deckung zwischen Legalität und Legitimität nicht auszugehen. Hierfür sprechen folgende Gründe:

b1) Nur wenn man vom Als-Ob eines prinzipiell funktionskräftigen, sprich entscheidungssouveränen Parlaments mit möglichst direkter Verbindung zum wählenden und letztlich legitimierenden Volk ausgeht, vermag man eine unaufhebbare Spannung zwischen der Legalität parlamentarischer Entscheidungen und ihrer Durchsetzung und der demokratischen Legitimität zu bestreiten. Selbst dann aber noch müßte eine Spannung angenommen werden. Denn ebensowenig wie es angeht, auf Inhalte bzw. Ziele allein zu setzen und die zentrale Bedeutung von Verfahren zu unterschlagen, ebensowenig ist es zulässig, nur auf Verfahren zu setzen und keinerlei Zielkriterien mehr zuzulassen, die Verfahrensergebnisse zu beurteilen. Eine absolute Trennung zwischen Zielen und Verfahren ist unmöglich. In jedem Verfahren sind eine wechselnde Anzahl zielbestimmender Elemente enthalten. Gerade auch das parlamentarische Entscheidungsverfahren lebt jenseits seiner bürgerlichen Geschichte und Voraussetzungen vom substantiell demokratischen Ziel- bzw. Quellenbezug.

b2) Die Vorstellung eines verfahrens- und entscheidungssouveränen Parlaments ist außerdem eine im Denken zulässige, aber nicht praktisch umstandslos verwendbare Konstruktion. Selbst wenn man alle anderen geschichtlich gegenwärtigen Faktoren insbesondere ökonomischer Art außer Acht ließe, müßte man doch bemerken, daß es jeweils eines Apparates, sprich, der Bürokratie im engeren Sinne bedarf, um parlamentarisch verabschiedete Gesetze zu verwirklichen. Die Gesetzesdurchsetzung erhält aber qua Monopol physischer Gewaltsamkeit des Staates einen die Gesetzgebung und ihre Wirklichkeit wenigstens mitdefinierenden Rang.[19] Durch die unauflösliche Koppelung von Gesetz und Gesetzesdurchsetzung wird aber schon in der Konstruktion dem Parlament seine souveräne, mit wechselnden Mehrheiten mögliche, grundsätzliche Änderungen der Willensbildung nicht ausschließende Souveränität genommen. Getroffene Entscheidungen erhalten ein Sanktionsgewicht und eine apparative Schwere, die nicht ohne weiteres aufhebbar sind. Sie begründen die restriktive Struktur der Mehrheitsentscheidungen. Hierzu gesellt sich der Institutionen innewohnende Versuch zur Selbstlegitimation. Einmal getroffene grundsätzliche Mehrheitsentscheidungen werden aus dem politischen Verkehr gezogen und zu Faktoren der Realverfassung. Jede Minderheit, die diese nicht mehr zur Entscheidung gestellten Prinzipien der Realverfassung à la kapitalistisches System in Frage stellt, wird als Feind der Mehrheitsentscheidungen angeprangert und diffamiert.

b3) Um der Substanz demokratischer Verfahren, etwa auch der parlamentarischen willen, sind also Legalität und Legitimität auseinanderzuhalten. Nur so läßt sich der Erstarrung des parlamentarischen Systems begegnen. Einer anderen Fundierung der Legitimität das Wort zu reden heißt nicht, jeden beliebigen Wertbezug gleichermaßen als zulässige Basis der Legitimität zu akzeptieren. In der Basis der Volkssouveränität und der durch sie vermittelten Verfassungsversprechen von Freiheit, Gleichheit und Herrschaftsminimierung ist dieser inhaltliche Bezug gerade auch für ein parlamentarisches System bindend gegeben.[20] Insofern ist aus prinzipiellen Erwägungen über Kirchheimer und Preuß hinauszugehen, trotz ihrem berechtigten Ziel, beliebige Verfassungserosionen abzuwehren.

b4) Auch im Grundgesetz selbst ist eine solche Spannung angelegt. Sie besteht unübersehbar zwischen Teil I und Teil II, dem grundrechtlichen Teil und dem sogenannten Organisationsteil der Verfassung. Sobald man mit der herrschenden Meinung diese Spannung zu leugnen sucht, besteht die Gefahr, daß man die starken Forderungen des Grundrechtsteils zugunsten der Herrschaftsimperative des Organisationsteils aushöhlt. Die Geschichte des Grundgesetzes ist ein Beleg für diesen Aushöhlungs- und Austrocknungsversuch.

b5) Die Rechtfertigung pluralistisch-parlamentarischer Entscheidungsverfahren und entsprechender institutioneller Vorkehrungen besteht in der Behauptung, sie seien auf wechselnde Kompromisse angelegt; definitive Siege oder Niederlagen der einen oder anderen Gruppe seien ausgeschlossen; sie betrieben demgemäß auch Minderheitenschutz, der in den Grund- und Menschenrechten ausgedrückt sei, und sie seien durch die prinzipielle Aufhebbarkeit aller Entscheidungen im Zeitverlauf gekennzeichnet.[21]

Die Behauptung, getroffene Entscheidungen seien im Zeitverlauf aufzuheben, ist in den meisten Fällen ideologisch (sie mag in einer idealtypischen Konstruktion des Parlamentarismus des 19. Jahrhunderts, als die Entscheidungsmarge noch gering war, der Tendenz nach zugetroffen haben). Sie wird vollends irrig im Zusammenhang des «äußeren» Schutzes. Wird zur Sicherung auf «absolute Waffen» (Brodie) gesetzt, werden gar absolute Waffen eingesetzt, dann ist eine einmal getroffene Entscheidung, selbst gesamtgesellschaftlich gesehen, nicht mehr umzustürzen oder auch nur wiedergutzumachen. Ein ähnliches Argument gilt heute auch für eine Reihe ökonomischer und technologischer Entscheidungen. Schon die Entscheidung ist äußerst fragwürdig, mit solchen «absoluten Waffen» den Zustand des Nicht-Krieges erhalten zu wollen. Der Aufrüstung mit solchen Waffen wohnt eine gefährliche, alles gefährdende, sich selbst erfüllende Prophetie inne (das, was E. P. Thompson mit der Tendenz zum «Exterminismus» gemeint hat). Deswegen stellen die US-amerikanischen katholischen Bischöfe zu Recht fest: «Nukleare Waffen und insbesondere ein Nuklearkrieg, wie er heute geplant wird, stellen neue moralische [und damit auch politisch-institutionelle; W.-D. N.] Fragen.» Sie gehen noch weiter: «Als ein Volk müssen wir die Idee eines legitimen Atomkrieges ablehnen.»

Im Hinblick auf Entscheidungen dieser Qualität läßt sich aber der Anspruch exklusiver parlamentarischer Mehrheitsentscheidung selbst von der eigenen Selbstrechtfertigung her nicht mehr halten. Es bedarf anderer, jedenfalls ergänzender Willens- und Entscheidungsformen. Und es bedarf notfalls, wenn diese fehlen, des gewaltfreien Widerstands.[22]

b6) Zusätzlich zum Erfordernis der Revidierbarkeit nicht existentiell endgültiger Entscheidungen gehört die Möglichkeit der Organisation von Gegenmacht. Auch deren Möglichkeit wird von denjenigen behauptet, die den pluralistisch-parlamentarischen Mehrheitsmechanismus als exklusiven rechtfertigen. Erneut muß diese Behauptung weithin als ideologisch, sprich als verschleiernd qualifiziert werden. Die zentralen gesellschaftlichen Instanzen verhalten sich gegenüber den meisten Interessen und ihrer Ressourcen, sich zu organisieren, uneinholbar abstrakt. Im erstarrten Willensbildungsapparat bleiben noch nicht organisierte und schwer kollektiv organisierbare Interessen chancenlos. Sie sind nicht einmal in der Lage, für ihre Interessen in einer Weise zu wirken, daß sie als Druckgruppe stark genug wären oder gar mehrheitsfähig würden. Deswegen trifft in zahlreichen Fällen die restriktive Widerstandsklausel Konrad Hesses positiv zu: Die «Unmöglichkeit anderer Abhilfe» läßt sich beweisen.

Hannah Arendt hat in ihrem Essay über den «Zivilen Ungehorsam» schon 1971 zu Recht darauf hingewiesen, daß der dem Verfahren der parlamentarischen Mehrheitsentscheidung als exklusiv zugrundeliegende Konsens nicht mehr gültig ist. «Es ist oft gesagt worden, daß die Zustimmung zur Verfassung, der universelle Konsens, auch die einfache Gesetzgebung mitmeine, weil das Volk mit Hilfe der repräsentativen Regierung selbst mit entschieden hat. Ich meine aber, daß diese Zustimmung fiktiv ist. Unter den gegenwärtigen Umständen hat sie jedenfalls ihre Plausibilität verloren. Die repräsentative Regierungsform steckt heute selbst in einer Krise, teilweise weil sie im Laufe der Zeit alle institutionellen Ansatzpunkte zur aktuellen Teilnahme der Bürger verloren hat, teilweise auch, weil sie von der gleichen Krankheit wie die Parteien befallen ist: der Bürokratisierung und der Tendenz der zwei Parteien, niemanden zu repräsentieren außer die jeweiligen Parteiapparate.»[23]

Wenn es richtig ist, und ich glaube, es trifft gerade auch für die Bundesrepublik zu, daß wir in einer freilich mit allen Herrschaftsmitteln verdeckten «konstitutionellen Krise ersten Ranges» leben, dann tut kollektiver Ungehorsam, dann tut u. U. auch gewaltfreier Widerstand not, wenn die Institutionen und ihre Träger selbst zu starr geworden sind. Dann gilt Thoreaus zu anderen Zeiten und z. T. reichlich blauäugig formulierte «Pflicht zum Ungehorsam gegen den Staat» in einem kollektiven Sinne. Um der Demokratie, um des in den demokratischen Verfassungen eingelassenen Grundkonsens willen.

4. Widerstand darf gewiß nicht bedenkenlos geleistet werden. Auch Angst allein rechtfertigt ihn nicht. Man kann Gefahren, indem man sie fortlaufend an die Wand malt und auf Großleinwand projiziert, überzeichnen, ja die Möglichkeiten, sie zu bewältigen, herabmindern. Im Englischen hat man hierfür den Begriff *alarmism* geprägt (im Deutschen unzulänglich übersetzt mit «Alarmismus»). Die sozialen und politischen Kosten und Gefahren von gewaltfreiem Widerstand und von zivilem Ungehorsam müssen für beide Seiten auch in ihren Folgewirkungen über die aktuelle Sache hinaus bedacht werden.

Wenn man Radbruchs Äußerungen in seinen 1945 formulierten «Fünf Minuten Rechtsphilosophie» nicht verengt juristisch auffaßt, kann man mit ihnen auch in unserem Zusammenhang etwas anfangen. Denn Radbruch behandelte seinerzeit, wie in dem nur ein Jahr später geschriebenen Aufsatz «Gesetzliches Unrecht und übergesetzliches Recht» das Problem des Widerstands.[24] In seiner Sprache nennt er drei «Werte des Rechts: Gemeinnutz bzw. Zweckmäßigkeit, Rechtssicherheit und Gerechtigkeit». Er weist auf den Zusammenhang aller drei Werte, aber auch auf die Spannung hin, die zwischen ihnen besteht. Behält man diesen Zusammenhang und diese Spannung im Auge, wird deutlich, daß nicht jede Regelverletzung gegen den Wert der Rechtssicherheit verstößt, ja daß dieser Wert untergraben wird, wenn man sich nur auf ihn oder nur auf die exklusiv staatlich verstandene Friedensleistung bezieht (so geschehen stellvertretend für viele andere bei Scholz – aber 1945 liegt ja auch weit zurück. Die Vergangenheit «ist bewältigt»). Nur wenn man einen bestimmten bürokratischen Begriff des Rechtsstaats total setzt vor allem demokratischen Verfahren und vor allem Bezug auf Gerechtigkeit als obersten demokratischen Wert, nur dann wird jede Regelverletzung zur Gewalt, die nicht toleriert werden kann. Tut nichts: Sie muß bestraft werden. Die enge Auslegung des Demonstrationsrechts im Versammlungsgesetz und in den geplanten Novellierungen des Strafgesetzbuches (Art. 125 STGB den Landfrieden betreffend) und des Versammlungsgesetzes belegt den Konflikt zwischen falschem «unrichtigem» Recht und demokratischer, durchaus nicht subjektiv willkürlich verstandener Gerechtigkeit. Erneut wird deutlich, daß entweder neue Verfahren gewählt werden müssen. Das verengte Versammlungsgesetz z. B. muß dem demokratischen Sinn des Demonstrationsrechts entsprechend begradigt werden. Oder aber es ist vonnöten, für ein erweitertes Demonstrationsrecht zu demonstrieren. Notfalls auch mit den Mitteln gewaltfreien Widerstands.

Summe:

Der Widerstand gegen die «Nachrüstung» ist nicht legal, aber er ist im Rahmen des Grundgesetzes legitim. Als gewaltfreier versteht sich. Aber jede und jeder, die an gewaltfreien Aktionen teilnehmen, muß wissen, was sie/er tut. Erneut sei an die Radikalität und die damit verbundene moralische Skrupelhaftigkeit US-amerikanischer Bischöfe erinnert, die ihrerseits den gewaltfreien Widerstand ernsthaft zu erwägen vorschlagen, ja in seine Richtung orientieren: «Gewaltfreie Mittel, um Übeln zu begegnen, verdienen besser untersucht und stärker beachtet zu werden, als dies bis heute der Fall ist.» «Gewaltfreier Widerstand bietet denjenigen einen gemeinsamen Grund, die ihn aus christlichem Pazifismus leisten ... oder die ihn von einer Theologie des gerechten Krieges ... herleiten.»

Zu beachten ist beim gewaltfreien Widerstand vor allem auch eine doppelte, dauernd präsente Gefahr des Verkehrtwerdens: Zunächst ist die Perversionsgefahr «von außen» gegeben.[24a] Gewalt wird heute bewußt oder unbewußt von der zu politischen Zwecken eingesetzten Polizei provoziert: durch ihre einen militärischen Eindruck vermittelnde Ausstattung (das, was man im Hinblick auf Demonstrationsteilnehmer heute als «passive Bewaffnung» bezeichnet); durch die Art ihres Einsatzes vor, während und nach Aktionen gewaltfreier oder allgemein demonstrativer Art; durch die mit propagandistischen Mitteln unterstützte Erzeugung von Angst und Aggression und die vorausgreifende Sortierung unter denjenigen, die sich doch trauen, an demonstrativen Aktionen teilzunehmen, und denjenigen, die abgeschreckt worden sind.

Es besteht aber auch eine nicht geringe Perversionsgefahr ‹von innen›. Sie wird aktuell, wenn Demonstrationsteilnehmer (in der Regel weniger Teilnehmerinnen) sich aus individuellem oder kollektivem Stärkegefühl, Gewalt als scheinbar unmittelbarem Akt der Befreiung, aus «Wut im Bauch» u. ä. m. zu Gewalthandlungen verleiten lassen. Solche Gewalthandlungen können dadurch bedingt sein, daß die Widerstandsziele allzu kurzfristig angegeben werden. Als könne man mit einem Kraftakt, wenn sie verwirklicht werden sollte, die «Nachrüstung» oder gar die Rüstungsstrukturen der «NATO-Sicherheit» verhindern bzw. abbauen. Auch die durch die Medien bewirkte Mobilisierung und Gewaltfixierung auf beiden Seiten könnte eine erhebliche Rolle spielen.

Die Perversionsgefahren sind deswegen so groß, weil beide Seiten im Negativen zusammenspielen und weil widerständiges Handeln eine scheinbar widersprüchliche Kombination von Verhaltensweisen verlangt: Radikalität und Disziplin in einem. Mut, den etabliert geformten Verstand zu verlieren und Mut, sich des eigenen substantiell demokratisch gerichteten Verstandes zu bedienen.

II. Nur gewaltfreier Widerstand verdient den Adel des Menschenrechts[25]

Zwei Annahmen sind vorweg nötig:

Zum einen gilt es, ein Mißverständnis zu vermeiden. Die Zueignung der gewaltfreien Qualität zum Widerstandsverhalten gilt nicht absolut, sprich abgehoben von allen historisch-sozialen Bedingungen. Die Zueignung gilt «nur» prinzipiell. D. h., die Vermutung spricht immer für die Gewaltfreiheit. Wenn man davon ausgeht, bedarf es hierzu einer täglich zu erneuernden triftigen Begründung. Historisch, gegenwärtig und zukünftig sind aber Situationen denkbar, die auch in menschenrechtlich motiviertem Widerstand Gewalt erforderlich machen. Die Geschichte des Tyrannenmordes und ihre Rolle im Naturrecht gibt über solche historischen Situationen Auskunft (vgl. I, 3a).

Zum anderen: Trotz der erheblichen, ja der z. T. in fundamentaler Weise zu übenden Kritik an der Verfassungswirklichkeit (und teilweise auch dem Verfassungsrecht) der Bundesrepublik bleibt festzuhalten, daß es sich gegenwärtig um ein gesellschaftliches System handelt, in dem die Frage der Gewalt i. S. der physischen Vernichtung politischer Gegner, d. h. dann Feinde, nicht gestellt ist und demgemäß auch nicht positiv beantwortet werden kann. Freilich: Die Gefahr einer Perversion, eines Abgleitens in einen Unrechtszustand ist nie auszuschließen. Deswegen ist auch ein scharfäugiger, gegebenenfalls ungewöhnliche Mittel ergreifender Kampf um Verfassungspositionen nötig. Aber es geht gegenwärtig demokratisch nicht um ein Alles oder Nichts. Gewaltsamer Widerstand ist nicht zu legitimieren.

Im Rahmen dieses Verständnisses ist aller zivile Ungehorsam und aller Widerstand nur strikt gewaltfrei erlaubt, Widerstand i. S. physischen Gewalteinsatzes gegen Sachen ist nicht zulässig. Die Unterscheidung zwischen der Gewalt gegen Personen und der Gewalt gegen Sachen ist wichtig. Sie bleibt aber prekär und ambivalent. Deswegen ist auch bei der letzteren, soweit wie irgend möglich, Zurückhaltung geboten.

Ich will mich im folgenden darauf beschränken, einen Dekalog von Geboten zu formulieren, die die Gewaltfreiheit heischen. Die Reihenfolge führt von eher äußeren zu eher prinzipiellen Gesichtspunkten. Daß ich die 10 Punkte Dekalog nenne, sollte nicht zu dem Mißverständnis Anlaß geben, als handle es sich hier entweder um ein mosaisches Gesetz oder um eine quasi-religiöse Handreichung. Alle Forderungen gründen in historisch gegenwärtig dichter Erfahrung. Alle sind an den Zielen substantieller Demokratie ausgerichtet. Alle sind schließlich zusammen zu sehen. Sie bilden ein System und kein beliebig lös- und sortierbares Bündel von Kriterien.

1. Schnoddrig formuliert: das physische Gewaltmonopol des Staates, hier des Staates der Bundesrepublik Deutschland, ist nicht von Pappe. Alle Gruppen, die gegen Interessen und Gesetze angehen, die durch die Institutionen des Monopols, zunächst vor allem Polizei und Geheimdienste, vertreten werden, sind so unterlegen, daß gewaltförmige Auseinandersetzungen zwischen Monopolvertretern und Gruppen, die Gegengewalt üben, etwas Operettenhaftes an sich haben. Als rennte man in der Tat mit dem Kopf gegen eine bewegliche Wand und vermeinte, weil sich die Wand zuweilen bewegt, man habe Raum, man habe einen halben Sieg errungen.

2. Werden Mittel der Gewalt von demonstrierenden oder Widerstand übenden Gruppen gebraucht, wirken sie nicht nur lächerlich – mögen sie immer bei Teilnehmern den Eindruck des Bürgerkriegs erzeugen –, sie erlauben die Instrumentalisierung dieser Gewalt durch die bekämpften herrschenden Interessen. Der Polizei, vielmehr den politischen Einsatzleitern und einem gut Teil der Medien geht es gerade darum, den politischen Charakter von Demonstrationen und Widerstandsaktionen in Abrede zu stellen. Die Ziele, für die Demonstrationen und Widerstandshandlungen werben, sollen möglichst nicht deutlich werden; eine Einwirkung auf die Öffentlichkeit soll möglichst verhindert werden. Die Repräsentanten etablierter Institutionen und ihrer Politik haben ihr Ziel (fast) erreicht, wenn der De-

monstrationszweck hinter der Gewaltwolke verlustig geht und wenn die widerspenstigen Gruppen selbst dazu beitragen, diese Wolke zu erzeugen. Dann gelingt «der Widerspenstigen Zähmung» am besten. Sie können isoiert werden, indem sie sich selbst isolieren.

3. Solange Widerstand geleistet wird als die am meisten radikale Form des Kampfes um Verfassungspositionen, besteht ein doppeltes Ziel: Zum einen will man auf diejenigen einwirken, gegen deren Maßnahmen Widerstand geleistet wird. Wenn man auf deren Veränderung, und sei es nur i. S. taktischen Nachgebens, überhaupt nicht setzt, wird solcher Widerstand sinnlos. Zum anderen will man Bürgerinnen und Bürger von der Berechtigung der eigenen Ziele überzeugen. Sobald sich Gewalt ereignet, sobald sie gar von seiten derjenigen geleistet wird, die tiefsitzende Überzeugungen und Vorurteile verändern wollen, wirkt sie wie ein «Schnapp-Zu». Die Kommunikation ist nach allen Seiten verschlossen. Die Vorhänge, gewirkt aus Vorurteil, Uninformiertheit und Mißverständnis, sind und bleiben heruntergelassen. Selbst diejenigen, die anfingen, sie ein wenig aufzuziehen, haben nun keine Wahl mehr. Gewaltbefördertes «Schnapp-Zu».

4. Umgekehrt gilt: Nur gewaltfreie Aktionen machen Widerstand als einen Prozeß möglich. Ein solcher Prozeß ist aber auch schon allein um des Erfolges willen vonnöten. Wenn auf eine punktuell einmalige Aktion i. S. von Sieg oder Niederlage, Verhinderung der beschlossenen «Nachrüstung» oder nicht orientiert wird, dann ist Gewalt programmiert. Dann ist in aller Regel auch die Niederlage programmmiert. Selbst die Erfolge i. S. von Meinungsbildung und in Richtung der wenigstens teilweisen Änderung getroffener Entscheidungen können dann nicht einmal mehr zur Kenntnis genommen werden. Dann muß es etwa so erscheinen, als sei Opposition und Widerstand gegen den Aufbau Startbahn West zu Frankfurt sinnlos gewesen. Dann bleibt nur noch Resignation übrig. Man bedenkt nicht, wie viele Menschen durch diese Aktionen bewegt und auch zu neuen Überzeugungen motiviert worden sind. Man bedenkt auch nicht, daß die Startbahn zwar nicht verhindert werden konnte. Und recht besehen, sprach schon früh alle politische Wahrscheinlichkeit gegen die Annahme, daß sie würde verhindert werden können. Aber würde eine neue, ähnliche Entscheidung anderwärts von den herrschenden Instanzen gleichfalls unbedenklich gefällt? Haben nicht die Bürgerinitiativen Dutzende von Kernkraftwerken bis heute verhindert? Sind etwa, um noch deutlicher zu werden, die Opposition und die einzel-

nen Widerstandsaktionen, ja das gesamte widerständige und bei weitem riskantere Verhalten von Solidarnosc umsonst gewesen, «nur» weil sie das Regime nicht stürzen konnten (sofern sie das überhaupt gewollt haben)?

Die Summe der ersten vier Thesen lautet: Erst die Gewaltfreiheit macht Widerstand als Prozeß, als Handeln mit längerem Atem möglich. Das Politikum des Widerstands kommt nur in seiner gewaltfreien Form zutage und zum Tragen.

5. Gerade für alle politischen Ziele, die auf Emazipation drängen, auch auf Emanzipation von Angst, ist der strikte Zusammenhang zwischen Form und Inhalt, Ziel und Mittel zu beachten. Sonst gerät man allzu schnell in die Fußstapfen so vieler Bewegungen, die ihre Formen und Instrumente nicht ernst nehmen, die alles für ihre hehren Ziele tun wollten und dieselben gerade deswegen versäumten. Denn es gibt keine ‹reinen› Instrumente, die man ohne Auswirkungen auf die Ziele einsetzen könnte. Formen der sozialen Organisation und des Umgangs mit anderen besitzen vielmehr eine Eigendynamik, die losgelassen wird, wenn man ihren Eigen-Sinn, wenn man die Tücke von Instrumenten nicht beachtet. Sobald aber die Mittel dominieren, vergehen die besten Ziele oder werden allenfalls ideologisch. Der «reale Sozialismus» bietet hierfür das umfangreichste und am meisten ernüchternde Anschauungsmaterial. Ein schreckliches, ein enttäuschendes.

6. Mittel und Formen beeinflussen aber nicht nur die Ziele und verformen sie gegebenenfalls, wenn Ziel und Mittel, Art der Organisation und Absicht nicht zusammenpassen. Sie verändern auch diejenigen, die sie gebrauchen. Das gilt insbesondere für das Mittel der Gewalt. Dasselbe gerät am schnellsten aus der Hand und wird «selbständig». Selbstverständlich wäre es überzogen, behauptete man, jeder Gewaltakt verändere einen Menschen, gar eine Gruppe, eine soziale Bewegung insgesamt. Wer einmal einen Stein geworfen hat, wird deswegen noch nicht inhuman, selbst steinartig in seinem Verhalten. Eine unsinnige, eine sogar gefährliche Behauptung, die gerade bei deutschen Gerichten beliebt ist. Sie schließen aus einer oder zwei «Taten», ohne ihre Hintergründe auszuleuchten, auf «kriminelle Energie», als handle es sich um eine biologische Substanz.

Trotzdem darf die Gefahr nicht unterschätzt werden, daß bestimmte Mittel auch das eigene Bewußtsein und Verhalten beeinflussen, ja schließlich dominieren und denjenigen, der sie gebraucht, zum

Mittel des Mittels werden und also sich entfremden lassen. Gerade beim Gewaltmittel, das den anderen zu verletzen geeignet ist, entgleitet der eigene, der politisch-kommunikative Sinn. Es kehrt sich auch gegen einen selber und höhlt denjenigen aus, der es gebraucht. Gewiß, es mag Momente geben, da ein Faustschlag, der den eigenen autoritären Vater trifft, da ein Stein gegen die mächtige Polizei befreiend wirken. Es könnte so scheinen, als habe man die eigene Ohnmacht überwunden, als könne man aus der Passivität heraus. Dieses Gefühl mag sich momentan einstellen und nicht einmal trügen. Aber es betrügt, wenn man sich Dauer verspricht und wenn man meint, man gewänne etwas durch seinen wiederholten Einsatz. Indem man sich hart macht wie die Mittel, die man gebraucht, betrügt man sich um die eigene Sensibilität, die eigene Menschlichkeit. Erst jetzt hat die andere, die so bekämpfte Seite wirklich gewonnen.

7. Die reflexive Wirkung auf einen selbst bleibt nicht die einzige. Das Gewaltmittel zeitigt eine kollektive Wirkung auf die Gruppe, in der es gängig ist. Die Gruppenprozesse werden nicht zuletzt deswegen selbst gewaltförmig. Zunächst entsteht eine auswählende Wirkung zwischen denen, die das Gewaltmittel, gar seinen gesteigerten Einsatz befürworten, und denjenigen, die sich dagegen aussprechen; und sei es nur, weil sie selbst Angst haben, daß ihnen Gewalt angetan werde. Dabei hat es nicht sein Bewenden. Wenn eine Gruppe Gewaltmittel als legitim akzeptiert, entsteht sehr bald eine Art Gewalthierarchie in der Gruppe. Diejenigen, die sich trauen und die dem Mittelradikalismus anhängen, führen das große Wort. Sie bestimmen auch. Sie beuten die Solidarität derjenigen aus innerhalb und außerhalb der Gruppe, die zwar ihre Ziele teilen, aber sich gegen das Mittel kehren. Die Gruppe unter den Erfolgs- und Verhaltensdruck des Mittels gesetzt, verliert ihren gesellig-solidarischen Charakter und wird zuweilen noch schlimmer als die ungesellige, miteinander konkurrierende, die einzelnen isolierende und verlassende Gesellschaft.

8. Mit anderen Worten, die Folge des Gewaltmittels ist eine fast prinzipielle Entpolitisierung. Anfänge hierfür zeigen sich früh. Eine Entpolitisierung sowohl des Außenverhältnisses als auch der inneren Verkehrsformen. Die Verdinglichung der Ziele im Mittel greift Platz, Lagerdenken macht sich breit. Die ursprünglichen Ziele gehen verlustig. Die Revolutionen, um ein extremes Beispiel zu benutzen, fres-

sen nicht zuletzt deswegen ihre eigenen Kinder, weil sie die Mittel freigelassen haben. Die iranische Revolution seit 1979 bietet dafür einen erdrückenden Anschauungsberg.

Die Entpolitisierungen des Außen- und Innenverhältnisses korrespondieren miteinander. Letztlich stimmt sie doch, die Dialektik, die in der Redensart zum Ausdruck kommt: Wie der Herr, so das Gescherr (gemeint sind die Instrumente). Denn sie gilt auch umgekehrt: Wie die Instrumente, so ihre Benutzer, wie der Knecht, so der Herr.

9. Ziviler Ungehorsam und Widerstand, sofern sie noch innerhalb einer Gesellschaft Sinn machen, leben davon, daß sie den anderen, daß sie selbst die Herrschenden ernst nehmen. Und dies nicht nur im negativen und unvermeidlichen Sinne, weil sie herrschen. Das Ernstnehmen gilt auch den anderen als Menschen und gilt einer Gesellschaft, die sich jedenfalls auf einen letzten demokratischen Konsens beruft. Dieser Konsens mag völlig inaktuell sein. Und wenn man viele Staatsvertreter und ihre juristisch-politischen Mundschenke hört und wenn man auf ihre Hände schaut, dann kann man sich oft des Eindrucks nicht erwehren, hier habe man es mit einem anderen «Schlag» Mensch zu tun; in der Tat mit Charaktermasken, denen gegenüber jeder Kommunikationsversuch töricht erscheint. Und dennoch wäre es falsch, diese Repräsentanten aus der Pflicht zu lassen und aufzuhören, ihnen ihre eigene Legitimationsmelodie vorzuspielen. Es wäre auch falsch, weil all diese Repräsentanten ja nicht zufällig oder auf Grund von Repression und Täuschung reagieren. Es wäre schließlich auch falsch, um der eigenen Sache und ihrer substantiell demokratischen Ziele willen, die Ausgrenzungen prinzipiell nicht kennt.

10. Widerstand, so meine ich, ist nicht um beliebiger Ziele willen zulässig. Widerstand gründet in der Tradition, Gegenwart und Zukunft der Menschenrechte als materiellen sozialen Rechten. Sooft man auch gezwungen sein mag, weil «die Verhältnisse» ein anderes Verhalten nicht erlauben, um der eigenen Ziele willen härter sich zu verhalten, als «eigentlich» den Zielen genehm wäre, unabdingbar ist es, sich dauernd eines der zentralen Menschenrechte in all seiner Bedeutung zu erinnern: des Menschenrechts auf Unversehrtheit, auf Integrität. Auch die Unversehrtheit kann nicht überall und gegenüber allen, auch nicht gegenüber der eigenen Person gewahrt werden. Jedoch: Sie darf nur im Notfall verletzt werden. Hierzu gehört eine Einsicht, die ich Peter Brückner und Barbara Sichtermann verdanke.[26] Sie sollte in allen wirksam werden, die sich um Demokratie und Frie-

den kümmern; und zwar ein Leben lang. In jedem Menschen steckt ein verlierbar-unverlierbares Element. Und sei es noch so in seiner Rolle, und sei es noch so unter seiner Charaktermaske verborgen. «Bruder Eichmann» gilt auch hier. Unverlierbar aber ist jeder einzelne, weil er etwas an sich hat, das nicht verdoppelt, verzehnfacht oder eine Millionmal hergestellt werden kann. Verlierbar aber ist jeder Mensch, weil er, auch das macht seine Menschlichkeit aus, von der «Krankheit zum Tode» geprägt ist. Selbst wenn unsere Gesellschaft die größten Versuche unternimmt, den Tod in allen Formen zu verdrängen, ist diese Krankheit tief in seine Zell- und Bewußtseinsstruktur eingelassen. Auf Grund dieser Doppeleigenschaft aber muß jede und jeder, müssen alle, denen an einer human friedvollen Politik gelegen ist, durch eine Gewalt- und «Tötungshemmung», wie Peter Brückner und Barbara Sichtermann sich ausdrückten, ausgezeichnet sein. Nur im äußersten Notfall, nur für anderes Leben, nur nach skrupelhafter und täglicher Prüfung und kollektiver Rechtfertigung ist Gewalt, ist Verletzung, ja Tötung anderer vielleicht zu rechtfertigen. Wenn man so einen, wie ich meine, erfahrungsträchtigen, andere und eigene Erfahrungen verwertenden Dekalog der Gründe zusammenstellt, der strikte Gewaltfreiheit heischt, dann ist ein Dreifaches zusätzlich zu beachten: Zum ersten wäre es naiv zu meinen, man müsse nur selber hübsch gewaltfrei «gesinnt» sein und alles übrige ergäbe sich von selbst. Gewaltfreies Verhalten erfordert die unwahrscheinliche Fähigkeit nicht zum Märtyrer. Davon wird oft allzu großspurig und perspektivlos geredet. Wohl aber ist die Fähigkeit vonnöten, gewaltfreies Verhalten mitten unter Gewaltsymbolen und auch gegebenenfalls Gewaltprovokationen der anderen, vielleicht sogar der eigenen Seite durchzuhalten. Wenn ich solchermaßen von gewaltfreiem Verhalten rede, verstehe ich es immer nur als Mittel in einer letztlich innenpolitischen Konfrontation. Ich verstehe darunter nicht die gewaltfreie oder zivile Verteidigung als Mittel gegen Tyrannen oder militärische Aggressionen.[27]

Sich aber mitten unter Gewaltsymbolen und Gewalt provozierenden Situationen gewaltfrei durchhalten zu können, erfordert auch, daß man sich in den eigenen Reihen, hier also mitten in der Friedensbewegung, mit denjenigen eindeutig und klar auseinandersetzt, die auf Gewalt nicht prinzipiell als Mittel verzichten wollen. So sehr es darauf ankommt, alle zu motivieren und zu mobilisieren, die gegen «Nachrüstung» und «NATO-Sicherheit» gewonnen werden können, so wenig darf dies um den Preis der Drückebergerei geschehen. Niemand soll und darf ausgegrenzt werden. Aber um des friedenspolitischen Ziels willen, auch um des wie immer begrenzten Erfolgs halber, geht es nicht an, schlechte Kompromisse vorwegzunehmen und sich zu verständigen, indem man zentrale Probleme ausklammert und auf Zeit spekuliert. Die Gewaltfrage muß auf den Tisch der Friedensbewegung hier und heute. Es darf um der quantitativen Faszination an der «Bewegung» willen keinen Kompromiß geben, der der Friedensbewegung in jeder Hinsicht Schaden zufügen würde.

Zum zweiten muß man sich auch selbst darüber klarwerden, daß bestimmte Gewaltreaktionen selbstverständlicher sind als gewaltfreies Hinnehmen. Wenn mich jemand schlägt, ich sage das sehr persönlich, dann bin ich gewohnt zurückzuschlagen. Ich habe dies auch in den Jahren, die ich als Bauhilfs- und Fabrikarbeiter zubrachte, nicht anders gehalten. Und es ist mir, sehe ich es recht, gut bekommen. Die andere Wange, biblisch gesprochen, hinzuhalten, ist schier unmenschlich. Das ist im Falle des gewaltfreien Widerstands nicht erfordert. Wohl aber muß man gegebenenfalls grobe Griffe und auch Schläge erdulden. Da hilft die Einsicht allein nicht. Diese Einsicht muß man in sich zu verkörpern suchen. Das ist nicht einfach. Damit ist zum dritten schon gesagt, daß in unserer gewaltdurchwachsenen Gesellschaft Gewaltfreiheit das Schwierigere ist, bei weitem schwerer als Flucht oder Gewalthandeln. Sie fordert mehr Mut, mehr Disziplin, mehr Identifikation mit der Sache, insbesondere dann, wenn die eigene Herkunft, die eigene Sozialisation, die Tradition des eigenen Landes praktisch keine Anhaltspunkte bieten (im Unterschied etwa zum Buddhismus in Indien, der Gandhi in gewisser Weise vor- und zuarbeitete). Die säkulare Konzentration des Gewaltmonopols beim Staat hat die Bürgerinnen und Bürger verstaatlichter Gesellschaften und ihrer Verkehrsformen mitnichten friedvoller gemacht. Im Gegenteil. Die Gewaltkonzentration lagert offenkundig wie ein Alp über einer wahrhaft friedvollen gesellschaftlichen Organisation, die ihre Konflikte nicht mit dem Mittel der Gewalt lösen könnte. Weil Gewaltfreiheit sich alles andere als von selbst versteht – obwohl sie diejenigen, die sie üben, freier macht – und weil Gewaltfreiheit um des Widerstandes und seines Zieles willen so unabdingbar ist, muß es kritisiert werden, daß das Gewaltthema oft ausgespart bleibt. Als handele es sich um den heißen Brei, um den die Katzen «bewegend» schleichen. Es wäre verhängnisvoll, wenn es bei diesem Aussparen bliebe. Nicht um eines Glaubens willen, dem der eine, so der andere anders anhängen mag. Um des Zieles, den Frieden zu erringen, willen. Zuerst aber um willen der Verhinderung der «Nachrüstung». Insofern gilt in der Tat die Seligpreisung ganz westlich: Selig sind diejenigen, die Frieden schaffen (die eirenepoioi).

III. Gewaltfreier Widerstand erhält sich als Form erst durch den Bezug auf Demokratie und Frieden seinen angemessenen Inhalt[28]

Der Form-Inhalt-Zusammenhang gilt in beide Richtungen. Formen, denen ein klarer inhaltlicher Bezug fehlt, können für diverse Zwecke gebraucht werden und verlieren dann ihre Rechtfertigung. Gewaltfreier Widerstand ist demgemäß nicht als solcher schon geadelt. Er wird als Verhaltensform erst angemessen durch seinen Zielbezug. Diese Legitimation durch die Zwillingsziele Demokratie und Frieden geschieht nicht in einem einmaligen Akt.

Die Form gewaltfreien Widerstands steht vielmehr unter dem Dauervorbehalt («Dauerstress») inhaltlicher, substantieller Rechtfertigbarkeit. Erst angesichts der ausmachbaren und eindeutigen Bedrohung von Demokratie und Frieden ist der gewaltfreie Widerstand zulässig. Nur deswegen und dann sind auch die verschiedenen Risiken und die z. T. unvermeidlichen Kosten akzeptabel, die der gewaltfreie Widerstand in sich birgt.

Das Ziel wirkt sich auf die Form aus. Wenn Demokratie und Frieden nicht in einem Akt erworben werden können (und das können sie bestimmt nicht), wenn sie aber auch nicht in diesem Herbst und Winter gänzlich verlorengehen können, dann ist der Widerstand, so notwendig er ist, nicht so anzulegen, als ginge es ums letzte Gefecht. Eine solche Orientierung mag zum Zwecke aktueller Mobilisierung sehr verlockend sein. Sie wäre aber mittel- und langfristig sehr gefährlich; im Hinblick auf gewaltfreie Ziele gilt dies auch nur kurzfristig. Es darf auch nicht vergessen werden, daß neben dem gewaltfreien Widerstand eine Fülle anderer Oppositionsformen sinnvoll sind. Für sie muß gleichfalls mobilisiert werden.

Spezifisch auf die «Nachrüstung» bezogen heißt dies: Da sie einen zusätzlichen und qualitativen Schritt in der Rüstungseskalation darstellt, ist sie mit allen möglichen gewaltfreien und zugleich demokratischen Mitteln zu verhindern zu suchen. Aber nicht um jeden Preis. Die Perspektive der Aufrüstungsopposition muß auch von vornherein über das Ziel hinausreichen, die «Nachrüstung» zu verhindern. Selbst wenn sie verhindert (oder nur verschoben) würde, ginge es der Friedensbewegung wie Herakles angesichts der Hydra. Im Vergleich zu Herakles ist sie freilich schwächer. Herakles mußte als zweite seiner 10 Aufgaben eine mächtige Hydra erlegen. Hatte er aber einen Kopf derselben abgeschlagen, wuchsen flugs zwei neue nach (ohne Hilfe seines Freundes Jolaos, der mit Hilfe eines brennenden Stabes die Wunden sofort ausbrannte, wäre ihm der Sieg über die Hydra nicht gelungen). Also könnte es mit der «Nachrüstung» der Fall sein. Die Geschichte der Abrüstung, um aufzurüsten, belegt dies.[29] Die «Nachrüstung könnte verhindert werden, und doch wäre damit die Schnellwüchsigkeit neuer Rüstungsköpfe mitnichten verhindert. Wenn man aber über die «Nachrüstung» hinauswill, dann bedeutet Jolaos' Hilfe, hier einen Prozeß des Umdenkens in Sicherheit und Frieden in Gang zu setzen, damit der NATO-Herd und entsprechende sowjetische Herde ausgelöscht werden können. Dazu bedarf es einer großen Anstrengung über Jahre, Jahrzehnte hinweg. Die Gruppen der Friedensbewegung müssen daran denken, daß gewaltfreier Widerstand nicht ausreichen mag. Ja, vielleicht müssen gewaltfreie Blockaden sogar abgebrochen werden, um diejenigen, die Widerstand leisten wollen, zu schützen. Gewaltfreier Widerstand mag nicht ausreichen, weil diejenigen, die die «Nachrüstung» auf Teufel komm raus durchsetzen wollen, zu stark sind. Und wenn die gegenwärtigen Regierenden wollen, sind sie es. Gewaltfreier Widerstand mag auch daran scheitern, daß er nicht durchgehalten werden kann, weil Gruppen sich zu Gewalt provozieren lassen oder weil es nicht gelingt, nach außen hin mobilisierend zu wirken. Wenn eine solche Situation eintrifft, dann geht es nicht an, entweder doch noch den Widerstand gewaltförmig eskalieren zu lassen oder von einem Tag auf den anderen umzukippen und zu resignieren. Eine der beiden Möglichkeiten steht aber zu befürchten. Auch deswegen darf die Orientierung nicht exklusiv gegen die «Nachrüstung» erfolgen. Sie muß eine weitere friedenspolitische Perspektive besitzen.

Die Repräsentanten des Staatsmonopols, die offiziellen Gewaltdefinitoren und ihre Förderer haben es leichter. Ihr Umgang mit der Gewalt, die sie horten und hegen, ist vor allem taktisch bestimmt. Wir können den leichten Weg nicht gehen. Wir haben keinen Platz für solche oberflächlich taktischen Erwägungen. Es ist, als ob eine Massenbewegung, die die Friedensbewegung in der Zwischenzeit Gott sei Dank geworden ist, gespeist aus Hunderten lokaler und regionaler Quellen, durch ein Nadelöhr hindurch müßte. Das Nadelöhr der Gewaltfreiheit, mit einer Nadel gemacht aus dem biegsamen Stahl des Widerstands. Aber es hilft nichts: Gewaltfreier Widerstand um des Friedens und der Demokratie willen – ein Drittes gibt es nicht.

Anmerkungen

Blanke/Sterzel, Die Entwicklung des Demonstrationsrechts

1 Es ist bemerkenswert, daß in Art. 11 der – in der Bundesrepublik Deutschland als einfachgesetzliche Norm geltenden – Europäischen Menschenrechtskonvention vom 4. 11. 1950 (BGBl. 1952 II S. 686) die Versammlungsfreiheit (und damit die Demonstrationsfreiheit) in einem Atemzug mit der Koalitionsfreiheit (und damit dem Streikrecht) aufgeführt wird: «Alle Menschen haben das Recht, sich friedlich zu versammeln und sich frei mit anderen zusammenzuschließen, einschließlich des Rechts, zum Schutze ihrer Interessen Gewerkschaften zu bilden und diesen beizutreten.» (Art. 11 Abs. 1)

2 Vgl. die Nachweise bei K. Küchenhoff, Die geistesgeschichtliche Entwicklung der Vereins- und Versammlungsfreiheit, in: G. Wurzbacher, K. Küchenhoff, G. Freifrau von Schrötter, Vereinigungs- und Versammlungsfreiheit, Schriftenreihe der Niedersächsischen Landeszentrale für Politische Bildung, Hannover 1966, S. 5ff, 26ff.

Die in der Literatur vertretene Ansicht, auch die Paulskirchen-Verfassung von 1849 habe in § 161 die Versammlungsfreiheit ohne Gesetzesvorbehalt garantiert (so im Anschluß an K. Küchenhoff, a. a. O., S. 28 auch Th. Blanke, D. Sterzel, Demonstrationsfreiheit – Geschichte und demokratische Funktion, in: KJ H. 4/1981, S. 347ff, (351) verkennt, daß bereits nach § 161 Abs. 2 der Paulskirchen-Verfassung Versammlungen unter freiem Himmel «bei dringender Gefahr für die öffentliche Ordnung und Sicherheit verboten werden können» und der Reichsgewalt nach § 59 die Gesetzgebungskompetenz zur Konkretisierung dieses Grundrechts zusteht.

3 BGBl. I S. 684.

4 Diese Bestimmung ist vom Bundesverwaltungsgericht in seinem Urteil vom 31. 1. 1967 (E 26, 135/137) für verfassungskonform erklärt worden.

5 BGBl. I, S. 739.

6 Vgl. hierzu die ausführliche Darstellung der Interpretation bei A. v. Brünneck, Politische Justiz gegen Kommunisten in der Bundesrepublik Deutschland 1949–1968, Frankfurt 1978; für die Zeit vor dem 1. StrÄndG vgl. ebd. S. 57ff.

7 Gesetz über Straffreiheit vom 9. 7. 1968, BGBl. I, S. 773.

8 BayOLG, Urt. v. 18. 12. 1963, NJW 64, 676 im Anschluß an BGH, Urt. v. 2. 10. 1953, NJW 54, 438f.

9 Schönke-Schröder, 13. Aufl. 1967, Strafgesetzbuch, Kommentar Anm. 1 zu § 116.

10 BayOLG, NJW 64, 676.

11 BGH NJW 54, 439.

12 Vgl. hierzu die Kommentierung bei Schönke-Schröder, a. a. O., Rdz. 13ff zu § 113.

13 Schönke-Schröder, a. a. O., Rdz. 7 zu § 125 und Rdz. 8 zu 115.

14 KJ H. 1/68, S. 78ff.

15 JZ 69, 80.

16 KJ H. 2/69, S. 188ff.
17 a. a. O., S. 192.
18 JZ 68, 799.
19 DRiZ 69, 90.
20 JZ 69, S. 200ff.
21 KJ H. 1/70, S. 89ff.
22 AG Hannover, DRiZ 69, 90.
23 OLG Ffm, a. a. O., S. 104.
24 AG Hannover, a. a. O., S. 91.
25 a. a. O., S. 109.
26 JZ 69, 80.
27 KJ H. 1/68, S. 80f.
28 Z. B. E. Denninger, Demonstrationsfreiheit und Polizeigewalt, in ZRP 68, 42ff; dgl., 12 Thesen zur Demonstrationsfreiheit, in: DRiZ 69, 70 ff; A. Dietel, K. Gintzel Demonstrations- und Versammlungsfreiheit, Kommentar zum VersG v. 24.7.1953, Köln–Berlin-Bonn–München, 1968; U. Klug, Strafrechtliche Probleme des Demonstrationsrechts, in: Demonstrationsfreiheit, Strafrecht und Staatsgewalt, hrsg. vom Deutschen Richterbund, Landesverband Hessen, 1968, S. 27ff; H. Hannover, Demonstrationsfreiheit als demokratisches Grundrecht, in: KJ H. 1/68, S. 51ff; S. Ott, Das Recht auf freie Demonstration, Neuwied und Berlin, 1967 (2. Aufl. 1969); dgl., Demonstrationsfreiheit und Strafrecht, in: NJW 69, 454ff; Wurzbacher, G. Küchenhoff, K. u. a., a. a. O., R. Wiethölter, Zur politischen Funktion des Rechts am eingerichteten und ausgeübten Gewerbebetrieb, KJ H. 2/70, S. 121ff, insbes. 135ff.
29 BGH St 23, 46ff = NJW 69, 1770.
30 JZ 69, 80.
31 a. a. O., S. 56ff.
32 Hinzuweisen ist u. a. auf folgende Urteile: BayOLG v. 26.11.1968. JZ 69, 207; v. 14.4.1969, NJW 69, 1127; OLG Celle v. 21.10.1969, NJW 70, 206.
33 Die beste Studie hierzu ist nach wie vor Kursbuch 12 vom April 1968, «Der nicht erklärte Notstand. Dokumentationen und Analyse eines Berliner Sommers», darin enthalten auch ein Kapitel über die Reaktionen der Berliner Justiz, a. a. O., S. 153ff.
34 Vgl. U. Stascheit, D. Hart, Vorbeugehaft für Demonstranten?, in: KJ H. 1/69, S. 88ff; als erster hatte der damalige Innenminister – und jetzige Präsident des Bundesverfassungsgerichts – E. Benda, die (Wieder-)Einführung der allgemeinen richterlichen Vorbeugehaft gefordert, vgl. Frankfurter Rundschau v. 18. und 19.4.1968, wenig später legten die CSU-Abgeordneten Stücklen, Dr. Jäger und Genossen einen Vorbeugehaftentwurf vor. Praktiziert worden war sie bereits in Hamburg, Frankfurt a. M. (gegen Rudi Dutschke, der nach der Ankunft auf dem Flughafen von der Polizei für mehrere Stunden in Haft genommen worden war) und Berlin, vgl. U. Stascheit, D. Hart, a. a. O. und die Beschlüsse in KJ H. 2/68, S. 192ff sowie H. 1/69, S. 100f.
35 Entwurf eines Gesetzes über Straffreiheit (Straffreiheitsgesetz 1970) (Antrag der Fraktion der SPD, FDP v. 17.2.1970), BT-Drs. VI/392, Vorblatt.

36 Entwurf «Drittes Gesetz zur Reform des Strafrechts», Antrag der Fraktionen der SPD, FDP v. 4. 12. 1969, BT-Drs. VI/139, Begründung, I. Allg. (S. 4).

37 Das Amnestiegesetz v. 20. 5. 1970 betraf 6000 Personen (Quelle Bundesanzeiger 1971, Nr. 126, S. 3f). Die Straffreiheit wurde ausgeschlossen «1. bei Verbrechen und Vergehen a) wider das Leben (§§ 211 bis 222 des Strafgesetzbuches), b) der schweren Körperverletzung und der Körperverletzung mit Todesfolge (§§ 224 bis 226 des Strafgesetzbuches) sowie c) bei gemeingefährlichen Verbrechen und Vergehen nach §§ 306 bis 315a, 315c bis 316a, 321 und 324 des Strafgesetzbuches, 2. bei Verbrechen und Vergehen, die aus Eigennutz begangen worden sind, 3. bei Verbrechen und Vergehen, wenn eine Freiheitsstrafe, einschließlich einer etwaigen Ersatzfreiheitsstrafe, neun Monate übersteigt» (§ 2 Abs. 3 Straffreiheitsgesetz 1970).

38 Mit dieser Regelung sollte die in der Rechtsprechung bestehende Streitfrage bereinigt werden, ob im Hinblick auf die Rechtmäßigkeit der Amtshandlung, die von der h. M. als Bedingung der Strafbarkeit angesehen wird, ein Verbotsirrtum möglich ist oder nicht (vgl. einerseits BGHSt 5 StR 483/60, andererseits BGH 21, 365). Vgl. zu den diesbezüglichen Motiven des Gesetzgebers den schriftlichen Bericht des Sonderausschusses für die Strafrechtsreform zum 3. Gesetz zur Reform des Strafrechts, BT-Drs. VI/502, S. 5.

39 BT-Drs. VI/139 zu Nr. 5 (S. 4).

40 Dies war das Ergebnis des Sonderausschusses für die Strafrechtsreform des Bundestages der 5. Wahlperiode, die in den sogenannten Garmischer Beschlüssen ihren Niederschlag gefunden hatten, vgl. Schriftlicher Bericht des Sonderausschusses für die Strafrechtsreform ..., BT-Drs. VI/502, S. 1 u. S. 11.

41 Vgl. hierzu BT-Drs. VI/502, S. 11.

42 –3 StR 7/74 I –, NJW 1975, S. 985f.

43 BGH St. 23, 46.

44 Hierzu und zu den Zitaten im folgenden vgl. NJW 1975, S. 985f.

45 Zu den Verfielfältigungsmöglichkeiten dieser Rechtsprechung vgl. die eindrucksvollen Belege der in Berlin im Zusammenhang mit Hausbesetzungen ergangenen Strafurteile bei U. Wesel, Krieg der Justiz gegen die Jugend, in: Der Spiegel, 1981, Nr. 37, S. 40ff.

46 BGH Urt. v. 21. 3. 1983 (Az. 3 StR 313/82), zit. nach FR v. 22. 3. 1983.

47 NJW 1979, S. 2415.

48 Die Ausweitung des Gewaltbegriffs auch auf Störungen universitärer Vorlesungen, durch die der Dozent wegen des Lärms zum Abbruch der Lehrveranstaltungen veranlaßt wurde, nahm das KG Berlin mit Urteil vom 30. 11. 1978 (JR 79, 162f) vor. Dem hat sich der BGH, NJW 1982, 189 angeschlossen. Vgl. hierzu Köhler, Vorlesungsstörung, NJW 1983, 10ff m. w. Nachw.

49 NJW 1979, S. 2415.

50 Zum Geschehensablauf der Nürnberger Polizei- und Justizaktion vgl. H. Glaser, Hg., Die Nürnberger Massenverhaftung, Dokumente und Analysen, Reinbek, 1981, und G. Frankenberg, «Landfriede» und Demonstrationsfreiheit, KJ 1981, S. 269ff, Ehrig, Kempf, Maeffert, Der Nürnberger KOMM-Prozeß, Hamburg, 1983; G. Frankenberg, a. a. O., S. 270f.

51 a. a. O.

52 E. Küchenhoff, Tausendfältige Grundrechtsverletzungen, in: H. Glaser, a. a. O., S. 141 ff, S. 154.
53 a. a. O.
54 G. Frankenberg, a. a. O., S. 269f unter Bezugnahme auf eine Pressemitteilung des OLG Nürnberg v. 29. 6. 1981.
55 a. a. O., S. 277.
56 Schönke, Schröder, Strafgesetzbuch, Kommentar, 20. Aufl., München 1980, § 125 Rdnr. 12, 13.
57 Dreher-Tröndle, Strafgesetzbuch, 40. Aufl., München 1981, § 125 Rdnr. 4, wobei dies die Unfriedlichkeit der Menge nicht voraussetzen soll.
58 Für den BGHSt, Urt. v. 14. 11. 1978 – Az. 1 StR 282/78 – kann bloße Abwesenheit u. U. als Mittäterschaft angesehen werden, wenn durch geistige Mitwirkung der Tatwille anderer Demonstranten bestärkt oder Hemmungen und Widerstände beseitigt werden sollen, zit. nach Dreher-Tröndle, a. a. O., Rdnr. 5.
59 Zur Kritik hieran vgl. G. Frankenberg, a. a. O., S. 278.
60 Vgl. Süddeutsche Zeitung v. 19. 3. 1981.
61 Kurz vor Beginn des Prozesses erhielt die bayerische Justiz Rückendeckung vom Bundesverfassungsgericht, dessen Vorprüfungausschuß eine gegen einen Haftbefehl erhobene Verfassungsbeschwerde wegen offensichtlicher Unbegründetheit nicht zur Entscheidung annahm. Das Gericht sah sich auf Grund seiner ständigen Rechtsprechung nur zu einer eingeschränkten verfassungsgerichtlichen Nachprüfung hinsichtlich der Rechtmäßigkeit des angegriffenen Haftbefehls in der Lage. Nach seiner Auffassung ist die «Gestaltung des gerichtlichen Verfahrens, die Feststellung und Würdigung des Tatbestandes, die Auslegung der Gesetze und ihre Anwendung auf den einzelnen Fall ... grundsätzlich allein Sache der Strafgerichte und der Nachprüfung durch das Bundesverfassungsgericht entzogen, es sei denn, daß spezifisches Verfassungsrecht verletzt ist». Daraus ergäbe sich die Konsequenz für eine Verfassungsbeschwerde, die sich gegen einen Haftbefehl richtet: «Das Bundesverfassungsgericht bleibt auf die Prüfung beschränkt, ob die Bedeutung und Tragweite des Grundrechts der persönlichen Freiheit verkannt, der Grundsatz der Verhältnismäßigkeit mißachtet oder willkürlich entschieden worden ist.» Es legte dementsprechend seiner Entscheidung den – wie sich im weiteren Verlauf des Verfahrens erweisen sollte – manipulierten Akteninhalt zugrunde, so daß in offenkundiger Verkennung der Tatsachen nach seinem Dafürhalten die Anordnung der Untersuchungshaft weder einen Mißbrauch der Entscheidungsgewalt des Amtsgerichts noch einen Verstoß gegen den Grundsatz der Verhältnismäßigkeit darstellte. Sachfremde, willkürliche Erwägungen konnte es in der Verhaftungsaktion nicht sehen. Die wesentlichen Entscheidungsgründe des Beschlusses sind abgedruckt bei Ehrig, Kempff, Meffert, a. a. O., S. 173 ff, dortselbst auch die Zitate der Anmerkung.
62 AZ 1 StE 1/82, Die Entscheidung ist abgedruckt in: A. Schubarth, Der starke Staat, Hamburg 1983, S. 131 f.
63 NJW 1975, 2075 (= JZ 1976, 31), Urteil v. 23. 8. 1977 – JZ 1978, 762.
64 BGH NJW 1975, 2075.
65 NJW 1981, 971.

66 Vgl. Bericht der Frankfurter Rundschau v. 12. 1. 1983.
67 Urteil v. 25. 9. 1978 – JR 1979, 422 (mit zustimmender Anmerkung Teubner) = NJW 1979, 57 (mit ablehnender Anmerkung Dittmar in NJW 1979, 1311).
68 Hierzu und zu den übrigen Zitaten im Text vgl. OLG Celle, a. a. O.
69 Dittmar in seiner Urteilsanmerkung in NJW 1979, 1311 f.
70 BGHZ Urteil vom 30. 5. 1972 – VI ZR 6/71 – BGHZ 59, 30 (Fall Amendt); BGHZ Urteil vom 30. 5. 1972 – VI ZR 139/70 – NJW 1972, 1571 (Fall Mahler); BGHZ Urteil vom 29. 10. 1974 – VI ZR 182/73 – BGHZ 63, 124 (Hausbesetzer).
71 a. a. O., Zur Kritik an dieser Rechtsprechung vgl. den Beitrag von R. Wiethölter, Zur politischen Funktion des Rechts am eingerichteten und ausgeübten Gewerbebetrieb, KJ H. 2/1970, S. 136.
72 BGHZ NJW 1972, 1571; BGHZ 59, 30.
73 BGHZ 59, 34 im Anschluß an BGHZ 36, 252 (257); BGHZ 45, 296 (307); st. Rspr.
74 BVerfGE 12, 113.
75 BGHZ 59, 34.
76 BGHZ 59, 35.
77 BGHZ 59, 35.
78 BGHZ 59, 35 f.
79 BGHZ 59, 36.
80 BGHZ 59, 36.
81 BGHZ 59, 36.
82 BGHZ 63, 124.
83 BGHZ 63, 127.
84 BGHZ 59, 41; BGHZ 63, 127.
85 BGHZ 59, 41.
86 BGHZ 59, 41 f.
87 BGHZ 63, 126.
88 BGHZ 63, 127 f.
89 BGHZ 63, 128.
90 KJ H. 3/1981, S. 292 ff.
91 a. a. O., S. 295.
92 a. a. O., S. 301.
93 a. a. O., S. 303.
94 a. a. O., S. 304.
95 a. a. O., S. 306.
96 a. a. O., S. 302 (Begonien-Fall).
97 Urteil vom 21. 1. 1971, DÖV 1972, 243.
98 BGHSt Urteil vom 8. 8. 1969 – BGHSt 23, 46.
99 OLG Celle DÖV 1972, 244.
100 RGZ 147, 144.
101 BGH VRS 7, 87.
102 Vgl. hierzu und zu den folgenden Zitaten im Text OLG Celle DÖV 1972, 244.
103 NJW 1981, 1748.
104 a. a. O., (1749).
105 a. a. O., (1749). Den Versuch eines Hauseigentümers, durch einstweilige Ver-

fügung die Räumung von Wohnraum zivilrechtlich wegen verbotener Eigenmacht (§ 940a ZPO) gegen Hausbesetzer durchzusetzen, hat das Landgericht Frankfurt durch Urteil vom 22. 10. 1979 (NJW 1980, 1758 m. Anm. M. Wolf) abgelehnt. Das Landgericht Hannover hat in einem Beschluß vom 6. 4. 1981 (NJW 1981, 1455) eine einstweilige Verfügung gegen «eine wechselnde Anzahl von etwa 20 bis 100 Personen, von ihnen besetzte Häuser zu räumen und an den Hauseigentümer herauszugeben, mangels vollständiger Bezeichnung der Antragsgegner» für unzulässig gehalten.

106 DÖV 1972, 101.

107 a. a. O.

108 NJW 1980, 2541.

109 a. a. O.

110 In der Bekanntmachung vom 24. 10. 1974 (GVBl. S. 739).

111 NJW 1980, 2541.

112 NJW 1980, 2542.

113 NJW 1980, 2542.

114 NJW 1980, 2543.

115 a. a. O.

116 In diesem Sinn durchaus problembewußt sieht das OVG Lüneburg in der Eilentscheidung zum Verbot der Brokdorf-Demonstration vom 28. 2. 1981 – Az. 12 OVG B 26/81, DÖV 1981, 461 Anlaß zur Prüfung der Frage, «ob für die Energieerzeugung durch Atomkraft, die in der Bevölkerung der Bundesrepublik Deutschland und in allen Schichten politischer Verantwortlichkeit zu außergewöhnlicher Unruhe und zu harten Auseinandersetzungen geführt hat, nicht eine deutlichere Grundlage durch Entscheidungen geschaffen werden muß, die den Willen der Mehrheit der Bundesbürger zur Frage der Nutzung dieses Verfahrens zur Sicherung der Energieversorgung erkennen lassen» a. a. O., S 463; vgl. auch die kritische Urteilsanmerkung von P. Jacob dortselbst.

117 Az. 3 D 13/81 (unveröffentlicht).

118 a. a. O., S. 2.

119 a. a. O., S. 3.

120 a. a. O.

121 Urteil vom 28. 2. 1981, a. a. O., S. 462.

122 a. a. O., S. 463.

123 Das OVG reklamiert außerdem, daß dem Landrat noch 5 Tage vor der angekündigten Demonstration keine der in § 14 VersG verbindlich vorgesehenen Anmeldung vorlag, a. a. O., S. 462.

124 a. a. O., S. 462.

124a a. a. O., S. 462f.

125 a. a. O., S. 462.

126 Az. 1 BvR 233/81 DÖV 1981, 456. Das BVerfG hat in den anhängigen Verfassungsbeschwerden AZ 1 BvR 233/81, 263/81, 341/81 zu prüfen, ob die Verbotsverfügung wegen ihrer Weiträumigkeit (212 km^2) unverhältnismäßig war.

127 Urteilsumdruck a. a. O., S. 3f.

128 Az. 8 Kls (2/82 II) unveröffentlicht.

129 Vgl. Innere Sicherheit, H. 64 vom 23. 11. 1982.

130 BGBl. I S. 1056.
131 BGBl. I S. 1789.
132 «Was aber den Waffenbegriff angeht, so muß man sehen, daß nunmehr dieser Begriff in einer Weise ausgedehnt werden kann, derzufolge auch das Butterbrot in meiner Tasche zur Waffe werden kann, wenn ich z. B. dieses Brot nehme, aufklappe und einem Widersacher an den Anzug ‹hefte›», H. P. Schneider, Inhalt und Grenzen der Demonstrationsfreiheit – unter Berücksichtigung polizeilicher Praxisprobleme, in: Loccumer Protokolle 23/1981, Der Realisierung eines Grundrechts. Zur Diskussion über das Demonstrations- und Versammlungsrecht, S. 132ff, 139.
133 BT-Drs. 9/1258 vom 11. 1. 1982 (Entwurf eines Gesetzes zur Änderung des Versammlungsgesetzes und des Strafgesetzbuches).
134 BT-Prot. der 91. Sitzung vom 11. 3. 1982, S. 5457.
135 BT-Drs. 7/2772 vom 11. 11. 74 (Entwurf eines Gesetzes zum Schutz des Gemeinschaftsfriedens); BT-Drs. 7/2854 vom 28. 11. 74 (Entwurf eines Gesetzes zum Schutz des Gemeinschaftsfriedens); BT-Drs. 8/322 vom 26. 4. 1977 (Entwurf eines Gesetzes zur Bekämpfung von Terrorismus und Gewaltkriminalität sowie zum Schutz des inneren Friedens); BT-Drs. 9/628 vom 30. 6. 1981 (Entwurf eines Gesetzes zum Schutze friedfertiger Demonstrationen und Versammlungen); BT-Drs. 9/1258 vom 11. 1. 1982 (Entwurf eines Gesetzes zur Änderung des Versammlungsgesetzes und des Strafgesetzbuches).
136 Vgl. hierzu die ausführliche Darstellung bei C. C. Schweitzer, Bremer Bundeswehrkrawalle, Baden-Baden 1981.
137 Verhandlungen des Deutschen Bundestages, 9. Wahlperiode, 57. Sitzung vom 9. 10. 1981 zur Beratung über die Anträge der Fraktion der CDU/CSU (BT-Drs. 9/871) und der Fraktion der SPD und FDP (BT-Drs. 9/874).
138 DRB für behutsame Änderung des Demonstrationsstrafrechts, in: Deutsche Richterzeitung, Information 11/1981.
139 FR vom 1. 4. 1982, S. 10; die vorgeschlagene Änderung des § 125 StGB ist auch veröffentlicht in DuR H. 2/1982, S. 191 f.

Geulen, Inanspruchnahme von Demonstranten ...

1 Vgl. die Rechtsprechung seit BGH NJW 1972, 1571, im einzelnen abgedruckt bei Adamietz, Demonstrationen und ihr Preis – eine Dokumentation zum «Demonstrationskostenrecht», KJ 1981, 292; siehe zur gesamten Entwicklung des Demonstrationsrechts seit den 60er Jahren Blanke/Sterzel, Die Entwicklung des Demonstrationsrechts von der Studentenbewegung bis heute, in diesem Band.
2 Vgl. z. B. § 1 der NsPolGebO von 1977 (GVBl 647) sowie § 7 BaWüVollstrekkungskostenO von 1982 (GBl 518).
3 Vgl. z. B. Kühling, Kosten für den Einsatz der Polizei DVBl 1981, 315; Albrecht, Probleme der Kostenerhebung für polizeiliche Maßnahmen in Festschrift für Samper (1982), S. 165ff; Majer, Die Kostenerstattungspflicht

für Polizeieinsätze aus Anlaß von privaten Veranstaltungen, VerwArch 1982, 167; Würtenberger, Erstattung von Polizeikosten NVwZ 1983, 192; siehe ferner unten Fußnoten 19 und 42.

4 Die Begriffe «Versammlung» und «Demonstration» werden hier synonym verwendet.

5 So Albrecht, Probleme der Kostenerhebung für polizeiliche Maßnahmen, FS Samper, S. 165 (176ff); vgl. hierzu auch die grundlegende Schrift von Wilke, Gebührenrecht und Grundgesetz, Ein Beitrag zum allgemeinen Abgabenrecht, München 1973, S. 159ff.

6 Ständige Rechtsprechung des Bundesverfassungsgerichts; vgl. z. B. BVerfGE 50, 217 (227) mit Nachweisen.

7 Kühling, Kosten für den Einsatz der Polizei DVBl 1981, 315 (316); Schenke, Thesen zum Referat «Erstattung der Kosten von Polizeieinsätzen», gehalten auf dem 7. Deutschen Verwaltungsrichtertag 1983; siehe auch Hess VGH DVBl 1976, 717, wonach die Ersatzpflicht für polizeiliche Einsatzkosten «nur nach Anwendung der Adäquanztheorie gefordert werden» kann und daher nicht alle «äquivalent» verursachten Kosten umfaßt.

8 BVerfGE 50, 217 (227).

9 So der Wortlaut in den formularmäßigen Leistungsbescheiden, die die Bezirksregierung Lüneburg im Januar 1983 an Personen verschickte, deren Namen bei der Räumung aufgenommen wurden.

10 In den Leistungsbescheiden wird jeweils ein Betrag von 1093,42 DM geltend gemacht, der als «Teilbetrag» bezeichnet ist.

11 Daß die Versammlung «friedlich und ohne Waffen» stattfand und daher dem Schutz des Art. 8 Abs. 1 GG und den Spezialregelungen des VersammlG unterfiel, war unstreitig.

12 Vgl. z. B. Wendt, Die Gebühr als Lenkungsmittel 1975, S. 65ff; Würtenberger, Erstattung von Polizeikosten NVwZ 1983, 192 (199) mit jeweils weiteren Nachweisen zum Problem der sogenannten «lenkenden Gebühren»; siehe ferner BVerfGE 31, 8 (23f).

13 Würtenberger, Erstattung von Polizeikosten NVwZ 1983, 192 (199); allerdings führt Würtenberger an gleicher Stelle aus, die Kostenregelung dürfe nicht die Bereitschaft des einzelnen zur Wahrnehmung seines Grundrechts abschwächen.

14 Siehe die Darstellung bei Geulen, Versammlungsfreiheit und Großdemonstrationen, KJ 1983, 189 (192) mit weiteren Nachweisen; siehe ferner Nawiaski-Leussner, Bayerische Verfassung, Kommentar S. 195.

15 Siehe Fußnote 44; ferner Herzog in Maunz–Dürig–Herzog–Scholz GG, Art. 8 Rdn. 2ff.

16 Z. B. OVG Lüneburg NJW 1978, 1939; siehe aber auch Herzog in Maunz–Dürig–Herzog–Scholz GG, Art. 8 Rdn. 9 und 20.

17 Ständige Rechtsprechung des BVerfG seit BVerfGE 7, 198ff, zu Art. 9 siehe Herzog in Maunz–Dürig–Herzog–Scholz GG, Art. 8 Rdn. 80ff.

18 So z. B. in Baden-Württemberg (§ 81 Abs. 2 Satz 1 BaWüPolG), in Bremen (BremVerwGebO Rdn. 0.20.01 Ziffer 6), in Niedersachsen (Erlaß des Nds. Innenministeriums vom 31. 10. 1979, (MBl. 1970, 1676).

19 Vgl. z. B. Würtenberger, Erstattung von Polizeikosten NVwZ 1983, 192 (197);

Schenke, Thesen zum Referat: «Erstattung der Kosten von Polizeieinsätzen» (siehe Fußnote 7).

20 So Kühling, Kosten für den Einsatz der Polizei, DVBl. 1981, 315 (317); siehe auch Würtenberger, Erstattung von Polizeikosten NVwZ 1983, 192 (197).

21 Auch die Regelung in Baden-Württemberg bewirkt vornehmlich eine gesamtschuldnerische Haftung der Gebührenpflichtigen; vgl. § 9 Abs. 1 der Vollstreckungskostenordnung in Verbindung mit § 31 Abs. 3 des VVwVG.

22 Vgl. z. B. Herzog in Maunz–Dürig–Herzog–Scholz GG, Art. 8 Rdn. 1–8.

23 Siehe Fußnote 2 sowie die Übersicht über die einzelnen landesrechtlichen Regelungen bei Götz, Allgemeines Polizei- und Ordnungsrecht, S. 173 ff.

24 Vgl. im einzelnen die Kommentierungen, z. B. bei Löwe–Rosenberger–Schäfer StPO § 465 Rdn. 2 ff und § 467 Rdn. 5 ff; dem Freispruch sind gemäß § 465 I 2 die Verwarnung mit Strafvorbehalt und das Absehen von Strafe gleichgestellt.

25 Vgl. im einzelnen KK, StPO § 464 a Rdn. 2 ff.

26 Kostenverzeichnis, Anlage 1 zu § 11 Abs. 1 GKG vom 16. 3. 1976 (BGBl I, 581), insbesondere Nr. 1900 ff.

27 BVerfGE 32, 319 (327) sowie BVerfGE 20, 238 (248) und BVerfGE 1, 283 (296).

28 Vgl. hierzu die ausführlichen Darlegungen über die Entstehungsgeschichte insbesondere der §§ 464 ff StPO bei Löwe–Rosenberg–Schäfer vor § 464 Rdn. 2 ff, wo Schäfer zutreffend von den «Generalunkosten» des Staates spricht, die nicht zu erstatten sind.

29 Vgl. insbesondere Preuß, Justizielle und polizeiliche Wahrheit im Strafverfahren KJ 1981, 109, Drews–Wacke–Vogel–Martens, Gefahrenabwehr, S. 46 f; Eyermann–Fröhler, VwGO § 179 Rdn. 3.

30 BVerfGE 27, 18 (32); siehe auch BVerfGE 23, 113 (123 ff).

31 BVerfGE 27, 18; die Abgrenzung zwischen «Strafrecht» (Art. 74 Nr. 1 GG) und Polizeirecht ist daher auch nicht – wie teilweise vertreten wird – identisch mit der Abgrenzung der ordentlichen Gerichtsbarkeit (§ 13 GVG) von dem Verwaltungsrechtsweg (§ 40 VwGO); das «Strafrecht» (Art. 74 Nr. 1 GG) umfaßt einen weiteren Bereich, und die Sperrwirkung des strafrechtlichen Kostenrechts des Bundes erstreckt sich daher zum Teil auf Vorgänge, für die der Verwaltungsrechtsweg gegeben ist. Siehe in der insofern übereinstimmenden Literatur z. B. bei Albrecht, Probleme der Kostenerhebung für polizeiliche Maßnahmen in Festschrift für Samper (1982), S. 165 (174).

32 Siehe Fußnote 27.

33 So zutreffend Kühling, Kosten für den Einsatz der Polizei DVBl. 1981, 315 (316); siehe auch Fußnote 29.

34 Soweit das zitierte Urteil des OVG Lüneburg in DVBl 1977, 832, abgedruckt ist, enthält es hierzu keine Ausführungen.

35 Kühling, Kosten für den Einsatz der Polizei DVBl 1981, 315 (317); zu den sozialstaatlichen Inhalten staatlicher Gefahrenabwehr siehe Hoffmann–Riem, Übergang der Polizeigewalt auf Private? ZRP 1977, 277 (281 f), siehe ferner Albrecht (wie Fußnote 31).

36 Vgl. z. B. BVerfGE 32, 199 (218 f).

37 Siehe oben, Fußnote 9.

38 BVerfGE 1, 283 (296); siehe auch die Zitate oben, Fußnote 27.

39 Vgl. z. B. die ausführliche historische Dokumentierung bei von Brünneck,

Politische Justiz gegen Kommunisten in der Bundesrepublik Deutschland 1949–1968, Frankfurt/Main 1978, S. 57 ff.

40 Beratungen des Deutschen Bundestages I, S. 12849 ff.

41 Beratungen des Deutschen Bundestages I, S. 12852.

42 Dietel/Gintzel, Demonstrations- und Versammlungsfreiheit, § 1 Rdn. 13 und 17; Ott, Versammlungsgesetz, Einführung Rdn. 10; Ule–Rasch, Allgemeines Polizei- und Ordnungsrecht § 14 Rdn. 26 zu polizeilichen Eingriffen; siehe ferner Albrecht (wie Fußnote 31).

43 Dietel/Gintzel, Demonstrations- und Versammlungsfreiheit, § 1 Rdn. 1; siehe auch BVerwGE 26, 135 (137).

44 Siehe Fußnote 42; die Frage nach dem Umfang der Sperrwirkung des VersammlG ist zu unterscheiden von der Frage nach dem Gewährleistungsbereich des Art. 8 I GG und dessen immanenten Schranken des «friedlichen» Versammelns «ohne Waffen»; die gründlichste Darstellung hierzu findet sich bei W. Müller, Wirkungsbereich und Schranken der Versammlungsfreiheit, insbesondere im Verhältnis zur Meinungsfreiheit, Berlin 1974, S. 97 ff; siehe auch Ott, Versammlungsgesetz, Einführung Rdn. 7 ff.

45 Würtenberger, Erstattung von Polizeikosten NVwZ 1983, 192 (199) mit weiteren Nachweisen in Fußnote 78.

46 Bei den Beratungen der Vollstreckungskostenordnung im Landtag von Baden-Württemberg ist dies von mehreren Rednern hervorgehoben, von dem federführenden Minister jedoch zurückgewiesen worden (vgl. Protokolle des Landtages von Baden-Württemberg, 8. Wahlperiode, 58. Sitzung vom 9. Dezember 1982, Seiten 4556 ff).

47 Insbesondere OVG Lüneburg DVBl 1977, 832.

48 NsGVBl 1962, 43.

49 Siehe Fußnote 2.

50 LVwVG vom 12. März 1974 (GBl. S. 93); siehe ferner § 35 Abs. 4 BaWüPolG

51 Vollstreckungskostenordnung vom 29. November 1982 (GBl 518).

52 Vgl. insbesondere BVerfGE 19, 354 (361 ff) sowie BVerfGE 20, 257 (269 f); siehe ferner Herzog in Maunz–Dürig–Herzog–Scholz, GG Art. 80, Rdn. 27 bis 37.

53 BVerfGE 20, 257 (270); siehe hierzu auch Majer, Die Kostenerstattungspflicht für Polizeieinsätze aus Anlaß von privaten Veranstaltungen, VerwArch 1982, 167 (174 ff).

54 Vgl. Anlage 1 zu § 11 Abs. 1 GKG (BGBl 1980 I 1503).

55 Vgl. Anlage zu § 11 Abs. 1 Satz 1 BRAGO (zuletzt BGBl. 1980 I 677).

56 Götz, Allgemeines Polizei- und Ordnungsrecht, S. 172.

57 Kühling, Kosten für den Einsatz der Polizei, DVBl. 1981, 315 (316).

58 Nach § 7 Abs. 2 VollstrkostO 38,– DM pro Stunde.

59 Vgl. insbesondere § 8 VollstrkostO; eine Ausnahme ist insofern beispielsweise § 8 Abs. 1 Ziff. 2 VollstrkostO für Schreibauslagen.

Narr, Soziale Merkmale ...

1 Konrad Hesse, Grundzüge des Verfassungsrechts der Bundesrepublik Deutschland, Karlsruhe 1975 (8. Aufl., S. 166).

2 Ebd., S. 166.

3 In der Terminologie des Gutachtens werden die Ausdrücke Versammlung und Demonstration wechselweise deckungsfähig gebraucht. Es dürfte freilich sprachlich nicht zufällig sein, daß der Wort Demonstration zunächst nicht auftaucht. Wenn von dem, was wir heute unter Demonstration verstehen, die Rede ist, erscheint der Ausdruck «Aufzüge», der ihm im vorherein eine Art marschmäßigen Charakter verleiht.

4 s. Richard v. Münch (Hg.), Grundgesetzkommentar, Bd. 1, Frankfurt am Main 1974, S. 299 ff; vgl. zusätzlich Herzog in: Maunz–Dürig–Herzog–Scholz, Kommentar zum Grundgesetz, 5. Aufl. München.

5 s. Protokolle der Sitzungen des Deutschen Bundestages, 264. Sitzung vom 6. Mai 1953, S. 5852.

6 s. insgesamt Martin Quilisch, Die demokratische Versammlung, Zur Rechtsnatur der Ordnungsgewalt des Leiters öffentlicher Versammlungen – Zugleich ein Beitrag zu einer Theorie der Versammlungsfreiheit, Berlin 1970.

7 Der Minister des Inneren Lehr hat in der schon zitierten Debatte immerhin noch darauf hingewiesen, daß es im Hinblick auf die Anmeldungspflicht Meinungsverschiedenheiten gegeben habe (s. S. 12/8/5/2).

8 Vgl. erneut die Kommentare von von Münch und Maunz, Dürig–Herzog–Scholz. Zum Ausdruck s. Konrad Hesse a. a. O.

9 Zum Begriff der sozialen Bewegung und entsprechenden Phänomenen vgl. Otthein Rammstedt, Soziale Bewegung, Frankfurt am Main 1977; s. auch Joachim Hirsch, Der Sicherheitsstaat, das ‹Modell Deutschland› – seine Krise und die neuen sozialen Bewegungen, Frankfurt am Main 1980.

10 Vgl. Heinz Grossmann (Hg.), Bürgerinitiativen, Schritte zur Veränderung, Frankfurt am Main 1971.

11 s. Hans Matthöfer, Vorwort in derselbe (Hg.), Argumente in der Energiediskussion, Bürgerbeteiligung und Bürgerinitiativen, Villingen 1977, S. XIII.

12 s. Grossmann und Rammstedt a. a. O.; Rammstedt zusätzlich in: Hans Matthöfer (Hg.) Argumente in der Energiediskussion, Einleitung, S. 1 ff; derselbe ebd., Soziale Bewegung – Modell- und Forschungsperspektiven, S. 447 f; s. auch Lutz Mez, Bürgerprotest und Theorie in Kursbuch 50 (Bürgerinitiativen, Bürgerprotest – eine neue vierte Gewalt?), Berlin 1977, S. 101 f.

13 Mez, a. a. O.

14 Vgl. Frances Fox Piven/Richard A. Cloward, Poor Peoples Movement – Whey they succeed and whey they fail, New York 1978.

15 Rammstedt in Matthöfer, a. a. O., S. 465 f.

16 Ebd., S. 471.

17 Der Innenminister des Landes Nordrhein-Westfalen, Betreff Verfassungsbeschwerden gegen die Beschlüsse des Oberverwaltungsgerichts für die Länder Niedersachsen, Schleswig-Holstein vom 28. 2. 1982 vom 7. Dez. 1981, Aktenzeichen IV A3-231.

18 Ebd.

19 s. Manfred Schreiber, Die «Schwabinger Krawalle» in: die Polizei, 56. Jahrgang, Nr. 2 vom 8. Febr. 1965, S. 33 f.

20 Vgl. allgemein die Konferenz der Innenminister/Senatoren des Bundes und der Länder, Febr. 1974, Programm für die innere Sicherheit in der Bundesre-

publik Deutschland (dieses Programm ist fast identisch mit dem Programm von 1972); s. außerdem Klaus Hübner, Die Polizei in gesellschaftlichem Wandel, in: Die Polizei, 72. Jahrgang, Nr. 6, Juni 1982, S. 165f; als empirischen Bericht über Demonstrationen und Polizei vgl. Berlin–Zürich–Amsterdam, Politik, Protest und die Polizei in CILIP Informationsdienst: Bürgerrechte und Polizei, Berlin, Dez. 1981, S. 2–157; für umfassenden Überblick s. Heiner Busch u. a. Negative Vergesellschaftung und die Zukunft der Polizei – Zur Struktur und Wirkungsweise der Polizei in der Bundesrepublik Deutschland seit 1968, Ms. Berlin 1982 (erscheint 1983 oder Anfang 1984).

21 Vgl. die entsprechenden Regelungen in der neuen polizeilichen Dienstverordnung, s. R. Altmann et al. (Hg.), Handbuch für Führung und Einsatz der Polizei, Kommentar zu PDV 100, Stuttgart 1976.

22 s. Schlußbericht (Protokoll) über das Seminar für leitende Beamte der uniformierten Polizei und Kriminalpolizei und Polizeipsychologen (vorwiegend gehobener Dienst und jüngere Beamte des höheren Dienstes), vom 29.3.–2.4.1971 (Ms.).

23 s. Protokolle der Debatten des Deutschen Bundestags, 6. Wahlperiode, 39. Sitzung, vom 18. März 1970, S. 1993f, insbesondere S. 2006f; vgl. auch die Argumente des Bundesministers der Justiz, Jahn, und des Abgeordneten Kleinert (FDP) u. a.

24 Vgl. den ausführlichen Bericht über Brokdorf vom 28. 2. 1982, der vom Komitee für Grundrechte und Demokratie unter dem Titel: Das Demonstrationsrecht ist unverkürzt zu erhalten, erstellt worden ist (Broschüre); s. dort auch den entsprechenden Bericht über die Presseberichterstattung, und vgl. das Pressearchiv der Berghofstiftung für Konfliktforschung zu Berlin und das Pressearchiv des FB 15 FU Berlin.

25 Das Zitat von Justi steht in dessen «Grundsätzen der Polizeiwissenschaft» von 1759 und ist der Arbeit von Quilisch, a. a. O., S. 34 entnommen.

26 s. Allgemeines Preußisches Landrecht (ALR II, 20, § 181), zitiert nach Quilisch ebd.; zur historischen und systematischen Einordnung der Demonstrationsfreiheit, s. a. die Argumente und Belege von Thomas Blanke/Dieter Sterzel, Demonstrationsfreiheit, Geschichte und demokratische Funktion, in: Kritische Justiz, Jahrgang 14, Nr. 4, 1981, S. 347 u. 369; s. dort außerdem Günter Frankenberg, Demonstrationsfreiheit – eine verfassungsrechtliche Skizze, S. 370–383.

27 s. Erhard Denninger, Demonstrationsfreiheit und Polizeigewalt, in derselbe, und Klaus Lüderssen, Polizei- und Strafprozeß im demokratischen Rechtsstaat, Frankfurt am Main 1978, S. 127–142, hier S. 139f.

28 Quilisch, a. a. O.; insbesondere S. 36f; s. außerdem Egon Crommbach, Die öffentliche Versammlung unter freiem Himmel, Garantie und Schranken der Versammlungsfreiheit im Recht Englands und der Bundesrepublik Deutschland, Berlin 1976; neuerdings insbesondere Günter Frankenberg und Ulrich Rödel, Von der Volkssouveränität zum Minderheitenschutz; die Freiheit politischer Kommunikation im Verfassungsstaat untersucht am Beispiel der Vereinigten Staaten von Amerika, Frankfurt am Main 1981; s. dort auch insbesondere die systematische Zusammenfassung S. 319f.

29 Das Zitat Abraham Lincolns stammt aus: Staughton Lynd, Intellectual Origians of American Radicalism, New York 1969, S. 4.

30 Vgl. erneut Protokolle der Debatten des Deutschen Bundestages vom 6. Mai 1953, S. 12853.

31 s. zusätzlich zu den schon erwähnten Artikeln und Kommentaren vor allem Sieghard Ott: Gesetz über Versammlungen und Aufzüge, Versammlungsgesetz, Stuttgart, München, Hannover 1969; außerdem Dietel–Ginzel, Demonstrations- und Versammlungsfreiheit, 3. Auflage 1973.

32 Daß die Anmeldungspflicht und anderes umstritten ist, machen nicht nur neuere Urteile deutlich, es geht auch aus den Ausführungen von Quilisch und den einschlägigen Kommentaren hervor.

33 Denninger, a. a. O., S. 134; dort heißt es u. a.: «Polizeirechtlich hat dies zur Folge, daß die Begriffe der öffentlichen ‹Sicherheit› und ‹Ordnung› (vor allem der der öffentlichen Ordnung), mit welchem die polizeilichen Schutzgüter umschrieben werden, in einer Weise ausgelegt werden, die nicht den soeben angedeuteten Erfordernissen der freiheitlichen Demokratie entspricht. Da wird nämlich noch ganz im Sinne der konstitutionell monarchischen Niederhaltungspolizei jede Versammlung und jeder Umzug, erst recht jede andere mit irgendwelchen Unbequemlichkeiten für den passiven Bürger verbundene Demonstration als Beginn einer Revolution angesehen und dementsprechend unterdrückt. Wie jeder Bürger, so wird auch die Polizei lernen müssen, daß die politische Demonstration nicht ein vielleicht notwendiges, jedenfalls nur mühsam zu duldendes Übel darstellt, sondern ein Grundrecht nach Art. 5 und Art. 8 GG geschütztes Lebenselement der Demokratie. Wie jeder Bürger, so wird sie lernen müssen, daß der Schutz des Status Konstituens ebenso ‹staatsnotwendig› ist wie der des Status Konstitutus. Die freiheitliche Demokratie lebt aus dem spannungsreichen Zusammenspiel dieser beiden Status des Bürgers.»

34 Ebd., S. 128.

Cobler, Der Souverän als Pöbel

1 OLG Frankfurt am Main, Urteil (1 StE 1/82) vom 19. 1. 1983, S. 78.

2 Urteil, S. 57 ff.

3 Urteil, S. 110.

4 Urteil, ebd.

5 Urteil, S. 109.

6 Urteil, S. 77.

7 Urteil, S. 83.

8 Urteil, S. 84.

9 Urteil des BGH vom 2. 8. 1954 – HuSt I, 67.

10 Register zu BGHSt Band I, S. 550.

11 Urteil des BGH vom 8. 18. 1969 (Läpple-Fall) – BGHSt 23, 46 ff (50).

12 Vgl. hierzu Hans A. Stöcker, Anmerkung zum Urteil des Bayerischen ObLG vom 26. 11. 1968 – JZ 1969, 395 ff (397).

13 Jagusch – LK (8. Aufl.), § 105, Nr. 5.

14 Ebd.

15 Urteil des BGH vom 4.6.1955 – HuSt I, 180.
16 Vgl. hierzu Alexander v. Brünneck, «Politische Justiz gegen Kommunisten in der Bundesrepublik Deutschland 1949–1968», Frankfurt 1978; Sebastian Cobler, «Die Gefahr geht von den Menschen aus – Der vorverlegte Staatsschutz», Berlin 1978, S. 54 ff; Rainer Keller, «Strafrechtlicher Gewaltbegriff und Staatsgewalt», Berlin 1982.
17 Urteil des BGH vom 4.6.1955 – HuSt I, 180.
18 Urteil des BGH vom 4.6.1956 – BGHSt 9, 291.
19 Regierungsentwurf für ein politisches Strafrecht – BT-Drucksache Nr. 1/1307 vom 4.9.1950, S. 34.
20 Urteil des BGH vom 8.10.1981 – NJW 1982, 189.
21 Urteil des BGH vom 8.8.1969 – BGHSt 23, 46 ff (55).
22 Sonderausschuß für die Strafrechtsreform, 5. Wahlperiode, 39. Sitzung, S. 747.
23 Sonderausschuß, 87. Sitzung, S. 1727–1729.
24 Ebd.
25 Bericht des Sonderausschusses für die Strafrechtsreform, BT-Drucksache 5/2860 vom 9.5.1968, S. 3.
26 Urteil des OLG Frankfurt, S. 69.
27 Urteil, S. 101.
28 Urteil, S. 116.
29 Urteil, S. 112f.
30 Urteil, S. 113.
31 Rebmann, zit. nach *taz* v. 13.7.1983, S. 4; vgl. *Frankfurter Rundschau* v. 13.7.1983, S. 1.

Narr, Gewaltfreier Widerstand …

1 Alle Zitate des Hirtenbriefes der Katholischen Bischöfe der USA über Krieg und Frieden sind von mir übersetzt worden und wurden einem auszugsweisen Abdruck in der New York Times vom 5. Mai 1983 mit dem Titel «Excerpts from US-Bishops Pastoral Letter on War and Peace» entnommen.
2 Gewaltfreiheit – Widerstandskonzept oder Träumerei? Interview mit dem Göttinger Atom-Express, abgedruckt in: Moderne Zeiten, 3. Jg., Mai 1973 (extra), S. 22 und 23.
3 «An Ideen war mehr verlangt als der übliche Marsch auf Bonn. Der kommende Herbst soll ein Herbst der Aktionen und Demonstrationen gegen die Raketenstationierung werden», Frankfurter Rundschau vom 18.4.1983, Bericht von Ingrid Müller-Münch.
4 Moderne Zeiten, ebd., S. 20, Aktionsformen der Friedensbewegung, Vorbemerkung der Redaktion.
5 s. Henry David Thoreau, Über die Pflicht zum Ungehorsam gegen den Staat, Zürich 1973, S. 18.
6 s. Otto Kirchheimer, Legalität und Legitimität (1932), abgedruckt in: Ders., Politische Herrschaft, Fünf Beiträge zur Lehre vom Staat, Frankfurt/Main 1967, S. 7–29, hier S. 9.
7 Ulrich K. Preuß: Legalität – Loyalität – Legitimität, in: Leviathan 1977, Heft 4, S. 450–466, S. 451.

8 s. die Debatte im niedersächsischen Landtag vom 26. 1. 1983 über die Große Anfrage der CDU-Fraktion zum Thema Gewalt und Demokratie, 10. Wahlperiode, 12. Sitzung (26. 1. 1983), S. 979 ff.

9 Rupert Scholz: Rechtsfrieden im Rechtsstaat, verfassungsrechtliche Grundlagen, aktuelle Gefahren und rechtspolitische Folgen, in: Neue Juristische Wochenschrift, 36. Jg., Heft 14 v. 6. 4. 1983, S. 705–712, hier S. 707 ff. Es sollte nicht unbemerkt bleiben, daß sich Scholz, Krüger, Stern u. a., also die h. M. unter den Staatsrechtslehrern, freilich immer auf den Staat und seine Sicherheitsleistung beziehen, während Kirchheimer, Preuß u. a. auf das parlamentarische Verfahren als Ausdruck der demokratischen Volkssouveränität abheben. Hier besteht eine Differenz ums Ganze.

10 s. Konrad Hesse, Grundzüge des Verfassungsrechts der Bundesrepublik Deutschland, Karlsruhe 1980, S. 299.

11 So Ulrich Preuß, Charakteristik, a. a. O., S. 465.

12 Gustav Radbruch, Fünf Minuten Rechtsphilosophie (1945), abgedruckt in: Ders., Rechtsphilosophie, herausgegeben von Erik Wolf, Stuttgart 1956, S. 335–337, hier S. 335.

13 Heinar Kipphardt: Bruder Eichmann, Schauspiel, Reinbek b. Hamburg 1983, S. 124.

14 Vgl. Frankfurter Allgemeine Zeitung v. 6. 2. 1982, hier zitiert nach einem Überblick von Wolfgang Schmidt-Nentwig «Gewaltfreier Widerstand und ziviler Ungehorsam – Einführung in die Theorie der gewaltfreien Aktion», in: HPR (Hessische Polizei Rundschau) 6/1982, S. 16–20, hier S. 16. Vgl. auch die schon erwähnte Debatte im niedersächsischen Landtag vom 26. 1. 1983.

15 Robert Leicht: Es gibt keinen Ausstieg aus dem Recht, in: Süddeutsche Zeitung Nr. 87 vom 16. 4. 1983.

16 s. Frankfurter Allgemeine Zeitung vom 14. 12. 1983, zitiert von Wolfgang Schmidt-Nentwig a. a. O., S. 16.

17 Vgl. hier die richtige und wichtige Argumentation von Christian Bay in seinem Grundsatzartikel «Civil Disobedience: Prerequisite for Democracy in Mass-Society, in: David Spitz: Political Theory and Social Chance, Efforson Press New York 1967, S. 163–183, hier besonders S. 166 ff. S. auch Hannah Arendt: Civil Disobedience, in: Dieselbe, Crisis of the Republic, The Harvest Book New York und London, 1972, S. 51–102, hier bes. S. 82 ff.

18 Interview mit der Föderation der Gewaltfreien Aktionsgruppen (FoGA) in: Moderne Zeiten, Mai 1983, a. a. O., S. 24 ff.

19 Vgl. die grundsätzlichen Bemerkungen zum Verhältnis von Recht und Rechtsdurchsetzung bei Walter Benjamin über die Gewalt. Kritik der Gewalt, in: ders.: Angelus Novus, Frankfurt/Main 1966, S. 42–66.

20 Vgl. grundsätzlich Václav Belohradský, Bureaucracy and cultural Modern Society, in: Stanley Diamond u. a., Bürokritisierung als Schicksal? Wiesbaden 1984. Hier auch Annah Arendt: Civil Disobedience, a. a. O., S. 82 ff.

21 Vgl. Ulrich Preuß, a. a. O., und entsprechend auch die Argumente des konservativen Staatsrechtlers Krüger, Allgemeine Staatslehre, Stuttgart 1966, S. 947 ff.

22 In seinem moralisch-politisch aufwühlenden Buch «The longest War Israel in Lebanon» stellt Jakobo Timerman im Hinblick auf die Annexion nicht-israeli-

scher Territorien durch den Staat Israel zu Recht fest: «Solche Entscheidungen können nicht einmal durch eine parlamentarische Mehrheit getroffen werden. In einer Demokratie sind bestimmte Entscheidungen jenseits der Reichweite politischer Institutionen. Solche Entscheidungen sollten das Resultat einer breiten und darauf bezogenen Debatte sein, eines Prozesses, der alle Bürger einschließt ... Die Regierung des Ministerpräsidenten Begin nimmt an, daß die unbegrenzte Macht der Mehrheitsentscheidung eines der Charakteristika der Demokratie sei. Begin scheint nicht zu verstehen, daß der Respekt für das Recht für Minoritäten nicht weniger bedeutsam ist und daß es nicht zulässig ist, selbst wenn man von einem sehr breiten Verständnis der Demokratie ausgeht, eine Gesellschaft nur durch die Macht der Mehrheitsentscheidung völlig zu transformieren.» Das Buch ist erschienen bei Vintage Books, New York, 1982, hier zitiert S. 86ff.

23 Hannah Arendt, a. a. O., S. 89.

24 Gustav Radbruch, Fünf Minuten Rechtsphilosophie, a. a. O., und ders., Gesetzliches Unrecht und gesetzliches Recht, in: Rechtsphilosophie, a. a. O., S. 347–357, hier S. 352ff. Dort wird auch das Problem von Gesetzen ohne Rechtscharakter behandelt.

24a Vgl. insgesamt Albrecht Funk: Polizeiliche Strategie und politische Funktion des staatlichen Gewalteinsatzes der Polizei bei Demonstrationen, in: Komitee für Grundrechte und Demokratie (Hg.), Demonstrationsfreiheit und gewaltfreier Widerstand, Sensbachtal 1983; s. auch Bürgerrechte und Polizei (Cilip-Informationsdienst) Nr. 9/10, Berlin–Zürich–Amsterdam: Protest und Politik, Berlin 1981.

25 s. Wolf-Dieter Narr/Klaus Vack: Menschenrechte wofür? – Entwurf einer menschlichen Praxis in: Freiheit und Gleichheit 4/1983, S. 93–130, insbes. S. 115ff: Narr: Über die Notwendigkeit und Schwierigkeit, Gewalt zu bewerten, in: Jörg Calließ (Hg.): Gewalt in der Geschichte, Düsseldorf 1983, S. 37–72; Komitee für Grundrechte und Demokratie: Friedensbewegung zwischen Gewalt und Gewaltfreiheit – Argumente und Erfahrungen, Sensbachtal 1983.

26 Peter Brückner, Barbara Sichtermann, Gewalt und Solidarität. Zur Ermordung Ulrich Schmückers durch Genossen, Berlin 1974.

27 In dieser Hinsicht teile ich Michael Walzers Skepsis, daß «Gewaltfreie Verteidigung keine Verteidigung gegen Tyrannen und Eroberer ist, die Maßnahmen ergreifen», fast keine humanen Kosten, in jedem Fall keine im Hinblick auf die eroberte und unterdrückte Bevölkerung scheuen. Vgl. Walzer: Just and Unjust Wars, a moral Argument with historical Illustrations, Basic Books New York 1977, S. 329ff. Hinzu kommt noch das Problem der moralischen Überforderung, das als Gefahr im Konzept der gewaltfreien Verteidigung als ein Ersatz für militärische Rüstung steckt.

28 Dieser letzte Abschnitt ist untunlich verkürzt formuliert. Die Ziele Demokratie und Frieden werden nicht in ihre zentralen Kriterien auseinandergelegt und in ihrem Zusammenhang belegt. Es kam an dieser Stelle nur darauf an, den prinzipiellen Bezug deutlich zu machen.

29 Vgl. Dieter Senghaas, Aufrüstung durch Rüstungskontrolle, Stuttgart 1972.

Liberalität

Güde, Max / Raiser, Ludwig /
Simon, Helmut / Weizsäcker, Carl
Friedrich v.
Zur Verfassung unserer Demokratie
Vier republikanische Reden
(4279)

Wie sieht der CDU-Staat aus?
Herausgegeben von Eduard Heußen
(5128)

Klein, Hans-Joachim
Rückkehr in die Menschlichkeit
Appell eines ausgestiegenen Terroristen
(4544)

Kleinert, Ulfrid (Hg.)
Gewaltfrei widerstehen
Brokdorf-Protokolle gegen Schlagstöcke
und Steine
(4851)

Koch, Frank Alexander
Bürgerhandbuch Datenschutz
Wer sammelt die Daten, wie schützt
sich der Bürger?
(4837)

Meinhardt, Rolf (Hg.)
Ausländerfeindlichkeit
(Arbeitstitel/5033 – in Vorbereitung)

Müller-Münch, Ingrid / Prosinger, Wolfgang /
Rosenbladt, Sabine / Stibler, Linda u. a.
Besetzung – weil das Wünschen nicht geholfen hat
Köln, Freiburg, Gorleben, Zürich und Berlin
(4739)

Ohne Zweifel für den Staat –
Die Praxis zehn Jahre nach dem
Radikalenerlaß
Herausgegeben vom Komitee für
Grundrechte und Demokratie
(4728)

Pokatzky, Klaus (Hg.)
Zivildienst
(4838)

Spaich, Herbert (Hg.)
Asyl bei den Deutschen
Beiträge zu einem gefährdeten Grundrecht
(4823)

Stümke, Hans-Georg / Finkler, Rudi
Rosa Winkel, Rosa Listen
Homosexuelle und «Gesundes
Volksempfinden» von Auschwitz
bis heute
(4827)

Taeger, Jürgen (Hg.)
Die Volkszählung
(5245)

Vinke, Hermann
Mit zweierlei Maß
Die deutsche Reaktion auf den
Terror von rechts. Eine Dokumentation
(4822)

Zülch, Tilman (Hg.)
In Auschwitz vergast, bis heute verfolgt
Zur Situation der Roma (Zigeuner)
in Deutschland und Europa
(4430)

sachbuch 7647

2084/2